NATIONAL GEOGRAPHIC

ICI:ORIE:DEX:CIEL:ET:TERRE:SOLEIL:ET:LVNE:ET:TOZ:ELE

NATIONAL GEOGRAPHIC

美国国家地理全球史

通往东方的新路线

New Routes to the Orient

美国国家地理学会 编著　　全志钢 译

中国出版集团　现代出版社

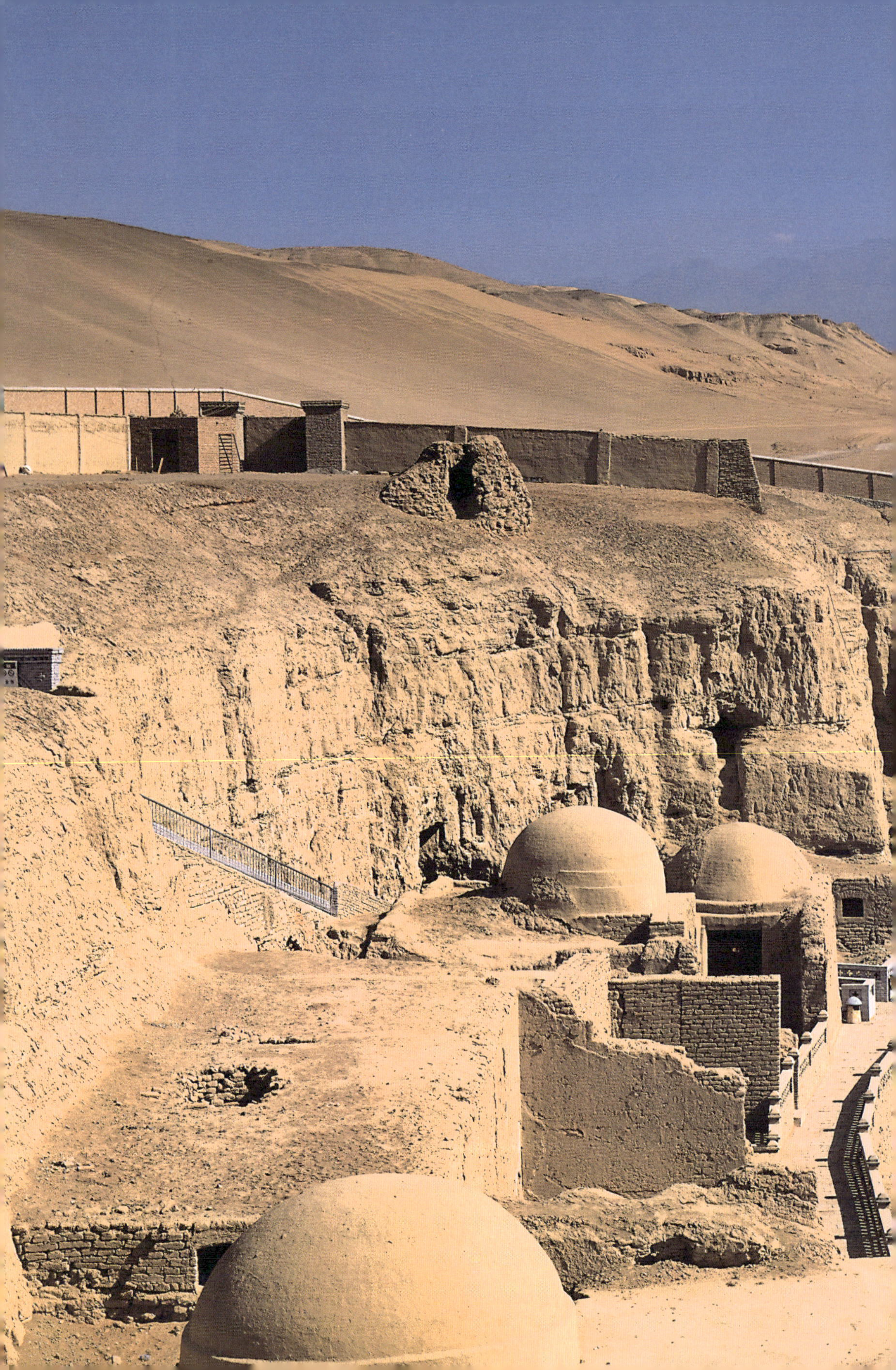

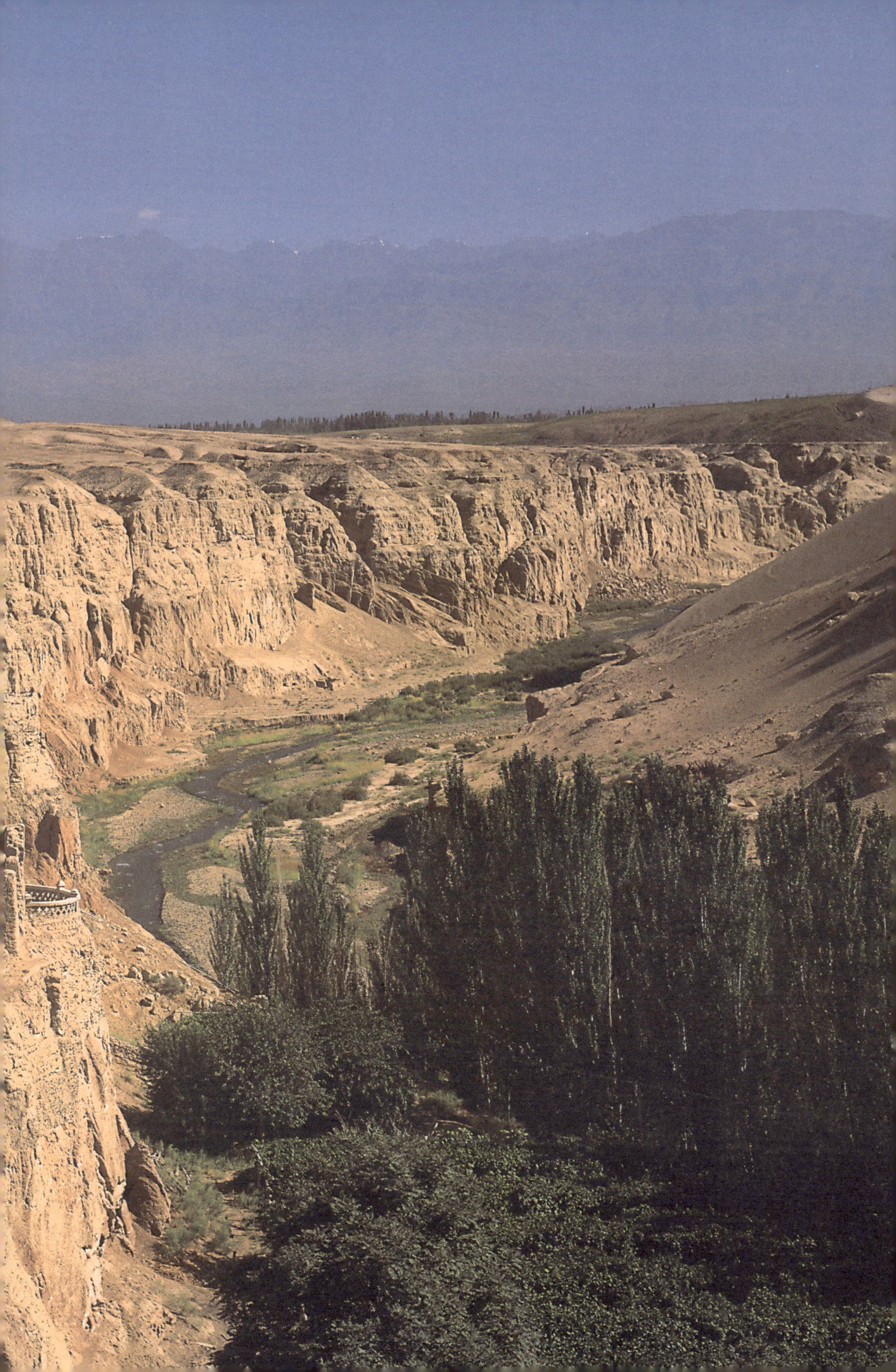

Comment mesire guillaume de mandeuille sen ala oultre mer.

Comme il soit ainsi que la terre doultre mer cest assa
noir la sainte terre de promission en tres toutes les
autres terres cest la plus excellente et la plus digne
et dame souueraine de toutes autres terres. Et benoite
et sainctifiee et consacree du precieux corps et du precieux
sang nostre seigneur ihesu crist. On ly pleut soy enom
brer en la glorieuse vierge marie et prendre chair hu
maine et nourricon. et la terre marcher et enuironner
de roies. et la voult il maint miracle faire et prescher et enseigner la loy et la
loy de nous crestiens comme a ses enfans. Et de celle terre voult singuliere

目　录

概述	11
地中海枢纽	13
档案：银行的诞生	35
从格陵兰到北京	41
走向新的东方	83
贸易与扩张	105
葡萄牙与卡斯蒂利亚	137
档案：品类丰富的中世纪交易会	155
克里斯托弗·哥伦布与"印度"	165
东方与西方之间	199
档案：船舶与航海工具	224
附录	233
对照年表：欧洲、地中海及近东、亚洲、美洲和非洲	234

插图（第2页）　《圣父上帝测量世界》（1225年），通俗版《圣经》手抄本细密画，出自《维也纳抄本》（*Codex Vindobonensis*）（藏于奥地利国家图书馆，维也纳）。

插图（第4—5页）　柏孜克里克千佛洞，位于古代丝绸之路上的高昌城附近。

插图（左侧）　彩绘版《世界奇观之书》（*Livre des merveilles du monde*，1410年—1412年）第141页的细密画，表现的是约翰·德·曼德维尔在离开英格兰前与他人告别（藏于法国国家图书馆，巴黎）。

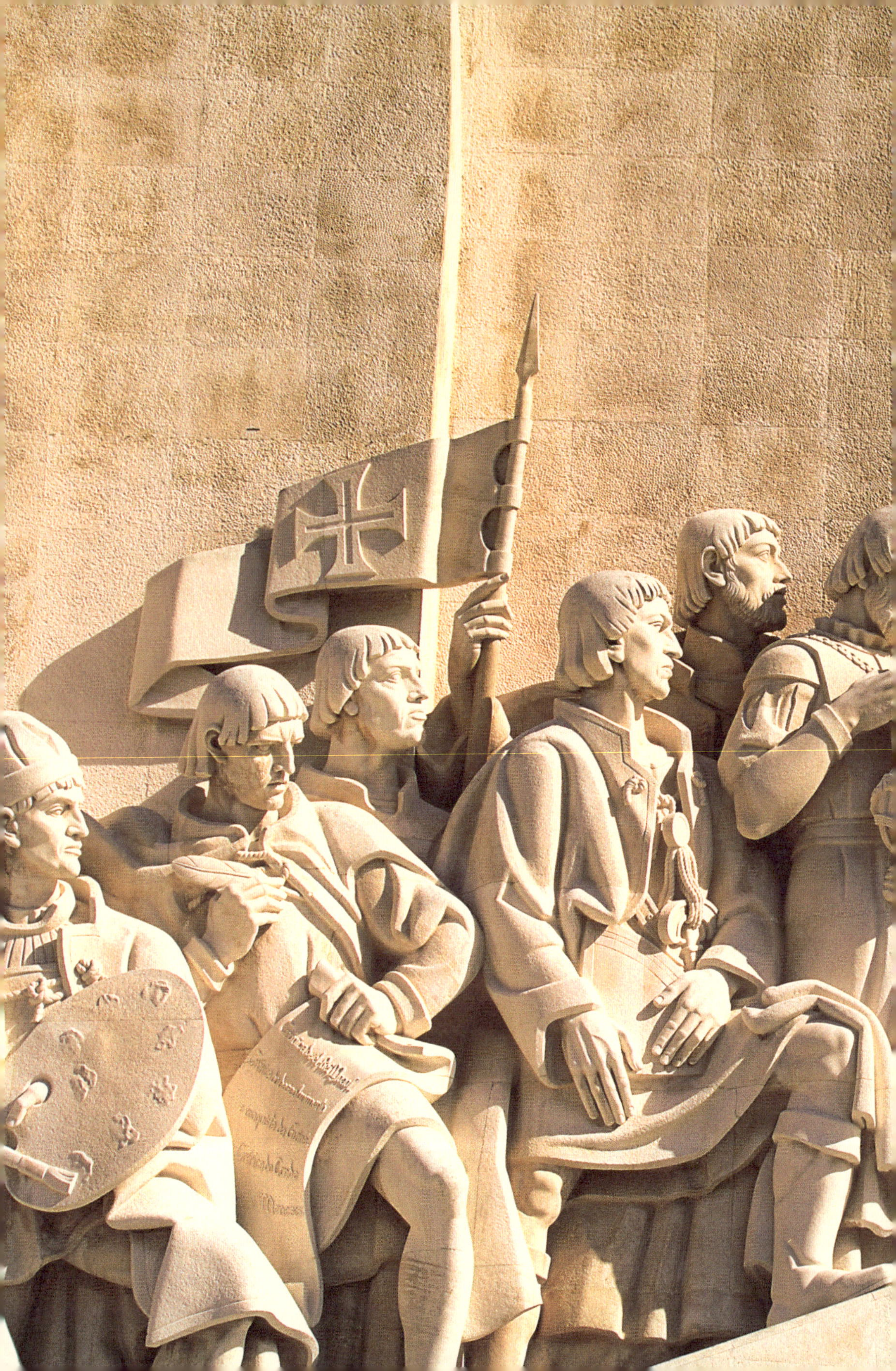

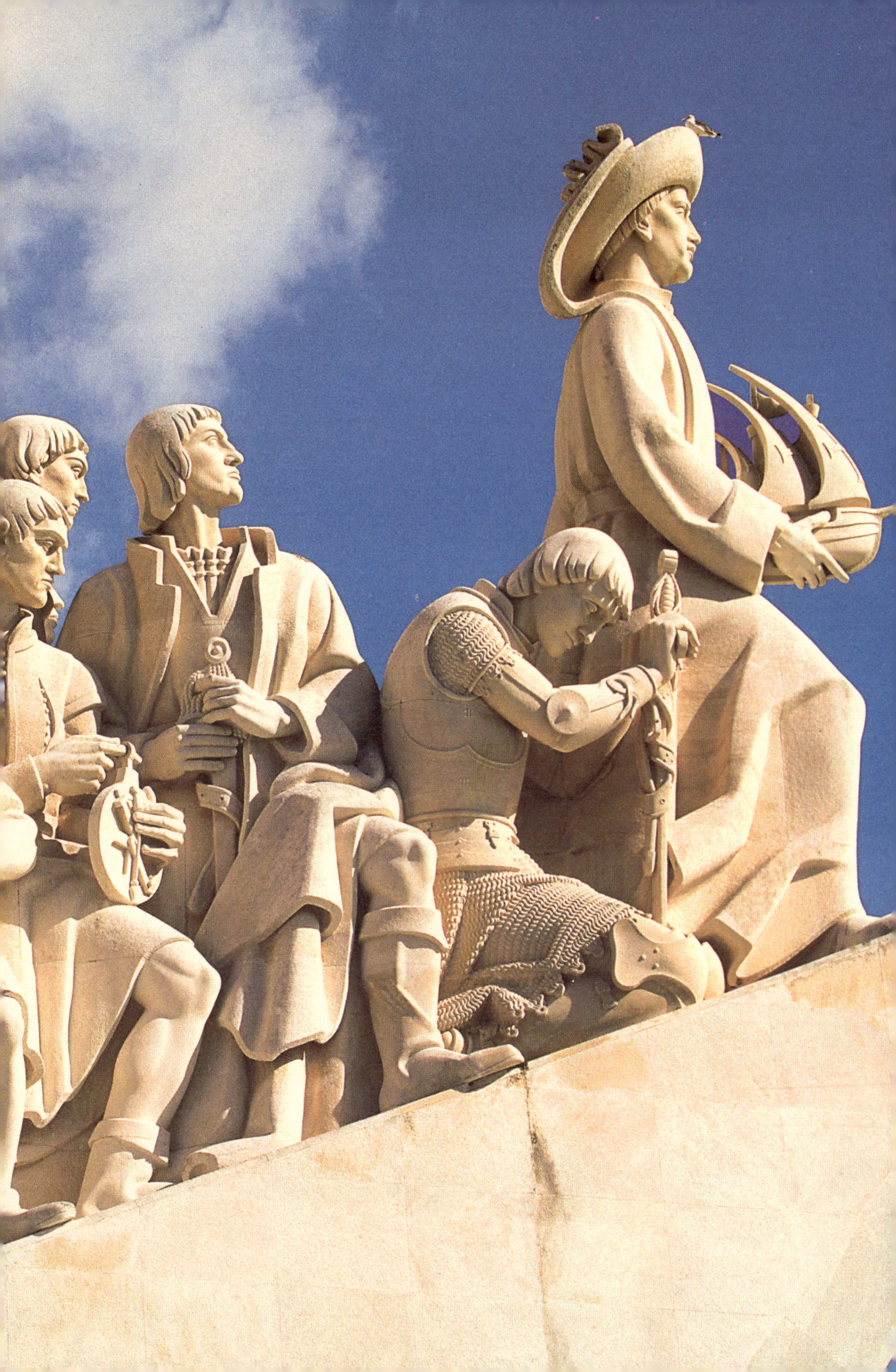

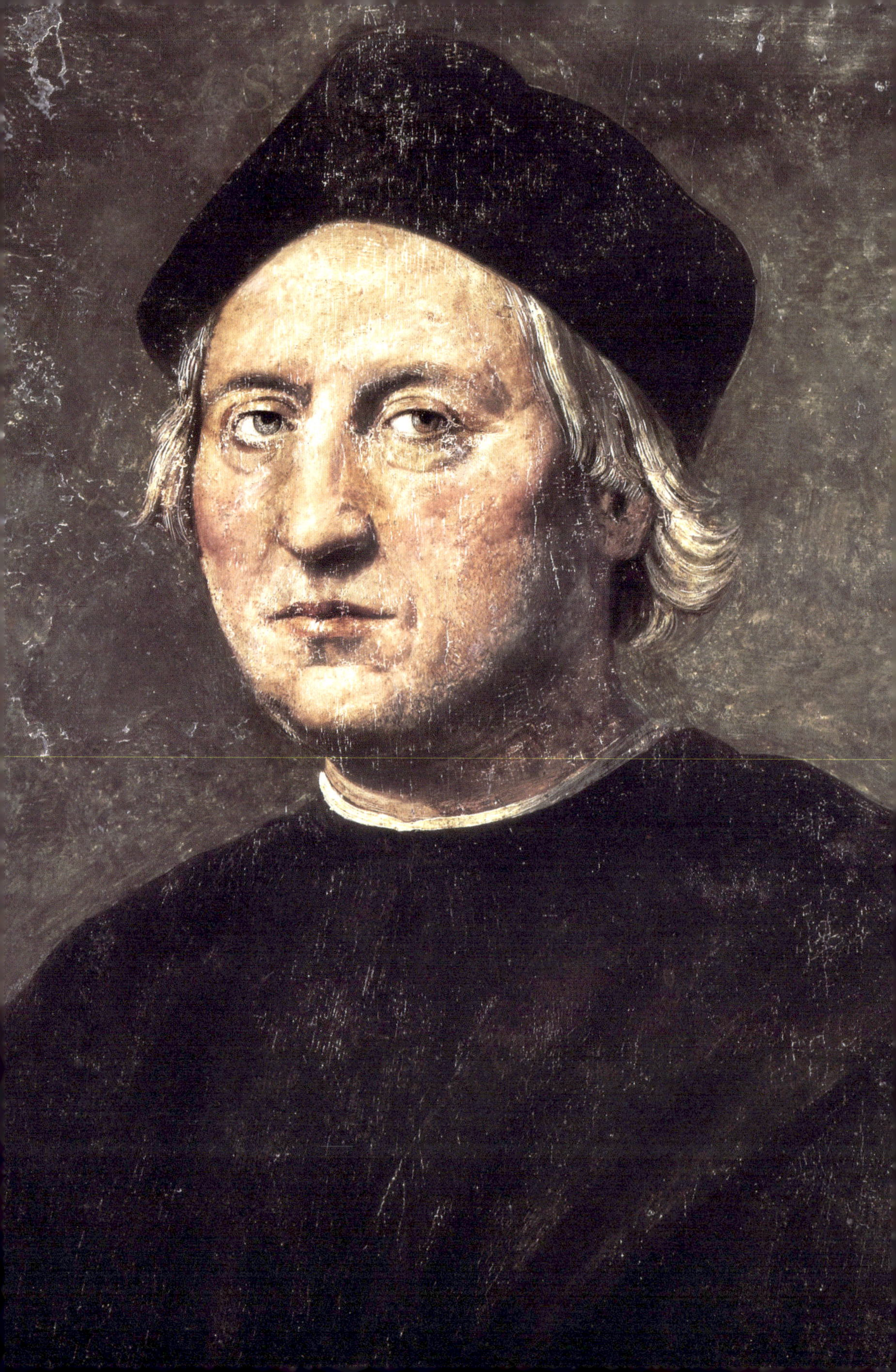

概　述

在漫长的国际关系史中，13世纪是一个翻开新篇章的时代。就是在这个时代，蒙古人开始征服近东和远东各地，建立起了历史上幅员最为辽阔的帝国。正当阿拉伯海军按部就班地把印度洋转变成穆斯林的内海之际，蒙古的扩张却在政治、经济和文化层面制造了一种变幻莫测的推动力。这一新格局立刻造成了一个直接结果，就是此前的亚洲贸易路线被重组，且诸如波斯、中国等差异巨大的国度都被统一到了蒙古的旗下。于是，远东与西欧相遇，西欧也由此迎来了其自身扩张的巅峰。其实，自11世纪末以来，西欧的扩张已然促使其政治、经济和文化交流变得愈来愈频繁。而这样一来，在整个13世纪，西欧各中心城市更是获得了指数级的发展，其各君主制国家的组织也渐次完善起来；这些君主通过与意大利的某些贵族家庭合作，成为了与亚洲、非洲及大西洋各地开展新的交流的引擎。这一现象的第一阶段从11世纪末期持续到14世纪中期，而其高潮就发生在13世纪（亦称"打开眼界的时代"）。在该阶段，这一现象所滋生的文化交流促进了欧洲与亚洲、非洲地中海及大西洋沿岸各地关系的发展。而到了第二阶段，也就是从15世纪晚期开始，随着"蒙古治下的和平"（pax mongolica）的结束，东西方交流受到了突厥人的掣肘。欧洲人只能越来越多地转向大西洋另辟蹊径，还实现了环绕非洲的航行。这些都促进了后来的地理大发现，并促进了国际关系网络的发展；而国际关系网络的发展则为"全球化"进程提供了关键的推动力。

插图（第8—9页）　　航海家恩里克王子手捧着一艘卡拉维尔帆船立于贝伦发现纪念碑的群雕之首（里斯本）。

插图（左侧）　　里道夫·德尔·吉兰达约（Ridolfo del Ghirlandaio）的一幅油画上的克里斯托弗·哥伦布肖像（藏于意大利热那亚佩利海军博物馆）。

马可·波罗

《波罗兄弟离开威尼斯的圣马克湾》细密画,出自《大可汗之书》(Livres du Grant Caam,约1400年)(藏于英国牛津大学博德利图书馆)。

插图(右侧) 汉萨同盟城市施特拉尔松德的青铜印章(1329年)(藏于德国施特拉尔松德文化历史博物馆)。

地中海枢纽

甫一进入中世纪晚期，欧洲就出现了一系列政治、经济制度的雏形，而这些制度将在不久之后导致欧洲—地中海地区产生全局性重组。各君主国和城市——尤其是意大利的自治城邦——纷纷发起超越边界的探险远征，而罗马教廷也密切关注着国际关系的每一步新发展。

在中世纪早期，城市—市场—海洋构成了地中海地区一种特有的三角结构。这种结构坚固稳定，无论是拜占庭帝国还是穆斯林的扩张都未能将其撼动。然而，从11世纪末到13世纪末，这种力量平衡却受到了一系列结盟运动的动摇。在这些结盟运动中率先登场的是，意大利各自治城邦（comuni）的属民以及普罗旺斯、勃艮第、诺曼底和伊比利亚的封建领主；随后，这一运动又波及了诺曼底和施瓦本、法兰西、安茹、葡萄牙以及卡斯蒂利亚诸国王室。于是，就在这种分裂的欧

■ 地中海枢纽

早期的探索新世界之旅

1245年—1248年
柏朗嘉宾　到达哈拉和林。

1253年—1255年
罗伯鲁　到达哈拉和林。

1271年—1295年
马可·波罗　到达中国。

1325年
伊本·白图泰　初次踏上旅途。

1402年
让·德·贝当古　征服加那利群岛。

1405年—1433年
郑和　七下西洋（即印度洋）。

1414年—1439年
尼科洛·达·康提　到达印度洋。

1419年
若昂·贡萨尔维斯·扎尔科和特里斯唐·瓦斯·特谢拉　发现马德拉群岛。

1427年
迪奥戈·德·西尔维斯　到达亚速尔群岛。

1434年
吉尔·伊恩斯　越过博哈多尔角。

1444年
迪尼斯·迪亚斯　到达佛得角。

1483年
迪奥戈·卡姆　抵达刚果河入海口。

1488年
巴托洛缪·迪亚斯　绕过风暴角（即好望角）。

1492年
克里斯托弗·哥伦布　发现伊斯帕尼奥拉岛。

地中海：伟大的起点

古早时代，古代腓尼基人、希腊人和罗马人的船只将地中海沿岸联结在了一起；到了中世纪，地中海依然是一个最重要的交流空间，塑造着欧洲的性格。

整个中世纪，古罗马人所说的"我们的大海"（Mare nostrum）对于欧洲而言，依然是其开展交流的一片重要区域。虽然在8世纪，有一个新的角色，即伊斯兰的势力，闯了进来，迅速从近东蔓延至北非乃至几乎整个伊比利亚半岛，在地中海东部和西部沿岸大部分地区建立了统治。然而，阿拉伯国家对于海洋兴趣不大，它们也没有大规模的舰队。所以，从13世纪起，随着意大利商人和加泰罗尼亚人的活动，欧洲与东方之间的联系渐渐得以恢复。在他们的商贸活动的基础上，形成了一张互通互联的网络，这对欧洲的政治产生了影响，并促使欧洲开始迈出向新世界扩张的步伐。

插图　威尼斯兵工厂的入口。

洲政治渐次发生重组的背景下，各新兴君主国以及意大利各城邦共和国为了拓展各自的政治、经济和文化边界，纷纷走上了扩张的道路。它们的扩张，加上蒙古人和以阿拉伯及突厥为代表的伊斯兰世界等来自欧洲之外的力量，就把国际关系推到了一个新的纪元。

东地中海地区是连接西方与近东乃至远东的数条主要路线的枢纽。在中世纪早期，拜占庭人、犹太人及阿拉伯人就在那里建立了一系列沟通东西方的通道。那些通道并未

遭受所谓"十字军东征"系列军事行动的破坏，也没有受到新建的贸易和殖民前哨的影响，相反这些前哨成了巩固东西方联系的新基地。除了在一些短暂的对抗时期以外，西方与拜占庭以及与地域辽阔的伊斯兰势力（当时伊斯兰的势力范围从东向西，囊括了包括西西里岛、伊比利亚半岛的大部分以及马格里布地区在内的一大片地域）之间的关系并没有受到多大的影响。在西地中海以及伊比利亚地区也是如此，虽然各新兴的基督教王

威尼斯的摩尔人

图为13世纪威尼斯摩尔人领地里一尊阿拉伯商人雕像。

国之间存在矛盾冲突，但穆斯林地区与基督教地区之间密切的经济合作，伴随着后来被人们称为"基督教再征服运动"（Reconquista）的一系列战争行动，实际上有效地推进了它们拓展陆上和海洋疆界。在12世纪上半叶，葡萄牙完成了统一，这使它得以掌握了对圣文森特角的控制权；与此同时，意大利南部的诺曼人夺回了西西里岛，建立了大西西里王国。

王国与教廷

西班牙诸王国开辟了几条不同的线路。在1248年到1262年，卡斯蒂利亚人先后来到了塞维利亚、科尔多瓦和加的斯。而加泰罗尼亚-阿拉贡人在1229年到1238年征服了巴伦西亚和巴利阿里群岛，之后便开辟了"香料和岛屿之路"，这使他们得以在13世纪末夺取了西西里岛和撒丁岛。1311年，加泰罗尼亚东方公司征服了雅典，建立了雅典公国和新佩特雷公国。而在保卫近东贸易站点以及与蒙古统治的东方开展接触的问题上，欧洲各王国中表现最为积极的一直是法兰西王国。从13世纪末到15世纪末，安茹人和阿拉贡人成为争夺地中海地区霸权的主角。在14世纪上半叶，随着西欧与近东及中东的关系因突厥的扩张和"蒙古治下的和平"的终结而受到滞阻，葡萄牙王国向大西洋发起了第一次探索行动。而在随后的一个世纪中，同样下定决心要进行海上扩张的卡斯蒂利亚也效仿葡萄牙走上了这条道路。出身霍亨斯陶芬家族（Hohenstaufen）的神圣罗马帝国皇帝腓特烈一世（Frédéric Ⅰ）和腓特烈二世（Frédéric Ⅱ）到圣地加冕时，同样对国际关系问题表示出了兴趣；而罗马教廷，不管是对于各种外交创举，还是对于"十字军东征"或在东方和西方开展福音布道的传教行动，都保持开放的态度。

教皇英诺森四世（Innocent Ⅳ）在13世纪采取的行动对于欧亚大陆及相邻的非洲产生了深远的影响。卡斯蒂利亚和葡萄牙于1481年和1494年先后签订了《阿尔卡索瓦斯-托莱多条约（1479年—1480年）》和《托尔德西里亚斯条约（1494年）》，初步规定由这两个国家瓜分世界。他们先是在距离卡斯蒂利亚王国控制的加那利群岛100海里的位置划定了一条界线。后来在托尔德西里亚斯，他们又在佛得角群岛以西370海里确定了第二条分界线。1506年，教皇尤利乌二世（Jules Ⅱ）颁布诏书《为促进和平而行动》(*Ea quae pro bono pacis*)，认可了两国的这种划界行动。历代教宗多次就西方及其在大西洋的扩张颁布教皇诏书：比如尼古拉五世（Nicolas V）于1452年发表的《摒弃分歧》(*Dum diversas*)和于1455年发表的《罗马教皇诏书》(*Romanus Pontifex*)，卡利克斯特三世（Calixte Ⅲ）于1456年就葡萄牙的活动发表的《关于一些事情》(*Inter caetera*)，还有西斯科特四世（Sixte Ⅳ）于1481年为批准《阿尔卡索瓦斯-托莱多条约》的安排而颁布的教皇诏书《永恒之王》(*Aeterni regis*)。1493年，从5月至9月，教皇亚历山大六世（Alexandre Ⅵ）就卡斯蒂利亚王国在大西洋的行动接连颁布了五道诏书。而到了15世纪末16世纪初，就轮到英吉利王国和法兰西王国摩拳擦掌地去开辟新的天地了。

意大利商人

自古以来，欧洲与围绕着它的各片海洋都保持着密切的联系。从波罗的海和北海，经大西洋和地中海，直到黑海和亚速海，欧洲大陆是被一连串的海洋环抱着的。它们对于欧洲维持与世界其他地方的联系至关重要。所以，对于任何想要拓展国际关系空间的欧洲人来说，征服海洋都是一个关键。

13世纪，欧洲南北之间建立起了新的海上通道。得益于一系列科学技术的进步，南北海路的畅通终结了陆路运输独大的局面，为欧洲贸易转运欧亚商路的商品货物开辟了新的补充性运营空间。历史地理学研究已经清清楚楚地证明，这种联运现象发源于欧洲的地中海沿岸地区。早在中世纪早期的10世纪，以意大利的阿马尔菲和威尼斯为代表的多个城市，已经和君士坦丁堡以及埃及的开罗与亚历山大市建立了活跃的关系，弥补了当时把持国际贸易交流的中间商阿拉伯人和犹太人的贸易活动的不足。在11世纪，许多中西欧城市崛起成为商业贸易革命的中心，商业贸易开始在政治舞台上发挥决定性的作用。这样一种现象在意大利尤为显著：11世纪末，在阿尔卑斯山脉和台伯河之间，出现了许多由商贸精英统治、时刻寻找新机遇的城市共和国。在它们之中，很快就有一些城市凭借着自己频繁的海上活动，成为欧洲扩大边界的主要引擎。而西欧各国王室常年征战不休，主要都是依靠一种消费型的经济来维持运作的，并且除了阿拉贡王室和葡萄牙王室之外，它们都对资金有着持

意大利各海洋共和国的扩张

在地中海向国际贸易空间转变的过程中，意大利以其地理位置、海洋使命及其建立在商业精英基础上的政治体制起到了中心作用。

正当欧洲其他地方纷纷建立君主制之时，中世纪的意大利却在 10 世纪至 13 世纪崛起了一系列面向地中海的商业共和国。其中第一个是阿马尔菲共和国，随后还有比萨共和国、热那亚共和国和威尼斯共和国。到 14 世纪，这些共和国崛起成为对欧洲各国、拜占庭、近东及北非的君主们产生影响而又彼此敌对的势力。

插图 上图为威尼斯马斯特利宫的浮雕，表现的是一头背着货物的骆驼；右图为克里斯托弗·格拉西（Cristoforo Grassi）画的 1481 年的热那亚（藏于热那亚加拉塔海洋博物馆）。

续的需求，而且都没有自己组织的海军。

到了 13 世纪，阿马尔菲人已经大大丧失了他们原先的行动力。12 世纪初，他们的影响力曾经覆盖了从地中海南岸延伸到拜占庭帝国，再到地处巨大穆斯林"帝国"核心位置的安达卢斯的广大地域，同时还辐射到了意大利的北部地区。由于受到诺曼、施瓦本、安茹和阿拉贡等王室封建体制的阻碍，阿马尔菲人只能眼看着自己在国际市场上的地位渐渐被威尼斯

人、比萨人、热那亚人，还有在13世纪后起的佛罗伦萨人以及加泰罗尼亚人所取代。在整个中世纪，威尼斯共和国都把自己的注意力聚焦在东地中海和东方，因为它一心想要垄断利润极其丰厚的香料贸易。威尼斯人早在1084年就来到了君士坦丁堡，而随着第四次"十字军东征"（1202年—1204年），威尼斯人崛起掌控了拜占庭和爱琴海的大部分地区。他们在这个地区的霸权一直维持到了1261年，直到希腊的尼西亚王朝与热那亚人结盟，才迫使他们不得不重新考虑自己的活动。因为热那亚人从那时开始垄断了几乎整个黑海地区和亚速海地区的贸易。不过，威尼斯人还是保留了对几个希腊岛屿以及对十字军领土上一些贸易站点的控制，而且从1265年起，他们重新获得了在苏尔达亚（今乌克兰的苏达克）、特雷比宗德（今土耳其的特拉布宗）以及塔纳（今俄罗斯的亚速）的行动自由。所以黑海的海峡和战略地区都落到了威尼斯人和热那亚人的手中，他们不仅在贸易和航运方面享受优待，还掌控了通往东方的几条主要路线的通道。那时，威尼斯商人的足迹遍布西欧，但他们在大西洋沿岸地区的存在和活动却非常有限。实际上，尽管他们的海上"慕得"商队（mude）到达过西欧大西洋沿岸所有重要的中心城市，甚至抵达了英国的各大港口以及布鲁日市，但威尼斯从未向那种旨在"探索发现"的航行投入过任何资金、人力或船只。反而是热那亚人先是和葡萄牙人结盟，后来又和卡斯蒂利亚人携手，主导了"探索发现"航行。另一方面，威尼斯人也没有参与国际银行和金融活动。在整个13世纪，国际银行和金融活动都是由佛罗伦萨人和热那亚人把持的，他们背后的靠山常常是普莱桑斯的商人，有时也有来自阿斯蒂和米兰的"伦巴第"商人。

西地中海依然是比萨人与热那亚人对抗的一个主要舞台。比萨人活跃在整个地中海盆地，他们和热那亚人及威尼斯人一样在埃及和十字军占领的近东海岸中心城市拥有自己专属的街区并享有商贸特权。和热那亚人一样，他们在休达、贝贾亚、突尼斯以及的黎波里都拥有一些基地。传统上认为，比萨在梅洛里亚岛战役（1284年）中的失败是它在国际上不可逆转地走向没落的起始，但比萨共和国并没有完全从地中海舞台上消失。在13世纪末，西地中海的海洋与贸易霸权落到了热那亚人手中。热那亚人把持了邻近地区的政治，控制了科西嘉岛，还将普罗旺斯置于自己的保护之下。在同一时期，比萨人别无选择，只能臣服于势力日盛并且已然成为地区主宰的佛罗伦萨。而早在佛罗伦萨繁荣起来之前，新兴的银行与信贷业摇篮托斯卡纳地区的商人们就已经来到了西欧，特别是出现在了堪称当时国际商贸金融活动中枢的法国香槟地区交易会上。在托斯卡纳，锡耶纳以其与"伦巴第人"的金融业务一枝独秀，而卢卡则主要大力发展丝绸产业。在13世纪，羊毛产业和银行金融业务并举的佛罗伦萨人拥有了一支日渐强大的舰队，他们在安茹王室的支持下在地

一份独特的证言

弗朗切斯科·迪·马尔科·达蒂尼（1335年—1410年）是一位在阿维农发家的意大利商人。和当时许多托斯卡纳同乡一样，他抓住了这座（普罗旺斯）城市兴旺发展所带来的机遇。在回到故乡普拉托后，达蒂尼决心扩大自己的业务：他创建了一个（以纺织为主的）企业网络，以普拉托、比萨和阿维农为起点，一直覆盖到巴塞罗那、巴伦西亚和马略卡。他没有合法的继承人，所以把自己的巨额财富遗赠给了穷人们。不过，他之所以得以在历史上留名，是因为19世纪人们在其普拉托宅邸的一间密室里，找到他作为档案保存的许多往来书信和商业文书记录，为人们了解历史信息提供了弥足珍贵的资料。

中海沿岸的希腊地区、近东地区以及西欧地区开展贸易。和热那亚一样，佛罗伦萨也在法国、英国和伊比利亚半岛的教会征收"什一税"。由此，阿尔伯蒂（Alberti）、富雷斯可巴第（Frescobaldi）、博纳科尔西（Bonaccorsi）、巴尔迪（Bardi）、佩鲁奇（Peruzzi）、阿奇亚奥里（Acciaiuoli）以及美第奇（Médicis）等家族为建立一套（特别是在会计和资料方面）组织结构完美的公司和企业系统打下了基础。现存的佛罗伦萨的各类会计账簿、商业记事簿、商人手册和各种各样的卡片都证明了这一点，其中来自普拉托的贸易商

城市里的商业（第23页）

图为安布罗吉奥·洛伦泽蒂（Ambrogio Lorenzetti）的壁画《善政造福城市》（*Effets du bon gouvernement dans la ville*，藏于意大利锡耶纳市政厅）的局部，描绘了中世纪意大利城市的日常景象。

弗朗切斯科·迪·马尔科·达蒂尼（Francesco di Marco Datini）的档案可谓是一份最著名且最有说服力的佐证。

热那亚人在东地中海与威尼斯人对峙，在西地中海与加泰罗尼亚人对抗，但在西部，尤其是在他们早在伊斯兰统治时期就已经到达的伊比利亚半岛，却与佛罗伦萨人保持着良好的关系。他们天生崇尚个人奋斗，所以很快就打开了所有的国际市场的大门。

和威尼斯人相反，热那亚人所倚仗的并不是强制度，而是大家族。大家族是他们巨大财富的来源，但同样也是造成他们的城邦持续脆弱的根源。大家族是他们联系网络的支柱。热那亚人的联系网络是一种具有高度弹性的体系，自12世纪初以来就统治着这座城市并超越了地中海的边界。热那亚人很早就结成了一些非血缘的家族集团"会馆"（alberghi），交结外国精英，开始向欧洲各国王室提供资金、海军将官、水兵以及船舰，经营租赁、商品和金融，以换取特权、封号和封地。他们的国际关系体系围绕着众多散布在各处（从希腊、亚美尼亚等地直到黑海地区，从法国直到伊比利亚半岛以及大西洋沿岸的佛兰德和英格兰）的家庭单位得到巩固。这种家族集团体系有几种不同模式的基础：同乡会、私营机构组成的行会"丰达奇"（fondaci），以及公私联合的"马洪"（mahones）。后来的东印度公司都采用了"马洪"的形式。

会计业务、经济数据以及信息的传播一直被这些家族集团的公证人和档案室所垄断。热那亚人在欧洲各国王室都拥有强大的游说力量，无论该王室是大是小、是基督徒还是穆斯林、是阿拉伯人还是突厥人。他们是停泊在从地中海到大西洋的最大港口中各大私人船队的所有者，掌握着巨量的"投机资本"。1408年，这一资本的一部分涌向了欧洲最重要的金融机构圣乔治银行。1453年，这家银行开始负责经营科西嘉和黑海各贸易站。这个"国际金钱共和国"最大的股东大多属于热那亚28个大家族会馆。默默无闻地为征服加那利群岛、为克里斯托弗·哥伦布（Christophe Colomb）、卡伯特（Cabot）、瓦斯科·达·伽马（Vasco de Gama）以及韦拉扎诺（Verrazzano）开展航海探险提供必需的资金，也是热那亚人，当然还有少数佛罗伦萨人。作为卡斯蒂利亚特许经营权的唯一持有者，热那亚人于1519

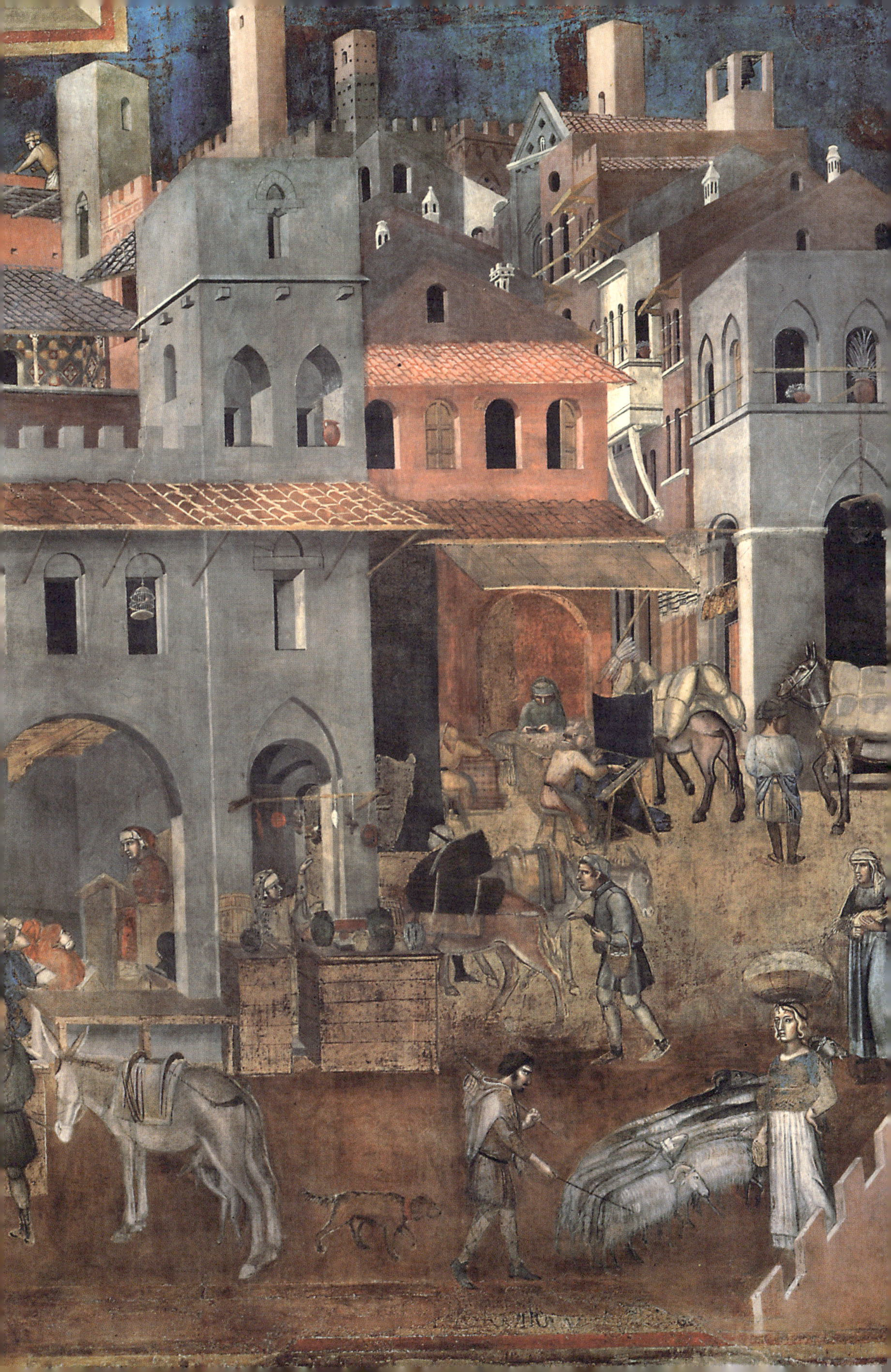

年和佛罗伦萨人结成了一个银行家财团，帮助查理五世（Charles Quint）在与法国的弗朗索瓦一世（François Ier）争夺神圣罗马帝国皇位的竞争中赢得了胜利。当时，银行家富格尔（Fugger）和韦尔瑟（Welser）就是和热那亚人阿戈斯蒂诺·福尔纳里（Agostino Fornari）、安东尼奥·福尔纳里（Antonio Fornari）、阿戈斯蒂诺·格里马尔迪（Agostino Grimaldi）以及卡尔洛·格里马尔迪（Carlo Grimaldi），还有佛罗伦萨人安东尼奥·瓜尔泰罗蒂（Antonio Gualterotti）一起联手采取了行动。

从卡斯蒂利亚到汉萨

欧洲的君主国，除阿拉贡王室和葡萄牙王室之外，都没有为本国的商人提供任何政策和运营空间，而任凭国际交易落入意大利人的手中，并且还将自己的金融业务委托给了他们。

在巴伦西亚、塞维利亚、里斯本、伦敦乃至布鲁日等战略城市，意大利人都得到了政治人物的支持；而在拜占庭及伊斯兰统治的地区，商人们都企盼着热那亚人和威尼斯人。不过，在地中海区域还活跃着其他地方的商人。比如那些以马赛以及圣吉尔、阿尔勒或纳博讷等地市场为活动中心的普罗旺斯商人和朗格多克商人，无论政治局势如何，都与利古里亚保持着非常密切的联系。1267 年，曾经担任热那亚人民队长（热那亚城邦政府首脑）的政治流亡人士古列尔莫·博卡内格拉（Guglielmo Boccanegra）就对艾格莫尔特城港口的防御工事和行政管理进行了指导。1330 年，卡尔洛·格里马尔迪成了摩纳哥领主；1341 年，热那亚和摩纳哥两地的格里马尔迪家族之间订立了一份协议，宣告摩纳哥领地正式成立。

从 13 世纪上半叶起，加泰罗尼亚人在海洋贸易活动中就表现得比普罗旺斯人更加坚决、更加咄咄逼人。在接下来的几个世纪里，他们在巴塞罗那和巴伦西亚的领导下，在一个专注于贸易和领土扩张的王室的支持下，积极地在西地中海地区展开活动，先是控制了巴利阿里群岛，之后又拿下了西西里岛和撒丁岛，最终在 15 世纪通过与安茹人进行的一场艰苦的战争夺取了那不勒斯王国。在教皇亚历山大六世（1492 年—1503 年）时期，加泰罗尼亚人在罗马教廷同样享有巨大的权力。但他们并未因此停止贸易交流活动：正如热那亚国家档案馆保存的文献《加泰罗尼亚指南》（*Drictus catalanorum*）记载证实的那样，加泰罗尼亚人一直在与热那亚人对抗。加泰罗尼亚人没有直接参与卡斯蒂利亚王国主导的最初的几次大西洋探险，而是坚持在马格里布地区、在意大利南部地区以及在东方展开活动。1346年，商人海梅·费雷尔（Jaume Ferrer）超越了葡萄牙人，绕过了位于摩洛哥沿海的诺恩角。1375年，马略卡犹太地图制图师亚伯拉罕·克雷斯克斯（Abraham Cresques）完成了他的杰作《加泰罗尼亚地图集》（*Atlas catalan*）。

最早在欧洲北部地区从事贸易活动的是弗里斯兰的商人。斯堪的纳维亚的霸权保障了其与波罗的海沿岸及英国港口的联系，尤其是保障了其与丹麦人的联系。丹麦人在大帝克努特二世（Canut Ⅱ）时期吞并了挪威和瑞典的大部分以及整个英国。所以，他们得以在东起波罗的海、西至爱尔兰的范围内发展贸易，他们立足于北海和丹麦的海峡，开辟了西抵格陵兰和冰岛、东达基辅和诺夫哥罗德的北方路线。

北欧流传的传奇激发着当时人们的想象。甚至在中世纪末的地图上，都能看到这种想象留下的印迹。在中世纪末期，虽然欧洲人业已初步进行过几次航海探险，但他们的地图上还是标示着想象中的圣布伦丹岛、七城岛、布拉西尔岛和安提利亚岛。

不过，在13世纪末之前，随着挪威、瑞典和丹麦等王国的诞生，斯堪的纳维亚渐渐丧失了霸权，诺曼人也渐渐失去了对海路的控制。北欧地区从此必须直面德意志商人的到来。在13世纪，德意志的城市获得了与意大利各自治城邦类似的独立地位，但它们不受郡治管辖，也没有自己常设的贸易站，尽管德意志的商人们和条顿骑士们努力地朝着拉脱维亚、爱沙尼亚以及立陶宛的方向扩张。当时的德意志人都是临时居民，他们获得的让步和特权是对此的补偿。对于他们来说，诺夫哥罗德是他们的一个东方桥头堡。而他们在西欧的桥头堡则是伦敦、南安普敦和卑尔根。他们与地中海各国人民接触的地点先是布鲁日，随后变成了安特卫普。意大利的各自治城邦之间充满了对立冲突，与此相反，德意志的城市之间并不存在不和，反而时常结成临时性的联盟。就是这样一种体系在1360年催生出了汉萨同盟。该同盟是以汉堡和吕贝克为核心逐渐形成的，包括了须德海和芬兰湾之间的约200个城镇。

地中海枢纽

亦战亦商的加泰罗尼亚人

从13世纪起，加泰罗尼亚人在意大利诸共和国商人所主宰的地中海上异军突起。很快，阿拉贡王国就把自己的商贸业务拓展到了伊比利亚半岛之外。

征服者海梅一世从穆斯林手中夺取巴伦西亚和马略卡，标志着阿拉贡王国的扩张到达了巅峰。自那时起，在其商业阶级的主导下，加泰罗尼亚开始了一场政治利益和商业利益相结合的扩张。1282年，伟大的佩德罗三世（Pierre Ⅲ）入侵西西里，1311年加泰罗尼亚雇佣军阿尔莫加瓦占领雅典，都意味着巴塞罗那在地中海沿岸扩建领事馆和银行的进程取得了进展。所谓的"海上领事馆"（Consolat de Mar）就是始于这个时代，而与之相关的法律被收录编辑成了《海上领事馆之书》（Libre del Consolat de Mar, 1370年），成为一直沿用至19世纪初的地中海海事法典。

右图 何塞·莫雷诺·卡博内罗（José Moreno Carbonero）的油画，描绘的是1303年罗杰·德·弗洛尔（Roger de Flor）率领其阿尔莫加瓦雇佣军在拜占庭帝国皇帝安德罗尼卡二世（Andronic Ⅱ）面前列队行进（藏于西班牙马德里参议院宫）。

讲礼仪的佩德罗四世

这位君主巩固了阿拉贡王国在地中海的势力。这尊大理石雕像是雕塑家海梅·卡斯卡尔斯（Jaume Cascalls）1535年的作品，题为《圣查理曼》（saint Charlemagne），表现的却是佩德罗四世（Pierre Ⅳ）的形象（藏于西班牙赫罗纳大教堂）。

但泽、维斯比、不来梅、里加、科隆、维也纳、诺夫哥罗德以及威尼斯都曾经充当汉萨同盟的前哨贸易站，连接地中海与上德意志的各个城市。也正是在那个时期，富格尔家族、韦尔瑟家族和霍赫施泰特家族（Hochstetter）开始致力于发展银行业务。

从北欧到南欧

早在12世纪，意大利的商人们就经常参加香槟交易会，人们在那里用铁、锡、羊毛和布料交易象牙、宝石和丝绸等各种珍贵的东方产品，以及300余种香料。海上航运比

陆路运输更便宜、更快捷，可以运送更大体量的货物，还能节省通行费。早在 1277 年，就有热那亚的船只来到了佛兰德。其中有一些来自福西亚，运送的是生产布料所用的明矾。布鲁日是当时的另一个重要的交易中心，热那亚人在那里拥有一个市场和一座圣墓教堂。有一些热那亚家族甚至在布鲁日拥有属于自己的街区。所以，贝内代托·扎卡利亚（Benedetto Zaccaria）、斯宾诺拉家族（Spinola）和马洛切罗家族（Malocello）的船只会来到这些地方并不足为奇，因为早在 1314 年第一批威尼斯的"慕得"商船队就已经来到这里了。

亚伯拉罕·克雷斯克斯的《加泰罗尼亚地图集》

14世纪，马略卡兴起了一个地图制绘学派，其杰出代表人物就是讲礼仪的佩德罗四世的御用地图和罗盘师亚伯拉罕·克雷斯克斯和他的儿子耶胡达·克雷斯克斯（Jehuda Cresques）。通常人们认为1375年绘制的《加泰罗尼亚地图集》就是他们的作品，当时的地图爱好者们立即发现这件作品的价值。佩德罗四世之子若昂王子更是在1381年把它当作贺礼，赠送给了自己刚刚登基成为法兰西国王的堂兄查理六世（Charles Ⅵ）。这本地图集由六张羊皮纸组成，其中后四张绘制的地图，几乎囊括了当时已知的从加那利群岛到中国海、从北回归线到北纬60度的整个世界。

插图 右图为第3和第4张羊皮纸，绘制着菲尼斯特雷角、欧洲和非洲（藏于法国国家图书馆，巴黎）。

万年历 在这部《加泰罗尼亚地图集》封底的羊皮纸上画着一大幅阴阳历，外围环绕着的是一年四季。

❶ **风玫瑰方位标** 作为一部划时代的地图作品，《加泰罗尼亚地图集》具有众多独创之处。其中之一，就是它是最早使用风玫瑰标记方位的地图，而在它之后问世的地图都效仿了它的这一做法。这朵风玫瑰一共标示了32个方向。

❸ **幸运群岛** 克雷斯克斯的这部地图集是以地中海为中心的，但也没有忽略大西洋。根据若昂王子的明确要求，地图上标示了当时所有已知的大西洋海岛。

❷ **曼萨·穆萨** 这本地图集信息丰富，还提供了许多与所标示地方相关的说明与注释。从图上甚至可以看到许多人物的形象，比如手中拿着金块的马里皇帝曼萨·穆萨（Mansa Moussa）等。

❹ **格拉纳达** 在这部地图集中，所有的基督教城市都用十字架标示，以区别于穆斯林城市。而格拉纳达是一个例外，因为它的位置既标有十字架，同时又标有阿拉伯的旗帜。这或许是因为当时格拉纳达的纳斯里德王朝，已经向卡斯蒂利亚王朝俯首称臣了。

商队

　　这本地图集的第5和第6张羊皮纸描绘的是德里王国(即印度)和契丹(即中国),不同于前两张地图的现实主义风格,这两张图上呈现出更多的不确定性和奇思幻想。制图者把目光聚焦于那里的居民的日常生活与服饰,以及国际商贸路线。德里的那张地图主要依据马可·波罗的描述勾勒出了王国的轮廓;至于契丹的那一张,由于缺乏地理信息,只能采用大量装饰性图案来填补空白。右图为德里地图上描绘的商队。

地中海枢纽

在梅洛里亚岛战役中倒下的比萨

意大利各海洋共和国虽然有时会为了某个共同的目标结盟，但它们彼此之间的关系绝对称不上融洽。比如，比萨共和国和热那亚共和国就相互敌视，乃至公然爆发战争。

热那亚和比萨这两个共和国都濒临第勒尼安海，它们在11世纪和12世纪关系密切。这一点不同于它们和濒临亚得里亚海的威尼斯之间一贯敌对的关系。比如在1016年，这两个共和国还合力从穆斯林手中夺取了科西嘉和撒丁岛。但随着热那亚和比萨的舰队开始争夺西地中海的霸权，情况就发生了变化。在12世纪，两国就开始爆发冲突。而到了1284年8月6日，这两个共和国的命运终于一锤定音。那天，在梅洛里亚岛海域，热那亚的舰队摧毁了比萨的舰队，消灭了后者在地中海上的海军力量。

右图 比萨大教堂钟楼上的浮雕，刻画的是比萨舰队的两艘舰船分别航行在梅洛里亚灯塔两边。

汉萨同盟的城市

整个中世纪，汉萨同盟都影响着欧洲商业的发展。吕贝克市政厅大门上的这件青铜门叩（约1350年，现藏于德国吕贝克艺术和文化历史博物馆）是约翰内斯·阿彭盖特（Johannes Apengeter）的作品。在长达几个世纪的时间里，德国的吕贝克市都是汉萨同盟当仁不让的"首都"。

香槟交易会渐渐没落，但意大利的商人们继续在日内瓦、里昂、贝藏松以及麦地那德尔坎波等地与其他地方的商人交易，因为那些地方活跃的金融系统保障了交易的快捷性。巨大的现金流量和汇票的问世都说明市场开始出现投机。1252年，热那亚和佛罗伦萨开始铸造当时拜占庭帝国和伊斯兰世界仍在使用的金币，而威尼斯则在1287年开铸杜卡托金币。支付的天平向着对西欧有利的方向倾斜，意大利人与欧洲各国王室的联系也进一步密切起来。银行业务回报高，但风险也很高。14世纪，佛罗伦萨的巴尔迪家族与佩鲁奇家族的破产就证明了这一点。

在大西洋海域，往返于葡萄牙及巴斯克地区与北欧地区

之间的贸易活动频密兴盛起来。要保存鲱鱼和鳕鱼，就要在葡萄牙的塞图巴尔、法国的布尔格纽夫湾和西班牙的伊维萨岛补给所需的盐。在两个世纪的时间里，巴斯克和布列塔尼的船只一面把卡斯蒂利亚的羊毛运往佛兰德，另一面又把比斯开出产的铁发往地中海地区；而同时奔波航行于地中海海面上的，还有葡萄牙的船只。

汉萨同盟城市的代表是伊姆霍夫家族（Imhof）、海西福格家族（Hirschvogel）和贝海姆家族（Behaïm）。在发现美洲之前不久绘制世界地图的作者马丁（Martin）就属于贝海姆家族。这一存在是富格尔家族和韦尔瑟家族融入哈布斯堡家族利益轴心的前奏。在15世纪中叶，汉萨同盟的船队加强了在地中海的存在，它们的双桅帆船把北方的谷物、蜡、木材和松脂带到那里交换成干果、油、葡萄酒、糖、盐、明矾和靛蓝。在英国，意大利人在伦敦、南安普敦和桑威奇有着很大的影响力；占据阿基坦以及与葡萄牙人结盟，使英国人重新燃起了对地中海的兴趣：早在狮心王理查德（Richard Ⅰ）时代，他们就已经把这片地区纳入了自己的视野。不过，英国绝大部分的商贸交易还是由意大利人经营的。意大利人还常常前往欧洲北部（斯堪的纳维亚以及波罗的海国家）冒险。那时的人们对北欧地带尚不了解，15 世纪的地图制图师们通常将其视作一个岛屿。但这并没有妨碍英国商人在 14 世纪加强自己的贸易活动，他们还联合组织起来，成立了"商人冒险家公司"（Company of Merchant Adventurers）。布里斯托尔港的重要性就凸显了出来。然而，英法百年战争造成了很大的破坏，把英国的力量牵制在陆地上。在玫瑰战争之后，亨利七世（Henri Ⅶ）登上王位，英国重返地中海，并迈出了向大西洋扩张的步伐。

法国这边的情况则有所不同，因为大西洋和地中海对于法国来说构成了两片需要分别应对的海域。尽管如此，对这两片海域，法国王室还是常常寻求意大利资金的帮助和热那亚舰队的合作。直到中世纪末期，法国把普罗旺斯、布列塔尼和诺曼底并入自己的版图之后，才有机会在大西洋直面欧洲其他国家的海军。热那亚的海军将领们纷纷为路易九世（Louis Ⅸ）的十字军效劳，以换取俸禄和封地。1295 年，腓力四世（Philippe Ⅳ）征召热那亚人在鲁昂市建立了法国第一家造船厂，即鲁昂帆桨船厂。

佛兰德地区因其纺织产业而具有非常重要的经济地位。它起先属于法国，后来从 1405 年开始又被并入勃艮第郡和神圣罗马帝国，一直是法国人与英国人争夺的对象。所有与海事问题相关的事务，法国国王都委托给热那亚的海军元帅们来处理。他们中首屈一指的，当数贝内代托·扎卡利亚。此人是一位出身贵族的商人，也是享誉国际的战略家、梅洛里亚岛战役的胜利者、黎巴嫩的黎波里的保护者、拜占庭帝国的合作者和封臣（他从拜占庭帝国获得了福西亚封地），还曾经是卡斯蒂利亚王国的海军元帅。早在拿破仑之前，贝内代托·扎卡利亚就计划对英国实施海上封锁。他在一篇简短的海战论文中提出了这个构想。在那篇论文里，他描述了开展一场陆海战争的方法以及需要使用的船只类型和数量，并附预算。这位海军元帅建议在威尔士及苏格兰叛军的支持下逐一摧毁英国所有的港口。1295年，法国国王派往诺曼底的一支由20艘利古里亚帆船组成的舰队在鲁昂港和阿夫勒尔港与汉萨同盟、佛兰德以及伊比利亚的舰船会合。1299年，当法国国王美男腓力四世入侵佛兰德之际，贝内代托·扎卡利亚成功地封锁了兹温河河口，而那个河口是来自布鲁日、达姆、伊普尔和里尔等地的船只出海航行的必经之地。1304年，他启程陪送几位热那亚的贵妇前往东方，发出了开启"十字军东征"的信号，并获得了希俄斯岛封地以及乳香贸易的垄断权。法国便任命雷尼尔·格里马尔迪（Rainier Grimaldi）接替了他的职务。

档案：银行的诞生

档案：银行的诞生

在 11 世纪的欧洲，商业需求旺盛导致了一种复杂金融系统的问世，并催生出了商业银行家这样一种人物。

中世纪发生的商业革命在许多方面带来了深刻的质变，其对中世纪的影响堪比工业革命对现代世界的影响。城市是这场革命风暴的中心地带，因为在城市里，城市化进程、商业扩张和货币流通相互作用、相互强化。符合各方需求的货币制度的建立，以及资产阶级和城镇的商业力量的增强，都彻底改变了社会结构，宣告了一种以理性—技术—经验三元结构为基础的新文化的诞生。当然，这场革命的发展并非没有受到质疑：实际上，这个进程遭到了封建贵族的冷漠和蔑视，同时教会也对放高利贷和自私自利大加批判，认为它们是比傲慢自大更可鄙的罪孽。而意识形态模式的这种新发展也为人们的观念带来了深刻的变革：人们创造了"炼狱"这样一个概念，为在人生最后一刻忏悔的人提供了一个救赎的跳板，而圣徒托马斯·阿奎纳（Thomas d'Aquin）就时人对以收取利息为目的的借贷的批判提出了一些保留意见。

在 10 世纪到 14 世纪，掌控国际经济的是商人。最早推动国际贸易发展的是阿拉伯人和希伯来人，而意大利人是欧洲最早从事此类活动的人。实际上，是意大利中北部地区的城邦（尤其是威尼斯、热那亚、佛罗伦萨和米兰）的商业寡头们创造了国际贸易网络，并为贸易的发展提供了必要的工具和方法。直到现代，除了西班牙的加泰罗尼亚人以外，或者最多再除了德国人以外，所有国家的发展进步都应该几乎完全归功于光临它们的交易会和市场的外国商人们，因为是这些外国商人们为他们发动的战争和他们的日常开销提供了巨额的资金支持。

放贷与借贷　左侧画作《论资本的七宗罪》(Traité des sept péchés capitaux) 中一幅细密画上的放贷者，约 1330 年由科恰雷利家族（Cocharelli）作坊绘于热那亚（藏于伦敦大英博物馆）。

档案：银行的诞生

黄金与白银，变革的动力

12世纪中期，在萨克森、波希米亚和蒂罗尔发现了银矿，使欧洲的白银大大丰富起来，同时在这块大陆上催生了新的货币机构。这种货币作为必不可少的价值计量标准和交易工具，为商业的发展提供了新的动力。而白银储量因为这几个银矿的开发而激增，据估计13世纪末，英格兰的白银流通量比16世纪的还要多。

当时白银是本位货币，而到了之后的一个世纪，黄金便登场了。当然，在13世纪，黄金专门用于意大利商业银行家们的业务。他们几乎垄断了所有新兴的银行业务，经营着绝大部分的国际贸易，操持着各国王侯及罗马教廷的金融事务。佛罗伦萨和热那亚都是在1252年，开始铸造它们各自的金币弗罗林和热那维诺。而威尼斯则是从1284年开始铸造杜卡托金币。在14世纪乃至15世纪的货币危机之前，这些金币因为重量稳定、纯度接近当时最高的24克拉而成了参考货币。

共和国的货币 图为一枚杜卡托金币，其图案为1289年至1311年担任威尼斯太平共和国督治的彼得罗·格拉德尼戈（Pietro Gradenigo）跪在圣马可的面前。

信贷的出现

在公元10世纪，人们就不再用黄金来铸造钱币了。白银常常与黄铜掺在一起，成为铸造钱币所使用的唯一一种贵金属。市面上流通的金币就只剩下阿拉伯的金币和拜占庭的金币了。为了应对人口、财富和服务带来的需求，商人们提出了信贷的构想。直到如今，我们还能从意大利的众多史料中见证发生于12世纪的资金流动的惊人增长。除了那种可以归类为高利贷型消费贷款的高息贷款以外，还可以看到当时还发展出了其他一些合同模式，这些合同模式提供了新的合伙形式以及风险和收益分配的形式。事实上，我们极少见到时代更早的、发源于地中海共同经验的此类商业合同。

我们看到，各种普通公司和"合伙人公司"的形式在当时应运而生。那些公司已经失去了严格意义上的家族色彩，而是由合伙人共同出资出力，共享收益，共担损失，并接受法定资本之外的固定利息存款。当然，这些体系具有高风险，只通行于陆上贸易和普莱桑斯、阿斯蒂、卢卡和锡耶纳等内陆城市。

而对于海洋贸易来说，这类工具就不适合了。实际上，由于海洋贸易可能遭遇海盗或海难，所以要承担的风险过于高昂。按照阿马尔菲和意大利南部使用的科隆纳合同（colonna），以及按照改编自一项古老契约的威尼斯兄弟会章程，海洋贸易活动的共同风险不能超过海洋运输旅程持续的时间。不过，到了12世纪，这类合同就被人们弃用了。以前还有过一种海事借贷，不在贷方和借方之间建立任何合作关系，其有效性仅涵盖一次航行，并且在发生全损时不提供任何担保。然而，大规模的国际贸易需要更有效地分配风险和收益，所以到了12世纪，随着康枚达合同（commenda）的问世，这种形式就消失了。康枚达合同可谓是中世纪在合同领域最伟大的发明，它与当时既有的伊斯兰合同或拜占庭合同有着实质性的不同。康枚达合同为海洋贸易的发展做出了不可估量的贡献。事实上，这种合同集中了海事借贷和合伙合同的优点，它预设出借人居于一国领土，将本金交付给借款人。然后，借款人出海，将这笔本金投资在一次往返航行过程中进行的贸易活动之中。出借人要承担其中的风险，通常可以享有利润的四分之三。而借款人则要承受直接经营贸易活动的辛苦，并获得剩余的收益。不过，掌握实际情况和了解真实利润的，其实只有借款人。他还有可能另找下家来签订同类合同，以此来增加自己的收入。

实际上，所有这些类型的合同适用的都是一些不需要特定信贷机构的业务。这就可以理解为什么银行业务是慢慢地从三种截然不同的社会人群中分别独立发展起来的。这三种人就是典当商、存款银行主和商业银行家。他们分别从事着不同形式的信贷，尽管他们的业务时有交集。在中世纪，银行业务主要还是与商业活动联系在一起的。典当商依然很普遍。每天白天，货币兑换商来到市场上，把一定数量的钱币铺在长凳或桌案上（所以意大利语里的"银行"banca一词就是从"长凳"一词派生而来）。晚上，他就把钱币收到一个匣子里，那个匣子是他专门用来存放自己的业务收益和别人交存的钱款的。这样，他就能以低于典当商的利率出借钱款，并向愿意把钱存放在他的匣子里的人支付更低的利息。商人们只要在银行家那里开设账户，就无须动用现金便能进行转账。而货币兑换商会在开立往来账户时发放贷款，即使有时大额提款可能会导致其破产。不过，由于利息相对较低，致使这些银行家们无法积累到足够的准备金，难以在大型商贸企业的融资中与国际商人展开竞争。

档案：银行的诞生

新经济的新工具

从 11 世纪的商业革命开始，银行业日渐巩固导致在意大利创造出了一系列金融工具。没有这些工具，就不可能实现信贷的扩张，而信贷的扩张对于金融体系的正常运行是不可或缺的。最重要的一项金融工具是汇票，它可以在使用不同货币的各种交易会或市场上，发挥商业交易支付手段、信贷来源以及资金转账方式的作用。同时，用今天的话来说，还可以借助它来对不同货币的汇率变化进行投机，由此赚取金融利润。把这种汇票签发给债权人，后者就可以在明确的期限内（通常是 6 个月）在另一地的同一家银行进行兑付。不过，当时的发明创新并不止于此：除了支票和保险合同以外，早期银行家们对会计领域做出的贡献也值得一提。货币兑换商以及后来的商业银行家们，在账户的控制方面都非常细心，体现了对于清晰和效率的追求。正是在他们的努力下，人们开始建立起包罗万象的会计账簿和商业记录。

插图 左图为 1411 年巴塞罗那和佛罗伦萨商人之间的一张汇票承兑单据（藏于西班牙巴塞罗那教区档案馆）；右图为尼科洛·迪·彼得罗·杰里尼（Niccolò di Pietro Gerini，？—1415 年）创作的一幅壁画的局部，表现的是一些正在协商生意的银行家（藏于意大利普拉托圣弗朗切斯科教堂教务会会议室）。

汇票

汇票是 13 世纪国际交易中使用得最广泛的信用工具。这种合同就是一方从另一方收到一笔以当地货币支付的预付款，并承诺在另一地以另一种货币加以偿还，所以适合进行投机操作。起初，大规模信贷只有一些意大利的"合伙人公司"采用，但合作伙伴之间的争执也造成过一些重大的破产，比如，1298 年锡耶纳的邦西诺里家族（Bonsignori）的破产，还有 1343 年巴尔迪家族因为英国王室无力履行欠其债务而破产，以及佩鲁奇家族在 1346 年破产。而随着时间的推移，格里马尔迪、琴图寥内（Centurione）、洛梅利尼（Lomellini）、斯宾诺拉以及卡塔内奥（Cattaneo）等热那亚商业银行家们，还有佛罗伦萨的美第奇家族以及米兰的博罗梅奥家族的处境还是渐渐稳固了下来。

在意大利之外，最重要的人物有德国的富格尔家族和韦尔瑟家族，以及法国的

雅克·格尔（Jacques Cœur）。不过，最大的放贷人还是热那亚人，他们依靠定居在国外的会馆成员发展业务，成为欧洲各国王公贵胄的主要债主。从 15 世纪开始，出现了公共或半公共的银行。第一家公共银行就是巴塞罗那兑换所（Taula de Canvi de Barcelone），它从 1401 年起就是这座城市的财政金库，后来开始吸纳私人资金的存款。在热那亚，第一家公共银行是 1407 年成立的圣乔治银行（Banco di San Giorgio 或称 Casa delle Compere di San Giorgio），它是将借给意大利各城邦的私人贷款改为公债的结果，这些私人贷款自 12 世纪以来就是通过以"销售"的形式转让财税收入作为担保的。这家银行是由热那亚的几个大家族控制的，它向各城邦提供资金，发挥着财政金库的作用，接收本地和欧洲的存款，同时还管理着许多贸易站和领地，这使它直到现代都能够以欧洲最大的"保险箱"自居。

马可·波罗

《百万之家》德语译文版（1477 年）一幅版画插图上的旅行家马可·波罗。

插图（右侧） 一尊元代陶瓷花瓶（约 1350 年）上位列八仙的汉钟离（藏于美国费城艺术博物馆）。

从格陵兰到北京

前往东方的起点位于东地中海和黑海，丝绸之路的几条陆地和海洋路线都是发端于那里的商贸区。从 13 世纪到 14 世纪，得益于"蒙古治下的和平"，丝绸之路重焕青春，来自各国的商人和各种宗教的信徒络绎不绝。

作为通往东方商路的出发地和珍贵产品的到达地，东地中海及其港口和岛屿对于正在扩张的欧洲市场而言，是一个重要的地区。从 12 世纪初期直到 15 世纪末期，该地区绝大多数的战略要地，包括港口、岛屿及道路等，都是被欧洲人控制着的。传统上，历史地理学将东西方扩大接触（以及后来在第一次"十字军东征"时期和一直持续到 13 世纪末的先后六次"十字军东征"时期创建定居点网络）的地理范围，界定在埃及和从雅法延伸到黎巴嫩的黎波里之间的那片地区。沿海的各中心城市都是名副其实的文化集散地，它们同时受到来自各封建君主国、军事政权、

罗马教廷以及意大利各自治城邦侨民的影响，可谓是不同文化、不同宗教和不同语言交相辉映的大舞台。正因为如此，它们作为取代被埃及控制的红海的完美备选，成了前往近东和远东的理想出发地。而另一个选项则是波斯湾，欧洲人从十字军建立的定居点、君士坦丁堡或黑海沿岸的中心城市出发可以抵达那里。事实上，直到1492年，埃及一直在地中海南岸占据一线，对于东西方交流和伊斯兰在马格里布地区和伊比利亚半岛的存在来说，都发挥着枢纽的作用。19世纪，在开罗犹太教堂发现的热尼扎（Guenizah）文献证实意大利商人早在11世纪就来到了这座城市。西方的文献也同样证明在开罗、亚历山大和达米埃塔一直存在着贸易交流，即使是在"十字军东征"、占领达米埃塔（1219年—1221年）和罗马教廷对埃及实施木材、松脂和武器等战略物资禁运之时，埃及的贸易活动也没有停止。所以说，埃及是一个持续充满活力的市场，而且在马穆鲁克王朝，那里还建立了一个非常受人欢迎的贩卖来自黑海的奴隶市场。到了14世纪中期，"蒙古治下的和平"的终结给西欧与远东的交流带来了新的难题，而埃及却成为主要受益者，它得以在掌控由前往圣地耶路撒冷和麦加朝圣的大量信众带来的常规交流之外，重新控制了东西方的商贸交通。

1187年，开创了统治埃及和叙利亚长达一个世纪的阿尤布王朝的萨拉丁（Saladin）征服了耶路撒冷。之后，1191年，新的塞浦路斯王国成立。这些都为这个因持续内部冲突而陷入衰落的地区带来了摆脱困境的临时办法。法国国王路易九世在教廷以及其他西方王室的支持下发动了两次"十字军东征"；直到1270年死于突尼斯之前，他曾多次尝试与蒙古人结盟。1258年，蒙古人征服了巴格达，随之又先后征服了大马士革和摩苏尔；1260年，他们止步于艾因贾鲁战役，但依旧统治着一个疆域巨大的帝国。在西欧看来，蒙古人是有可能成为他们抵抗突厥人的强大盟友的。安茹的查理（Charles）就曾经这样选择。他是法国国王路易九世的弟弟，他所建立的安茹王朝的势力覆盖了意大利南部、波希米亚、匈牙利和亚该亚公国，但仍不能阻止突厥人可怕的进犯。当时活跃在东地中海地区的人物主要有奥皮佐·菲斯基（Opizzo Fieschi），他是教皇英诺森四世的侄子，曾任欧洲各国王室的外交官、安条克的宗主教，后来被任命为热那亚的代主教；还有泰巴尔多·维斯孔蒂

（Tebaldo Visconti），他后来在1271年12月1日当选为教皇，即格里高利十世（Grégoire X），他曾经在阿克拉城接见过出发前往中国的波罗（Polo）一家人。在该地区积极活动着的还有许多当地人物，比如，安条克和的黎波里的博希蒙德三世（Bohémond Ⅲ）及其岳父亚美尼亚国王海屯一世（Héthoum Ⅰ），后来两人都成为了蒙古人的附庸。从热那亚的恩布里亚科家族（Embriaco）分支出来的吉贝莱托（Gibelletto）家族也在比布鲁斯（杰贝勒）与蒙古人合作。不过，凯撒利亚和阿尔苏夫还是于1265年沦陷，安条克于1268年失守，骑士堡于1271年被攻破，老底嘉于1287年被攻占。黎巴嫩的的黎波里、拜特龙、提尔、塔尔图斯、西顿、贝鲁特和海法都是在1289年被占领，而战略要地阿克拉前哨则在1291年沦陷。在此期间，除了塞浦路斯之外，热那亚人还在福西亚、科尼亚以及小亚细亚沿海建立了一些贸易站；小亚美尼亚的阿亚斯成为与东方进行贸易交流的重要地点。尽管热那亚人与威尼斯人之间的对立，导致了1258年在阿克拉发生的圣萨巴斯战争以及1298年的库尔佐拉战役，然而君士坦丁堡和黑海之间的商路还是畅通的。虽然人们认为热那亚与威尼斯之间的冲突是造成欧洲贸易站脆弱的一个原因，但超越这些冲突本身来看，这两大海洋贸易势力的表现还是有意义的：它所反映的其实是它们不甘心局限于东地中海区域（后来，佛罗伦萨人和加泰罗尼亚人也来到这一地区活动了），为了寻求建立一个远超地中海范围的利益网络而展开的一种补充行动。

从1204年到1261年，威尼斯人成为第四次"十字军东征"时建立的东拉丁帝国的支柱。他们控制了埃维亚岛、克里特岛等爱琴海诸岛以及经由黑海前往东方的通道。1261年的《南菲宏条约》确立了热那亚与希腊尼西亚的巴列奥略王朝结盟，标志着热那亚的战略取得了长足的进展。除了通过君士坦丁堡的佩拉区来控制热那亚属罗马尼亚和爱琴海各贸易站以外，热那亚人还几乎垄断了黑海所有的港口。加扎里亚（克里米亚）鞑靼领土上的卡法（狄奥多西亚）成为了他们在黑海和亚速海沿岸建立的一系列不同性质的贸易站中最重要的一个，至今那里还保留着当时的众多建筑遗迹和文献资料。除卡法以外，这一网络还包括萨马斯特里、斯诺普、萨姆逊、塞瓦斯托波尔、维西纳、基利亚、利科斯托莫、蒙特卡斯特罗（比尔霍罗德-德涅斯特洛夫斯基）、塔纳、博斯普鲁斯、马特雷加、拉科帕、圣乔治、巴拉克拉瓦、

■ 从格陵兰到北京

苏尔达亚和特雷比宗德。希腊人、亚美尼亚人、叙利亚人、希伯来人，一定程度上还有撒拉逊人和鞑靼人，共同在那里创造了一个有趣的、丰富多样的利益网络，同时他们也并未因此而放弃各自的权利和信仰。

西欧人从特雷比宗德的拜占庭人、保加利亚人、俄罗斯人、鞑靼人、突厥人以及希腊人的地盘上进口奴隶，还有谷物、蜡料、毛皮、鱼子酱、鲟鱼、皮革和蜂蜜；除此

艾格莫尔特，法国在地中海的第一个港口

直到 1481 年，法兰西王室将普罗旺斯及马赛并入其版图之前，法国在地中海上都没有任何港口。国王路易九世决定远征圣地，为此采取的一项初步措施就是兴建一个运兵的港口。

在 13 世纪上半叶，作为当地主要港口的马赛，还隶属于阿拉贡王国的普罗旺斯伯爵领地。为了便利法国商人前往意大利和东方的市场，也为了不再借助意大利舰船而自行运送军队以进行第七次"十字军东征"，法国国王路易九世（圣路易）决定兴建一座港口。港口选址于一片本属于普萨莫迪本笃会修道院的沼泽地（这便是"艾格莫尔特"这一名称的由来，意为"死水"），是路易九世用其他土地从该修道院换来的。1244 年，建筑师尤德·德·蒙特勒伊（Eudes de Montreuil）开始在那里建造四面城墙环绕的雄伟城池。4 年之后，建城工程取得了长足进展，国王已经可以从那里向圣地发兵了。不过最终，路易九世的舰队只有一小部分在艾格莫尔特升锚启航。在此次"十字军东征"失败后，到了 1270 年，路易九世又决心发动第八次"十字军远征"。他再度从艾格莫尔特出发前往突尼斯，后来他在突尼斯病倒并于 8 月 25 日死在了那里。不过这座城市的兴建工程并未因此受阻，其城墙最后在 14 世纪初终告竣工。1481 年，马赛并入法兰西王国，标志着艾格莫尔特失去了作为法国一大战略港口的地位。

插图　左图为城墙环绕的艾格莫尔特城。

十字军远征　图为 15 世纪一份法文手稿的插图，表现的是圣路易国王的十字军在艾格莫尔特港登船启程。路易九世的第七次"十字军远征"虽征服了埃及的达米埃塔港，但因遭遇鼠疫和尼罗河洪水而以失败告终。

之外，还有福西亚的明矾、希俄斯的乳香、棉花、各种染料和"香料"、平纹细布、花纹锦缎、毛羽纱、各种宝石、象牙和熏香，都是各个东方市场供应的品种。

西方商人和克里米亚的鞑靼人之间的麻烦一直都存在，所以时常会遭受袭击和劫掠。在"蒙古治下的和平"终结之时，各条东方商路都被关闭，但黑海各贸易站尚能借道在被条顿骑士团剥夺了北方出海口之后向南部收缩

的波兰。波兰加利西亚省最大的市场利奥波德（今乌克兰的利沃夫）成为两条商路的起点，其中一条一直通向克里米亚，而另一条的终点是蒙特卡斯托罗和利科斯托莫。直到1306年，还有热那亚商人在克拉科夫经营盐矿开采。1325年，波兰国王瓦迪斯瓦夫一世（Ladislas Ⅰ）委派一位热那亚人前往阿维农，为抵抗德意志人向教皇约翰二十二世（Jean XXII）寻求支持。1406年，第一个来到波兰的威尼斯人在波兰的皇家货币学院就职，并拥有了部分矿产开发的股份。在匈牙利国王路易一世（Louis Ⅰ，1342年—1382年）着手夺取亚得里亚海的出海口之前，西方商人就和匈牙利建立起了重要的关系；同时也与摩尔多瓦公国及瓦拉几亚公国建立了关系。1453年，在君士坦丁堡沦陷后，热那亚和威尼斯的其他贸易站也纷纷失守，不过卡法还是一直抵抗到了1475年。

有史以来最大帝国的四大汗国（统辖中国和蒙古的大汗国、统辖突厥斯坦与中亚一带的察合台汗国、统辖波斯和美索不达米亚的伊利汗国以及统辖俄罗斯的钦察汗国）把中国与俄罗斯的黑海沿岸以及小亚细亚的地中海沿岸连接了起来。它们形成了一个巨大而平安的道路网络。这个道路网络在很大程度上与古早的丝绸之路是吻合的。有了这样一条丝路，西方人就能够向着遍地财富的印度、日本和中国进发，而无须再经过伊斯兰世界的中介。

蒙古人与丝绸之路

存在于近东、拜占庭地区、黑海沿岸、波斯和亚美尼亚地区以及科尼亚苏丹国的贸易站为面临日甚一日的伊斯兰压力的欧洲提供了替代方案，打开了新的经济前景。欧洲人怀着与蒙古人交往的愿望从那里出发，而蒙古人也向欧洲各王室以及罗马教廷派出了使臣。这样一种互动，恰是在突厥人的攻势最凶猛之时达到了顶峰。从13世纪中叶到14世纪中叶，丝绸之路的各条路线上都是熙熙攘攘。热那亚和威尼斯的商人、外交使臣和传教士从地中海出发，前往大都（北京）和刺桐（泉州）以及印度最大的伊斯兰国家的首都德里。沿途各地，如波斯的大不里士、伏尔加河沿岸的萨拉伊以及土库曼城市乌尔根齐都留下了他们的行迹。蒙古人没有任何

忽必烈汗与蒙古帝国的四大汗国

  12 世纪末，成吉思汗统一了蒙古纷争不休的各部，并发动了一系列征战。短短几年，就把草原大漠上的各游牧部落，统一成了一个历史上前所未有的大帝国。到了成吉思汗之孙忽必烈汗的时期，蒙古帝国达到鼎盛。而从他去世开始，这个大帝国渐渐分成了四个汗国。

  当时的蒙古帝国东起太平洋、西抵波罗的海和地中海，囊括了蒙古、中国、朝鲜、黑海俄罗斯沿岸的大草原、波斯和美索不达米亚。它是成吉思汗在统一了蒙古的鞑靼部、吉利吉斯部、克烈部、蔑儿乞部以及乃蛮部等各部之后征战四方的成果。在这位大汗于 1227 年死后，他的几个儿子继续征战，而蒙古帝国则分化演变成由四个汗国组成的联盟，但至少在理论上，这四个汗国都要受到由忽里勒台（蒙古诸王大会）选出的大汗监督。从 1260 年开始，蒙古帝国大汗之位交到了成吉思汗之孙、时为包括蒙古在内的大汗汗国国君的忽必烈手上；1279 年，忽必烈统一了中国。忽必烈建立的元朝政权一直延续到 1368 年，最后被一系列起义推翻，被汉族的明朝取代。另外三大汗国分别是俄罗斯的金帐汗国（钦察汗国）、突厥斯坦的察合台汗国以及波斯-美索不达米亚的伊利汗国。它们的团结一直维系到忽必烈汗于 1294 年去世。此后，各大汗国各谋其政，蒙古帝国遂告瓦解。伊利汗国于 1335 年陷入封建无政府状态，而察合台汗国在 1334 年至 1344 年一分为二，后被突厥化蒙古首领帖木儿征服。至于金帐汗国则在帖木儿以及俄罗斯诸亲王的攻击下分裂成了多个小汗国，其中只有克里米亚汗国一直存续到了 18 世纪。

种族或宗教方面的偏见，他们接受外国人在他们土地上的存在，他们把经济生活方方面面的一些合作任务交给外国人负责，他们还任命外国人当官，比如马可·波罗（Marco Polo）就曾忠诚地为大汗忽必烈（Kubilaï Khan）服务了 17 年。统辖波斯的可汗更是经常征召热那亚人担任外交使臣，他包租或保护的热那亚船队在里海和波斯湾往来游弋。在这一时期，波斯大臣拉希德·阿尔丁（Rashid al-Din）着手撰写了历史上第一部跨文化交流史巨著。在他看来，那些来到埃及、叙利亚、马格里布、罗马尼亚和大不里士的"法兰克"商人都是来自于热那亚的。

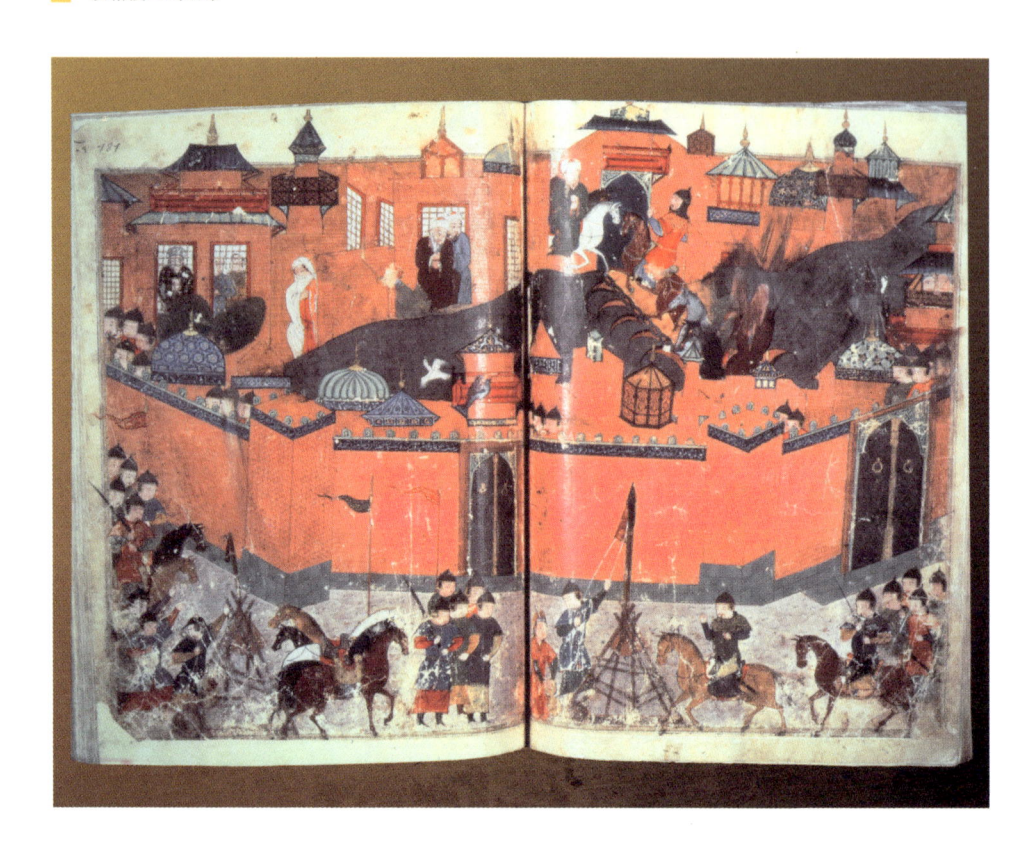

蒙古的征战

1258年，成吉思汗之孙旭烈兀汗率蒙古军队征服巴格达，标志着阿拔斯哈里发王朝彻底灭亡。上图为14世纪一幅波斯细密画所描绘的围攻巴格达的景象，出自波斯医生兼历史学家拉希德·阿尔丁的《编年总史》（*Jami al-tawarikh*，藏于法国国家图书馆，巴黎）。

远东与其相邻的西部地区之间悠久的交流传统，证明了丝绸之路古已有之且早就在发挥作用。早在上古时期，人们就发现了季风的周期规律，而这是打算前往东方的航海家们必须考虑的要素。事实上，这种热带季风在夏天由西南吹向西北，而到了冬天就掉转方向。在帕提亚帝国之后，拜占庭与印度，以及中国与印度之间的贸易交通就落到了阿拉伯人的手中。阿拉伯人从巴士拉出发前往刺桐。9世纪的《两位穆斯林之书》[*Livre des deux musulmans*，"两位穆斯林"分别是商人苏莱曼（Soliman）和学者阿布·赛义德·阿尔哈桑（Abu Saïd al-Hassan）]和阿布·阿尔法德尔·阿尔迪马什奇（Abu al-Fadl al-Dimashqi）发表并被12世纪的商人们视为指南的《贸易颂》（Éloge du commerce）都记载了一些有关印度和中国的有趣信息。13世纪，刺桐管理海上通商的市舶司提举使赵汝适（音"kuò"——译者注）于1225年至1258年编写了一部《诸蕃志》，描述了阿拉伯人与中国人的交往和交易，记录了关于当时东方产品的宝贵数据，并且记载了许多有关最受欢迎商品的原产地的丰富信息，如：印度尼西亚、马来群岛、印度、菲律宾、日本、朝鲜、阿曼、桑给巴尔、索马里以及埃及。这部著作同样提及了西西里岛、撒丁岛和摩洛哥，还记述了广阔的阿拉伯交通网络所起的中介作用，阿拉伯的交通网补充了拜占庭的交通网，巩固了不同文化之间的交流，景教（即基督教聂斯脱里教派——译者注）和佛教信徒从不停歇地借道丝绸之路去朝圣的行动，也促进了文化的交流（传统上认为，圣徒托马斯的墓地可能就在印度的迈拉波雷）。1260年至1368年被历史学家们称为"蒙古治下的和平"时期，因为它正好对应着那个从近东一直延伸到元朝的广大帝国创立和存在的时间。对于欧洲人来说，这个时期意味着通往远东之路第一次对他们大大开放，他们有机会重新借道古老的丝绸之路去往东方。

自古以来的丝绸之路

公元前139年

张骞 汉武帝派出的使臣张骞从西域归来，带回了许多极有价值的信息。他建立起了最早的东西方商贸联系，被称作"丝绸之路之父"。

公元前100年

米特里达梯二世（Mithridate II） 帕提亚帝国的君主米特里达梯二世分别向罗马和中国派出使臣。

600年

丝绸之路 在唐朝时进入了黄金期；当时它受到穆斯林控制。

700年

唐朝的衰落 导致了丝绸之路的没落。

1275年

马可·波罗 到达了忽必烈的宫廷。"蒙古治下的和平"使丝绸之路变得愈加安全可靠。

1368年

在蒙古帝国解体后 远距离贸易主要采用海路运输。

1405年—1433年

中国总兵郑和 七下印度洋开辟新市场。

1498年

丝绸之路终结 瓦斯科·达·伽马发现了欧洲和印度之间的海上航线。

■ 从格陵兰到北京

丝绸之路的主要路线

"蒙古治下的和平"使西方商人无须经过穆斯林的中介，就可直接进入传说中的丝绸之路，由此促进了欧洲与远东的商贸交流。

1877年，德国地理学家费迪南·冯·李希霍芬（Ferdinand von Richthofen）首次使用"丝绸之路"，来指称自从公元前3世纪就连接着东西方的商路。这一名称一经提出便广为接受，但其实丝绸之路并非只有一条，因为它所指称的，是数条用于单向或双向运输包括丝绸（丝绸在古代是一种奢侈品，中国为了垄断丝绸的经营而一直精心地保守其制作技术的秘密）在内的各种商品（矿物、香料、象牙、宝石、布料、毛皮以及瓷器等）的线路。此外，丝绸之路还促进了各个民族、各个国家、各种宗教与各种传统之间的文化交流。该地图反映了这一商路网络的规模，从中可以看到其线路穿越了众多气候环境极度恶劣的地域，如世界最为干燥的沙漠之一塔克拉玛干沙漠，再如帕米尔高原的冰川。

热那亚和威尼斯掌控着海上交通的主要线路，而它们在东地中海的贸易站就是通向远东首选的大门。欧洲人通常都是以阿克拉、阿亚斯、卡法、苏尔达亚、塔纳以及特雷比宗德等城市为起点，前往选择陆地线路或海上航路。他们从黑海出发向着庞蒂克山脉前进，经过萨拉伊，在那里沿着由小亚美尼亚延伸而来的大路一直走到大不里士。这样他们就来到了波斯。之后，穿过克尔曼沙漠、帕米尔高原、罗布泊盆地和戈壁滩，就来到了长城脚下，最终抵达大都。还有一条常用的备选路线（特别是在约1340年

与波斯的伊利汗国关系恶化之后，这条备选路线越来越受青睐）就是从佩拉—卡法—塔纳出发，穿过阿斯特拉罕、萨拉伊和乌尔根齐，再经阿力麻里和戈壁滩抵达大都。同样，从乌尔根齐和喀布尔出来也可以去往德里。从克里米亚出来算起，走卡法和塔纳通往大都的北方路线的旅程一共要耗时259天至284天。弗朗切斯科·迪·巴尔杜乔·佩戈洛蒂（Francesco di Balduccio Pegolotti）在其1340年发表的《诸国疆界与商品度量衡》（*Libro di divisamenti di paesi e di misuri di mercatanzie*）一书中

克雷斯克斯地图集上的亚洲（第52—53页）

《加泰罗尼亚地图集》的第4和第5张羊皮纸描绘的是世界的东方：德里王国（印度）和契丹帝国（中国）；而印苏林迪亚海域则散落着众多奇妙的岛屿，有的是真实的，有的是想象的。

ciutat d'organci
Golf de dovo
ciutat de firas
TARSSIA
REY DEL TAURIS
LO REY DELLI
ARABIA SABBA

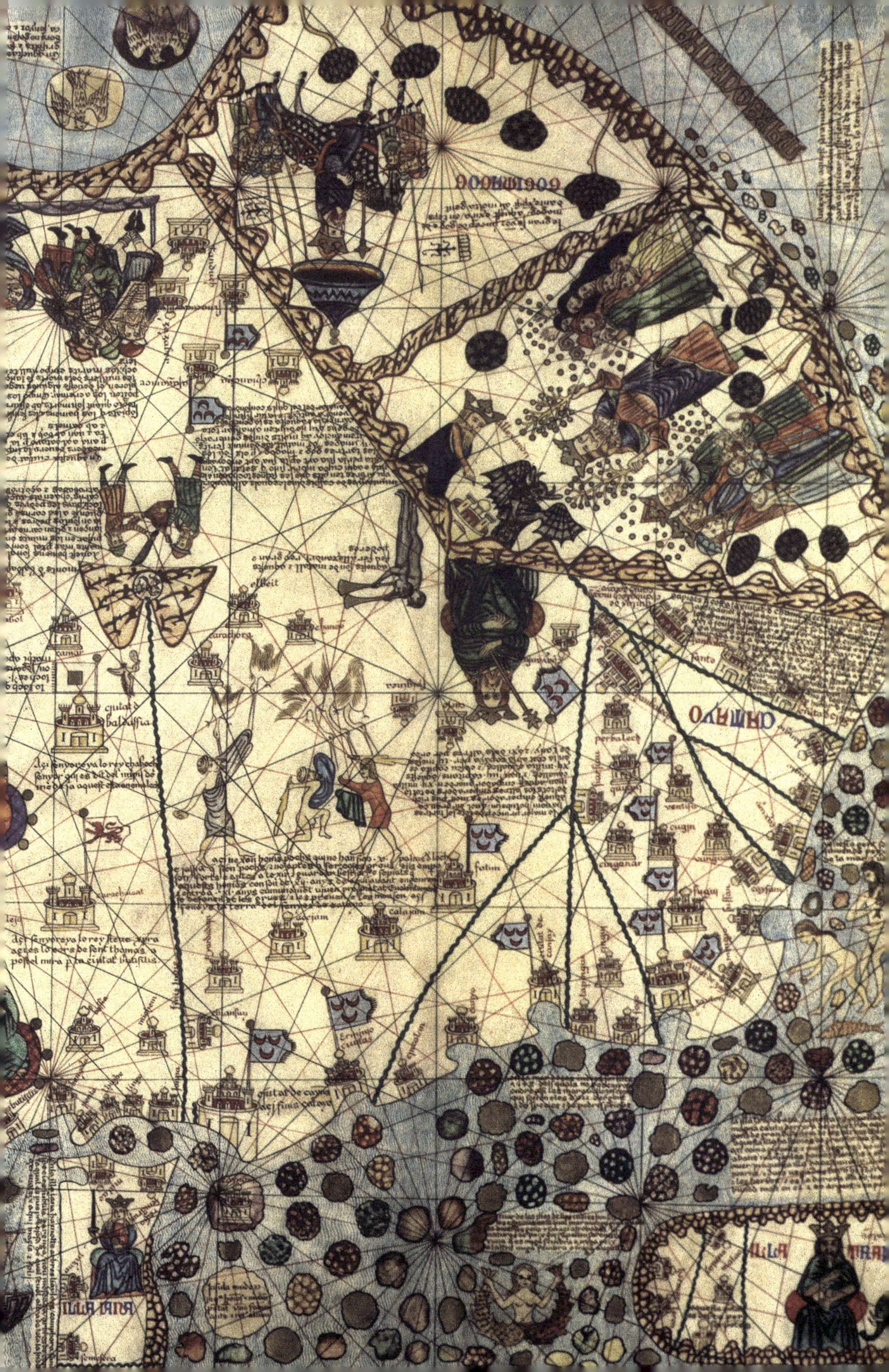
ILLA IANA

证实这是一条"昼夜都很安全"的路线。当然，也有人像意大利传教士柏朗嘉宾（Jean du Plan Carpin，约1182年—1252年）那样走一条更北的线路，他于1240年在被蒙古人征服的基辅城里就遇到过一个名叫米歇尔的热那亚人。撒马尔罕、梅尔夫和喀什是这条路线上最繁华的中心城市，但这并不妨碍有些前往突厥斯坦、波斯或其他地区的商人可能选择其他地点作为中转站。无论如何，这些旅行者所面临的，绝不只是如何与波斯或钦察汗国（金帐汗国）的蒙古人打交道的问题。他们还要冒着遭遇土匪的风险，还要一往无前地穿过江河、高山和沙漠，还要翻越世界上最高的高原。

去往印度的海上航路更加漫长，但对于大体量商品的运输来说更为方便。需要说明的是，中国丝绸的商业价值，一方面来自其品质，另一方面，在更大程度上是由其稀缺性造成的。一次海上航程至少要耗费两年时间，而且不论从哪个出发点起航，都必须经过红海或波斯湾才能到达印度洋，再沿着印度和印度支那的海岸才能到达中国。这条闻名遐迩的路线的形成与季风周期有关，它早在极其久远的时代已经存在，在中世纪依然是旅行者们首选的线路。这是因为它所途经的都是人口集中的富庶地区，所以虽然它更加漫长，但从经济角度来看还是最合算的。当时控制通往印度洋通道的埃及常常对欧洲人关闭前往亚历山大、达米埃塔和开罗的大门。幸而，自从蒙古人控制了亚历山大勒塔湾与波斯湾之间的广阔地带后，欧洲人可以借道陆路前往波斯湾，再从巴士拉或霍尔木兹走海路，经孟买、锡兰和苏门答腊到达中国南海。当然，选择走海上航路的

聂斯脱里教派在亚洲

从中国的唐朝开始，基督教的聂斯脱里教派在亚洲获得了巨大的发展，拥有了巨大的影响力，及至"蒙古治下的和平"时期更是登峰造极。图为一尊唐朝吐鲁番基督徒陶瓷俑（藏于美国达勒姆大学东方博物馆）。

旅行者就要面临遭遇海盗和风暴的危险，甚至据说可能会遇到"妖魔鬼怪"。欧洲早期对东方世界的描述，以及一些回忆录和游记，都记录了陆路或海路旅行者们所经历的许多奇遇，其中有真实的成分，也有想象的成分。然而，不管是在商人们的往来信函中，还是在大量热那亚贸易合同复本中，又或是在商人手册中（从这些手册来看，当时并没有多少商人相信占卜之术），抑或在热那亚某一定居点于1303年编撰的拉丁语–波斯语–库曼语词典（Codex comanicus）中，都没有任何关于遭遇"妖魔鬼怪"的事件的记录。无论欧洲旅行者选择的是哪一条线路，东方的美丽和财富都会令他浮想联翩，都会变成美妙的"奇迹"从他的笔端流露出来。这也导致一些欧洲人开始凭空捏造一些旅行故事和记录。比如《约翰长老来信》（*Lettre du prêtre Jean*）中描述的探险，还有后来一位佚名西班牙人写的《知识之书》（*Libro del Conosçimiento*），都属于这种类型。再有就是约翰·德·曼德维尔（Jehan de Mandeville）的《旅行记》（*les Voyages*）亦属此列，该书还有一个为人熟知的书名叫《世界奇观之书》（*Livre des merveilles du monde*），是作者结束一场历时34年、从埃及经多个亚洲国家直到中国的旅行后撰写的。

出发向东方

在欧洲，掌握有关东方世界知识的人，主要是商人与教会人士。不过，商人一般不会主动分享自己掌握的信息，除非在他们接受委托从事外交任务之时，当然，这也是时有发生的。对他们来说，能算得上有一些价值的，只有贸易指南手册或各种公证文书。至于充当外交工具的传教士在踏上旅途之时，几乎总是带着某种特定目的的，要么是为罗马教廷服务，要么是为法国王室效劳。他们所肩负的传教布道的使命时常令他们面临殉道的命运，比如一些在摩洛哥和印度传教的方济各会修士就遭遇了这样的命运。

热那亚教皇英诺森四世提出的与蒙古人接触的倡议得到了其继任者们的贯彻，这其中不排除含有可能想要使蒙古人皈依天主的愿望。这些传教使团也利用了关于约翰长老的传说，传说中有一位名叫约翰的聂斯脱里教派教徒，当上了

拔都汗

据梵尚·德·博韦《历史之镜》叙述，里昂大公会议后派出的代表教皇出使的几位多明我会修士，于1247年受到了成吉思汗之孙拔都汗的接见。该细密画描绘的是坐在王座上的拔都汗，出自波斯医生兼历史学家拉希德·阿尔丁的《编年总史》(*Jami al-tawarikh*，约1307年—1316年) 插图本（藏于法国国家图书馆，巴黎）。

国王，成为统领印度和东方的基督教领主。约翰长老的传说来源不明，但最早关于他的文字证据出现于日耳曼帝国。根据1245年的里昂大公会议的决定，派出了三个传教使团。第一个使团的目的是去接触波斯可汗拔都汗（Batu Khan），由阿塞林·德·伦巴第（Ascelin de Lombardie）、亚历山大（Alexandre）、西蒙·德·圣康坦（Simon de Saint-Quentin）以及阿尔贝里克（Albéric）等多明我会修士组成，后来吉斯卡·德·克雷莫纳（Guiscard de Crémone）和安德烈·德·隆朱莫（André de Longjumeau）也加入了进来。据梵尚·德·博韦（Vincent de Beauvais）在《历史之镜》(*Speculum his-*

toriale）一书中引述圣康坦的叙述，说这些多明我会修士在 1247 年到达了拔都汗的地盘，并受到了他的接见，他对他们说他等着教宗本人亲自前来向他致敬。第二个传教使团是由洛朗·杜·葡萄牙（Laurent du Portugal）、约翰·德·斯坦福（John de Stamford）以及亚伯拉罕·德·拉尔德（Abraham de Larde）（后两人都来自英国）组成，但没有留下任何文字记录。而第三个传教使团由意大利方济各会修士柏朗嘉宾领衔，成员是艾蒂安·德·波希米亚（Étienne de Bohême）以及伯努瓦·德·波兰（Benoît de Pologne）。他们一行人于 1245 年 4 月 4 日启程。在穿过德意志、波希米亚和波兰后，于 1246 年 2 月 16 日到达了基辅。接着，他们在沿途经过萨拉伊和塔拉兹之后，于 7 月 22 日抵达了哈拉和林，正好赶上列席了贵由（Güyük Khan）被推举为大汗的选举。柏朗嘉宾向贵由汗转达了教宗的信息，但最终只得到了后者的拒绝。这位方济各会修士在哈拉和林逗留了数月，于 1246 年 11 月 13 日踏上归途，在 1247 年 6 月 8 日到达基辅，并于同年 11 月 1 日回到里昂。

柏朗嘉宾为后世留下了一个文本《出使蒙古记》（Historia mongolorum），讲述了他在此次漫长旅行中的见闻和经历。该文本随后被梵尚·德·博韦收录到了《历史之镜》一书中。在这个文本中，这位方济各会修士自许为第一个完整记录了往返行程以及与蒙古人相处印象的欧洲人。他讲述了蒙古人的历史，追溯了他们的源起和世系，描述了他们的生存环境、所征服的土地、统治制度、游牧习俗和作战技术。当然，他也没有忘记介绍蒙古人实行的宗教融合：在蒙古帝国，原始的萨满教与佛教、道教、景教及天主教和谐地融合在一起。在他的叙述中，也提到了不少神奇的传说，诸如狒狒国、小人国之类的"奇闻逸事"。

法国国王路易九世曾经在塞浦路斯接触过大汗的使臣，他也决心要和蒙古人建立联系。他派出的第一位信使是多明我会修士安德烈·德·隆朱莫（约 1200 年—1271 年）。结果此人在带着两个同伴离开尼科西亚后，止步于贝加尔湖。但路易九世的第二次尝试取得了丰硕的成果。1253 年 5 月 7 日，他派出的佛兰德传教士罗伯鲁（Wilhelm van Rubroek，约 1220 年—1293 年）与其同道巴塞洛缪·德·克雷莫纳（Barthélémy de Crémone）一起从君士坦丁堡出发。他们一起经过了苏尔达亚。

在见到拔都汗的儿子撒里答（Sartaq）以及拔都汗本人之后，这位方济各会修士勇敢地向咸海以北的草原进发。12月27日，他见到了蒙哥汗，并随蒙哥汗去了哈拉和林。他从1254年4月5日至7月9日一直逗留在那里。他细致地观察他身边的一切，结交居住和工作在城里的外国人，和佛教徒及穆斯林交谈，甚至还和自己的主要对手景教教士们进行谈话。在返回之时，他走了一条与去时有些稍微不同的路线，经科尼亚、塞浦路斯和安条克，于1255年6月6日抵达了阿克拉。后来在其《游记》（*Itinerarium*）中，罗伯鲁像柏朗嘉宾一样翔实地描述了蒙古人的风土习俗，而且特别注重对比蒙古人与他所习惯的欧洲在生活方式上的深刻差异。比如，柏朗嘉宾发现，缺乏水源造成蒙古人难以发展城市，而城市是领土管理的基本。罗伯鲁也对欧洲与蒙古在生活方式上的巨大差别印象深刻：一方面，他非常赞赏欧洲用石头建造的城市；另一方面，他认为蒙古包虽然能同时容纳数百人，却也反映出蒙古文化缺乏稳固的根基。

在这一时期，和威尼斯的许多富家子弟一样，波罗三兄弟（马可、尼科洛和马泰奥）在拜占庭地区和黑海之间建立起了自己的贸易基地。他们的经营总部设在君士坦丁堡，并在苏尔达亚拥有一家分号。据《百万之家》[*Il Milione*，亦称《世界奇观录》（*Livre des merveilles du monde*）或《马可·波罗游记》（*Livre de Marco Polo*）]记述，作为一家之长的老马可于1261年回到威尼斯后，他的两个弟弟尼科洛（Niccolò）和马泰奥（Matteo）决意要到金帐汗国的地盘上继续贸易之旅，所以他们又一次朝着萨拉伊的方向开始了旅途。不过，世事常难料，这趟旅行持续的时间超出了他们的预期，而原本单纯的商贸之旅也衍生出了商贸之外的目的。

长路通中国

在尼科洛的儿子小马可后来加入的那一场旅行中，波罗兄弟完成了许多重要的外交任务。比如，波罗兄弟到访了成吉思汗之孙别儿哥汗（Berké Khan）的宫廷，还在那里生活了一年，直到别儿哥汗与其堂兄波斯伊利汗国的旭烈兀汗（Hulagu Khan）爆发冲突，才不得不离开前往布哈拉。他们在布哈拉的一个大型国际化中心居住了3年，学习了鞑靼的语言和当地做生意的技巧。之后，他们参加了旭烈兀汗派往忽必烈汗的使团,到达了大汗的宫廷。《百万之家》说大汗忽必烈非常有兴趣结识拉丁人,因为他以前从未见过拉丁人。他们与忽必烈汗进行了长时间的交谈,聊关于西方的事情。随后,他们带着大汗赐给他们的"金牌"(一种推荐信性质的牌子)和一封大汗写给教皇的信,经过3年的漫长跋涉(因为他们的蒙古侍卫在这次行程中病倒了)后终于来到阿亚斯(拉亚佐)。忽必烈在那封信中请求教皇派遣一些欧洲的工匠、教士给他,而且还想要一点儿耶路撒冷的灯油。一到阿克拉,波罗兄弟便得知了教皇克雷芒四世(Clément IV)辞世、教宗宝座空缺的消息。于是,他们求见了教皇特使泰巴尔多·维斯孔蒂,后者建议他们等到选出新教皇后再向其呈交大汗的书信。波罗兄弟就从那里去了位于尼格罗蓬的威尼斯贸易站,然后转道返回了故乡威尼斯。在威尼斯迎接尼科洛的只有他15岁的儿子小马可,因为他的妻子已经在他这次外出期间去世了。两兄弟于是决定带着小马可再次出发前往大汗的土地。这一回,按照商业精英家族的内部规则,年轻的小马可要跟随着他们踏上漫漫长路并在旅途之中学习本领。

由此开启的这场旅行后来催生出了一部有史以来最为畅销的书籍,即《寰宇记》(*Devisement du monde*),又名《世界奇观录》(*Livre des merveilles*)。它还有一个为人熟知的书名,就是《百万之家》(*Il Milione*),来自人们给波罗家族起的绰号"Emilione"。在到达阿克拉后,三位旅行者立即找到了教皇特使,向其告知因为新的教皇仍未选出,他们决定动身返回阔别已久的大汗的土地。在出发之前,他们还是想要采集一些圣墓的灯油。在获得教皇特使许可完成了这项任务之后,波罗一家人又得到了教皇特使交给他们的一封信,信中向大汗解释了波罗一家因等待新教皇选举结果而滞留在阿克拉。在到达阿亚斯时,波罗一家获悉教皇特使已经当选为新教皇。格里高利十世派出的一位信使追上了他们,要求他们返回阿克拉。于是他们乘坐亚美尼亚国王专门为他们准备的一艘战舰回到了阿克拉。其实,亚美尼亚国王和蒙古人保持着良好的关系:为了对抗突厥人,他和他的女婿安条克和的黎波里国王博希蒙德三世都当了蒙古人的附庸。在阿克拉,波罗一家人受到了新教皇极尽礼遇的接见。教皇不仅向他们颁发了一份委任他们为使臣的文件,还交给了他们一封写给大汗的书信,向他们交代了必须要传达给大汗的信息,指派了两名加尔

威尼斯商人马可·波罗之旅

即便马可·波罗不是第一个到大汗的土地上探险的西方人，但无论如何，激发起欧洲读者对这个远方异域帝国兴趣的，就是他的《百万之家》（或称《世界奇观录》）。

航海家兼作家马可·波罗所描述的这些旅行的真实性，很快就受到了其亲朋好友的质疑。而这位旅行家就此辩解道：他所讲述的还不及"他所看见的奇事的一半"[引自约瑟夫·米肖神父（Joseph Fr. Michaud）和路易·加布里埃尔·米肖（Louis Gabriel Michaud）的《古今世界传记》（Biographie universelle ancienne et moderne）第35卷，1823年]……但这种质疑一直存在，甚至有许多人无视其他旅行者的旁证，著文论证马可·波罗根本没有踏足过中国。的确，马可·波罗的叙述中忽略了中国的长城，这雄伟的万里长城无论如何也值得他写上几句吧。不过，要知道我们今天所见的万里长城主要是明朝修建的，而明朝是在蒙古人于1368年崩溃后才统治中国的。其实，马可·波罗对于制盐和钞票用纸的生产的细节描述，除非亲眼所见是不可能做到的。不要忘记马可·波罗具有商人的那种务实精神，所以他更为关注的是诸如此类信息的价值。

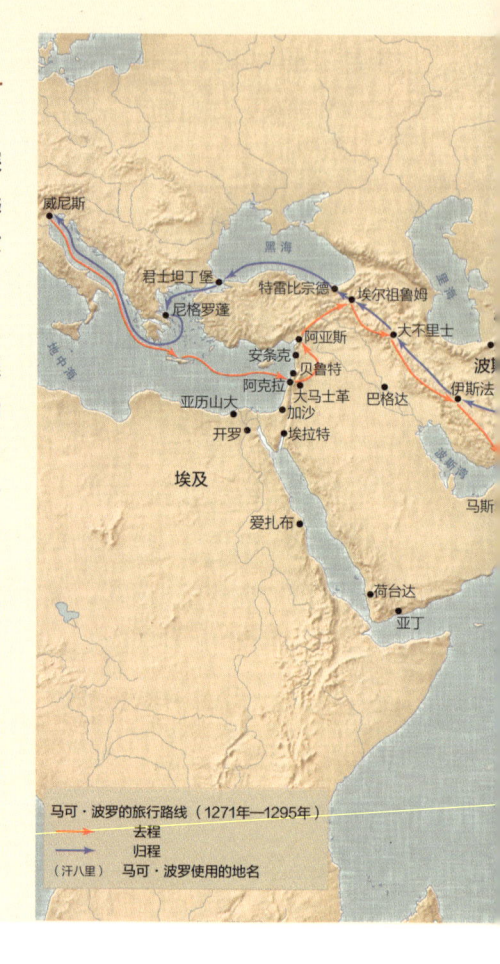

默罗会修士作为与他们同行的旅伴，分别是尼古拉·德·维琴察（Nicolas de Vicence）和威廉·德·的黎波里（Guillaume de Tripoli）。再度到达阿亚斯时，他们发现这座城市陷入了战火，两位加尔默罗会修士决定留在那里加入圣殿骑士团参战。而波罗一家人则继续朝着埃尔祖鲁姆和大不里士方向前进，并在穿过多座波斯城市之后到达了霍尔木兹。接下来，他们一路跋涉，先后经过了帕米尔高原、喀什、戈壁滩、肃州、甘肃、南沙（音译——译者注）和甘州，还在甘州停留了一年。在1275年春末，波罗一家抵达了大都以北275千

波罗兄弟 该细密画描绘的是尼科洛·波罗和马泰奥·波罗两兄弟向君士坦丁堡皇帝鲍德温二世（Baudouin Ⅱ）辞行。出自1410年—1412年插图本《世界奇观录》（藏于法国国家图书馆，巴黎）。

米的上都，那里是忽必烈的夏季行宫所在地，也是后来被英国诗人柯尔律治（Coleridge）称颂为"仙都"（Xanadu）的地方。上都举行了盛大的庆典迎接他们的到来。在呈交了教皇的信件后，尼科洛·波罗向忽必烈介绍了自己的儿子马可，说他也是大汗的奴仆。

在蒙古宫廷生活着许多外国人。马可在那里学习鞑靼人与被征服民族的习俗、语言和文字。后来，忽必烈汗任命这个年轻人为官，派他到元帝国各地去执行任务，这显然是一个明智的决定。忽必烈汗着实欣赏这位年轻人的真实才华，

从格陵兰到北京

从刺桐到威尼斯：漫长的穿越

在中国度过了17年后，波罗一家人于1292年踏上了归途。他们选择了一条与来时不同的路线，经海路航行了3年直到波斯湾的霍尔木兹。

正如马可·波罗在返回威尼斯的旅途中所见，丝绸之路并非是连接东西方的唯一线路。1292年，他从刺桐（今泉州）起航，那里是当时中国最大的港口之一，也是波斯和阿拉伯商人经常到访的重要商贸中心，那里还有中国最古老的清真寺（建于11世纪）。不过马可·波罗这段归航的影响并不止于此。他所提及的这个神话般的契丹国（中国）东临一片大洋的信息启迪了克里斯托弗·哥伦布，使后者产生了穿越大西洋去往中国的想法。克里斯托弗·哥伦布珍藏了一本《百万之家》，这一事实本身就反映了克里斯托弗·哥伦布这位热那亚航海家在这个问题上对马可·波罗这个威尼斯人的信任。

插图 　右侧这幅描绘刺桐的细密画出自《大可汗之书》（藏于英国牛津大学博德利图书馆）。

马可·波罗

图为马可·波罗诞辰纪念章。虽然马可·波罗并非是第一个到达中国的西方人，但他在《百万之家》中详尽地叙述让世人了解了他的旅行，并启迪了众多探险家。其描述甚至在近两个世纪后还激发了克里斯托弗·哥伦布的想象，使他开始对东方的财富充满了幻想。

知道他擅于衡量人与事的价值，知道他掌握了明察秋毫所必需的知识和调查方法，懂得用敏锐的目光去探求本质。马可·波罗在中国度过了17年。《马可·波罗游记》（即《百万之家》——译者注）一书的很多章节都在阐述商业贸易问题（234个章节中有109个章节阐述此类问题），向人们描绘了一个受到明确而实际的规则支配的世界，这证明了马可·波罗在该书编写中起到的作用以及该文本的原创性。和所有的"商业贸易指南手册"一样，这本书致力于描写作者游历观察的世界、向读者报告作者亲身调查所得的信息，当然也包括了一些来自间接渠道的信息。其实所有的文献，不管是阿拉伯的、

中国的，还是托斯卡纳的、威尼斯的，都是如此。

  马可·波罗从 1276 年开始游历元帝国。他先是去了山西、四川和云南，在那里收集了许多关于近藏地区的信息（直到那时，世人对西藏还一无所知），还到了缅甸和孟加拉。接着，他又从大都（蒙古帝国的首都）到刺桐，游历了中国的东部地区。事实上，他在中国的出行远比书上记载的多，但书中只提及了我们在此引述的这些行程。马可·波罗没有到过日本、巴格达或摩苏尔，对印度的认知也超不过其沿海地带。他没有亲眼见过爪哇，他关于马来群岛的信息都来自间接渠道，但他对印度支那和占婆王国的描述则出自亲身经历。然

《百万之家》：世界奇观录

"**各**位领主、各位帝王、各位公侯、伯爵、骑士和市民们……"[引自皮埃尔·拉辛（Pierre Racine）的《马可·波罗及其旅行》（*Marco Polo et ses voyages*），普隆出版社，2012年]。这便是《百万之家》的开头。这段开头简直就像是一部骑士小说，用来吸引读者的目光再合适不过了。这毫无疑问要归功于鲁斯蒂切罗·德·比萨。此人系一位作家，写作过一些关于亚瑟王的小说。他在热那亚的狱中遇见了马可·波罗，后者向他讲述了自己的回忆。所以他是《百万之家》的记录者，甚至算得上是该书的共同作者。通过与马可·波罗的合作，鲁斯蒂切罗·德·比萨接生了这样一部引人入胜的叙事作品，其主要目的就是要催发读者进一步探索东方的兴趣。此书的成功证明他完全达到了这一目的。

右图出自《大可汗之书》（约1333年）的一幅细密画，该书是《百万之家》的一个法语文本（藏于大英图书馆，伦敦）。

马可·波罗 旅行家马可·波罗晚年的肖像，见于安东尼奥·乔瓦尼·德·瓦雷泽（Antonio Giovanni de Varese）创作的一幅壁画（藏于意大利卡普拉罗拉的法尔内塞别墅）。

❶ **觐见拉丁帝国皇帝** 据马可·波罗描述，其父尼科洛·波罗和其叔马泰奥·波罗两兄弟都是"高贵、智慧而审慎的"商人，受到了君士坦丁堡最后一位拉丁皇帝鲍德温二世的接见。1261年，也就是波罗一家出发一年后，鲍德温二世被巴列奥略王朝的米哈伊尔八世（Michel Ⅷ）赶下了台。

❷ **觐见大牧首** 尼科〔洛〕和马泰奥·波罗在离开[君士坦丁]堡之前受到了大牧首的〔接见〕。两兄弟是在马可·波罗出〔生之前不〕久在君士坦丁堡定居〔下来的，〕然后他们于1260年从那〔里出发，〕前往金帐汗国等地。〔《百万之〕家》的前几章讲的就〔是波罗家〕此次旅行。

法国国家图书馆珍藏的插图大师们的作品

　　法国国家图书馆珍藏着一本珍贵的书籍,是勃艮第公爵无畏的约翰(Jean sans Peur)于1413年赠送给他的叔叔贝里公爵约翰·德·法兰西(Jean de France)的。此书之所以重要,是因为它不仅收录了《百万之家》的法文版,还收录了其他关于东方旅行的叙述,比如约翰·德·曼德维尔的《世界奇观之书》以及和德理的《游记》(Itinerarium)。不过它真正的价值在于它收录的265幅细密画均出自几家著名画坊的画师之手,包括马扎林画坊(Mazarine)、埃格顿画坊(Egerton)和布西考画坊(Boucicaut)。这些画坊的画师都是那个时代时祷书的绘制者。在许多历史学家看来,活跃于15世纪初期的布西考画师以其在空间运用和光影处理上的创新,堪称领先休伯特兄弟(Hubert)和扬·范·艾克(Jan Van Eyck)一步的先锋画家。

马扎林画坊画师的作品　这幅细密画描绘的是一艘商船到达霍尔木兹港的情景。出自《世界奇观之书》的第14页,据说是马扎林画坊画师的作品(藏于法国国家图书馆,巴黎)。

埃格顿画坊画师的作品　这幅细密画描绘的是忽必烈汗检视其臣民采集呈献给他的宝石,出自《世界奇观之书》的第54页,据说是埃格顿画坊画师及其合作者的作品(藏于法国国家图书馆,巴黎)。

而，该书所提供的关于中国的许多信息显然是模糊而不准确的。留存于世的文本里还描绘了许多传说和"奇迹"，这其实是一位意大利小说家鲁斯蒂切罗·德·比萨（Rustichello de Pise）用法语撰写的。此人于1284年的梅洛里亚岛战役后成了热那亚的俘虏，在狱中结识了马可·波罗。身为作家的他当然知道如何把故事讲得更漂亮。所以那些关于狗头人、在朝堂之上悬空飞起的杯子、老山神、杀手团或约翰长老的故事，应该都是出自此人的杜撰。这本书所描述的是一个充满奇幻但又实际存在的世界，是一个即将令整个西欧为之着迷的真实世界。就这样，马可·波罗成为第一个向世界描述中国那神话般的城市、那庞大的运河网络的人，第一个准确描绘上都宫城轮廓的人。同时，他也是第一个谈及石油、各地气候、居民以及动植物群落，并开列出"香料"集散中心名单的人，而威尼斯就是当时"香料"贸易的主要转运地。

波罗一家居住在开创了元朝的大汗的宫廷。后来他们接受了大汗委派的任务，护送蛮子（中国南方）王的女儿阔阔真公主（Cocacin）前往波斯阿鲁浑汗（Arghoun Khan）的宫廷。阿鲁浑汗因丧妻而向忽必烈汗求娶一个与其亡妻卜鲁罕（Bolgana）同宗的女子。于是，1292年初，马可·波罗和他的兄弟们带着一支由14艘船组成的舰队和两年的给养，乘着季风离开了刺桐港。虽有诸般不舍，大汗还是放他们走了，还赐给了他们金牌，保他们在鞑靼帝国的土地上通行无阻。舰队在苏门答腊逗留了颇长时间，然后沿安达曼、尼科巴、锡兰等岛屿前行，接着又经过科罗曼德、马拉巴尔和古杰拉特的海岸，于1293年底抵达了霍尔木兹。三兄弟参访了阿鲁浑汗的继任者海合都汗（Ghaykhatou）的宫廷，之后便去往了特雷比宗德、君士坦丁堡和尼格罗蓬，最后于1295年在阔别24年之久的威尼斯落下船锚。

影响了政治的《百万之家》

虽然获得了财富和名气，但马可·波罗没有能继承家宅的男性后嗣。居住在他那如宫殿般府邸里的，只有身为一家之长的他自己以及他的妻子和两个女儿。因为这三个女人的关系，他和奎里尼（Querini）、多尔菲诺（Dolfino）以及格拉德尼戈（Gradenigo）这三个家族都成了姻亲。1295年，他的内弟马提奥（Matteo）成为威尼斯市大议会议员。1307年，马可·波罗把一份《百万之家》的书稿交给了骑士蒂博·德·塞波伊（Thibaut de Cepoy），希望后者将其转交给美男腓力四世的弟弟瓦卢瓦的查理（Charles de Valois）。瓦卢瓦的查理曾经再婚迎娶东拉丁帝国末代皇帝的孙女卡特琳·德·古尔特奈（Catherine de Courtenay），也是安茹王朝查理二世（Charles Ⅱ d'Anjou）之子塔兰托的菲利普（Philippe de Tarente）的岳父。就在这一年，瓦卢瓦的查理发兵征伐君士坦丁堡。他的远征军在米诺托（Minotto）和奎里尼的威尼斯军队的支援下于1307年启程，在爱琴海海域一直逗留到1309年，不过这支远征军在那里所做的主要是打击海盗、保护威尼斯人的财产和贸易交通。蒂博·德·塞波伊则借助瓦卢瓦的查理之名，成功地说服了威尼斯政府重建与希腊人的关系。在这个时期，有一些共同的问题明明白白地摆到了桌面上来，比如"十字军东征"和法国王室作为新君士坦丁帝国实际掌权者的问题。这些问题的出现，正如皮埃尔·杜布瓦（Pierre Dubois）在其1305年至1307年撰写的《论收复圣地》（De recuperatione Terrae Sanctae）中所断言的那般。他还预言，安茹的查理将作为耶路撒冷的国王，瓦卢瓦的查理将作为君士坦丁堡的主人，起到互补的作用。

雅克·德·塞索勒（Jacques de Cessoles）的文章以及老马里诺·萨卢托（Marino Saluto l'Ancien）在其《十字架忠信者的秘密》（Liber secretorum fidelium Crucis，写于1306年—1307年）一书中发表的文章为法国国王美男腓力提供了一个基于象棋游戏规则的"十字军东征"方案。1307年，亚美尼亚王的兄弟、普赖蒙特雷修会议事司铎海屯·德·科里科斯修士（Héthoum de Korikos，即历史学家海顿）在其《东方大地的历史之花》（Flos historiarum terrae Orientis）中也阐述了这个主题。而苏丹尼耶城大主教、多明我会修士威廉·亚当（Guillaume Adam）则对那些违反禁止与埃及贸易禁令的"堕落的商人"大加挞伐。

马可·波罗在1325年不到6月时去世。在其写于1324年1月9日的遗嘱中，提及了一个鞑靼奴仆、一串佛教念珠、一条蒙古骑兵银腰带、一条蒙古包头巾和一块金牌（即大汗所赐金牌）。马可·波罗的游记在整个欧洲广泛传播，被认为是一个独特的信息来源。

从格陵兰到北京

吉奥瓦尼·巴蒂斯塔·拉穆西奥

拉穆西奥的《航海与旅行》被视作现代史上第一部地理学论著。在这部著作中，拉穆西奥收集了从古典时代到16世纪最重要的探险的资料和信息，并且着重强调了马可·波罗的旅行和亚美利哥·维斯普奇的航行以及非洲的航路。上图就是拉穆西奥与格里塞利尼（Grisellini）绘制的马可·波罗穿越亚洲沙漠的路线图（藏于意大利威尼斯督治府）。

在现存不同译本中，弗朗切斯科·皮皮诺修士（Francesco Pipino）编译的拉丁文译本使世俗和教会知识分子得以了解该部著作的内容。马可·波罗所说的"契丹"（Cathay）出现在了皮耶特罗·维斯康特（Pietro Vesconte）为马里诺·萨卢托绘制的地图上，还出现在了1375年出版的《加泰罗尼亚地图集》、威尼斯地图制图师弗拉·毛罗（Fra Mauro）1459年绘制的世界地图以及马丁·贝海姆（Martin Behaïm）的世界地图上。佛罗伦萨天文学家保罗·达尔·波佐·托斯卡内利（Paolo dal Pozzo Toscanelli）在1474年6月25日给代表葡萄牙王室向其咨询是否存在往

西边找到一条通往印度的路线，从而与中国重建联系之可能性的里斯本大教堂议事司铎费尔南·马丁斯（Fernão Martins）的回信中，同样也提及了《百万之家》一书中的信息。葡萄牙国王和克里斯托弗·哥伦布各有一本《百万之家》，而且克里斯托弗·哥伦布还在他的那本上面做了详细的眉批旁注。直到今天，曾经属于"大洋海军上将"哥伦布的那本《马可·波罗游记》（即《百万之家》），以及其1488年为求购此书而写给英国商人约翰·戴伊（John Day）的书信，还和埃内亚·西尔维奥·皮科洛米尼（Enea Silvio Piccolomini）的《世界各地大事史》（*Historia rerum ubique gestarum*）一起珍藏在塞维利亚的哥伦布

督治府

波罗家族的摇篮威尼斯，在整个13世纪和14世纪一直都是一个政治、商贸和文化活动中心，其影响力辐射到当时已知的世界的各个角落。上图为从督治府眺望圣乔治·马焦雷教堂；图中右部可以看到那头雄踞石柱之顶的圣马可之狮，那是威尼斯太平共和国的象征。

图书馆里。

1559年，吉奥瓦尼·巴蒂斯塔·拉穆西奥（Giovanni Battista Ramusio）将马可·波罗的这本书收录到了他著名的《航海与旅行》丛书里。不过，《马可·波罗游记》一书因其文本的复杂性、其法语和托斯卡纳语的用词、其编辑风格而招致了不少批评：人们在对它进行归类时犹疑不决，不知道该把它归为"商人指导手册"还是奇迹文学，是该把它视作说教文学还是基于历史之鉴原则创作的作品。从其结构和内容来看，《百万之家》颇似一件纯粹的西方城市和商业文化的产物。这本书是威尼斯人马可·波罗和比萨作家鲁斯蒂切罗偶然邂逅而催生的成果。这两人都是在1298年那场可怕的库尔佐拉战役后被关进了热那亚的监狱，这本身就很好地反映了当时比萨—威尼斯—热那亚三地的纠葛关系。

传教布道

1289年7月13日，曾经长期生活在亚美尼亚和波斯的方济各会学者若望·德·孟高维诺（Jean de Montecorvino）和他的8位同道一起离开了拉丁姆（即拉齐奥）的里耶蒂。一到大不里士，他就在热那亚商人皮埃尔·德·卢卡隆戈（Pierre de Lucalongo）的陪伴下向中国进发。他先到了霍尔木兹，接着在1292年至1293年来到了印度的科罗曼德沿岸，最终抵达了大都，向新的大汗铁穆耳（Timur）带去了教皇尼古拉四世（Nicolas Ⅳ）的书信。1305年的一封信证明，他在抵达北京之前曾在一个名为"天德"（Tenduc）的地方停留，为那里的汪古部（Öngüt）高唐王阔里吉思施洗并取教名"乔治"（Georges）——因为若望·德·孟高维诺认为这位高唐王就是传说中约翰长老的直系后人——还在那里建立了一座圣三一教堂。在北京，若望·德·孟高维诺自称劝化施洗了将近6000人，同时这位勤勉的修士还建立了众多修道院和教堂。

为了能在中国布道，这位方济各会修士学习了鞑靼语，还翻译了《新约》和《诗篇》。或许是为了嘉许他的艰辛执着，教皇克雷芒五世（Clément V）于1307年任命他为首任北京大主教，并派遣另外7名教士前往中国协助他的工作，其中只有3名最终抵达了目的地，分别是：杰拉尔（Gérard）、佩雷格林（Pérégrin）和安德烈·德·佩鲁贾（André de Pérouse）。在首任刺桐主教杰拉尔死后，大主教提名了安德烈·德·佩鲁贾，但后者拒绝了这一任命，大主教只好请佩雷格林出任该职。安德烈·德·佩鲁贾靠着大汗发给他以及另外 8 人的"阿拉法"（俸禄）在北京生活了 5 年。后来，不知何故，他又出发去了刺桐。如其所述，一位富有的亚美尼亚女子出资在这个距离北京 3 个月路程的属下教区兴建了一座教堂，后又改造为大教堂，并为该大教堂的维护以及杰拉尔神甫和他几位同事的薪资拨付了一笔合适的款项。安德烈·德·佩鲁贾带着大汗赐给他的 8 匹马起程前往刺桐，并在佩雷格林主教弥留之际赶到了那座城市。他在城外几百米的一片树林里停了下来，命人在那里建起了一座相当华丽的修道院，还带有足够容纳 20 个教士的附属建筑，以及可以迎接 4 位主教的四座宅邸。他就在那里住了下来，靠着大汗赐的"阿拉法"生活。根据一些热那亚商人留下的账目记录，他的"阿拉法"高达每年 100 金弗罗林，主要用于兴建教堂。在被任命为刺桐第三任主教后，他有时住在亚美尼亚女子修建的那座大教堂里，有时住在他自己兴建的那个方济各会修道院里，平静地生活了一辈子，终日平和地向人们布道，但像他自己承认的那样，从来没有成功劝化过犹太人或穆斯林。1326 年 1 月，在他给担任佩鲁贾修道院院长的神甫写信之时，大都教区属下所有的主教已经去世，安德烈·德·佩鲁贾是唯一一个仍健在的。他告诉院长神甫说只是满头白发泄露了自己的高龄，还说之前曾有 4 个教士在印度遭受殉道折磨，其中只有一个安然无恙地从火刑堆上走了出来。

和德理（Odoric de Pordenone）1265 年左右出生于意大利弗里乌尔地区波代诺内的维拉诺瓦。他是一位研究蒙古治下的俄罗斯的大专家，曾于 1296 年沿着当时众多前往东方的方济各会修士们的足迹去过蒙古统治的俄罗斯。1314 年（或 1318 年），他和雅克·德·爱尔兰（Jacques d'Irlande）、贝尔纳多（Bernardo）以及米歇尔·德·威尼斯（Michele de Venise）等几位教士一起踏上了旅途。在特雷比宗德上岸后，几位教士经过埃尔祖鲁姆、大不里士、苏丹尼耶和卡尚，一直来到了亚兹德。之后他们去了设拉子，并经巴格达到了霍尔木兹。从霍尔木兹开始，和德理和教士雅克·德·爱尔兰一起开启了前往印度的艰难航行。行至孟买附近，一场风暴迫使他下船登陆。他在 1321 年至 1322 年到达了印度塔那，在收集了以往

教廷对亚洲产生兴趣

中世纪的商人们凭借他们的实干精神,在拉近西方与东方距离方面发挥了至关重要的作用。不过下定决心不畏艰险踏上这段漫长而艰险旅途的,并不只有商人。

早在波罗一家的旅行之前,已经有一些传教士和亚洲建立了联系。传统上认为,其中第一人应该是曾到波斯和印度布道的使徒托马斯。不过,教廷和欧洲各君主国对亚洲产生兴趣,是在13世纪上半叶,当时他们觉得蒙古人有可能与欧洲结盟共同抵抗突厥人。所以他们向蒙古征服者们派出了多位使者以探询后者的意向。罗马教廷更是立即抓住"蒙古治下的和平"带来的机遇,派出了数支由托钵修会临时组成的使团。在这些传教士中,就有方济各会修士和德理,人称"穿僧袍的马可·波罗"。他的旅行持续了33年,到达了一些以前从未有欧洲人涉足过的地区,比如西藏。

插图 这幅细密画出自和德理的《游记》,收录于《世界奇观之书》中(藏于法国国家图书馆,巴黎)。

死在那里的方济各会修士的遗骸后才再度登船航行。他在德干半岛的多个港口换船,经马德拉斯、苏门答腊、爪哇和婆罗洲,沿越南海岸北上直到占婆,才总算来到了广州。

从广州开始,他沿着沿海各大港口一路向北航行到了南京,再借道大运河前往了他此行的最终目的地北京。根据方济各会修士保罗·德拉·特里尼塔(Paolo della Trinità)的报告,和德理在这一时期成功地劝化施洗了20000余人。在返回途中,他取道陕西、四川、西藏、巴达赫尚以及呼罗珊,一路到了大不里士。一回到意大利帕多瓦,他就向该省骑士团部长吉多托·达·巴萨诺(Guidotto da Bassano)讲述了他的经历;1330年,他又向修士威廉·德·索拉尼

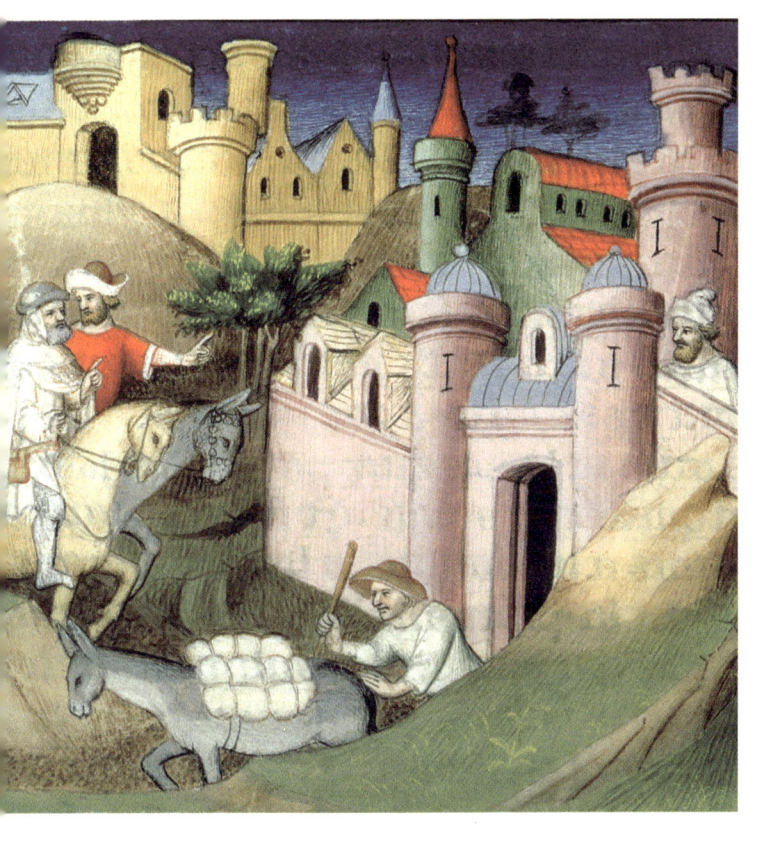

亚（Guillaume de Solagna）口述他的旅行，后者将其编撰成了拉丁文本；此外，还有一个亨利·德·格拉茨（Henri de Glatz）的版本以及一些用托斯卡纳语和法语写成的文本保留了下来。他的讲述带来了关于印度和西藏的大量信息——他是历史上第一个到访拉萨的欧洲人——获得了巨大的成功。1331年1月14日，和德理在意大利乌迪内去世。为了纪念他，当地人给他修建了一座饰有雕像的大理石墓，由威尼斯人菲利波·德·桑蒂（Filippo de Santi）于1332年建造完成。到了1755年，教皇本笃十四世（Benoît XIV）举行宣福礼，将和德理列为真福。

元代工艺

图为14世纪元朝的一尊八角梅瓶。丝绸之路重开之后，来自东方的产品除了丝绸和香料之外，还有瓷器。它是最受中世纪欧洲人欢迎的一种异域产品。

73

马可·波罗时代亚洲的聂斯脱里教派

马可·波罗在讲述他到大汗汗国的旅行时，指出那里存在着众多基督教聂斯脱里派信众。据碑文记载，聂斯脱里教派早在 7 世纪已传入中国，受到了唐朝（618 年—907 年）的保护。

431 年，以弗所大公会议对圣母玛丽亚的头衔进行了争论：到底该称她为"上帝之母"还是"耶稣基督之母"？君士坦丁堡大牧首聂斯脱里（Nestorius）提出的观点认为应该选择第二个选项，因为耶稣基督有两个不同的位格，一个是神，一个是人，而非亚历山大宗主教奚利尔（Cyrille d'Alexandrie）及其支持者们所认定那样是人神一体的。结果他的这种论调被视为异端，而他的支持者们都被逐出天主教会。这一事件是聂斯脱里教派开始传播的发端，它先是传到了邻近的波斯帝国，之后沿着丝绸之路不断向东传播，直到 7 世纪时在唐朝的中国扎下根来，称为"景教"。845 年，唐武宗灭佛，景教得以幸存；到了之后的宋朝，聂斯脱里教派转移到草原大漠的蒙古部族，并在此传播。而聂斯脱里教派与曾在 1145 年战胜塞尔柱突厥人的蒙古克烈部可汗王罕（Wang Khan）有关系，就是那个令西方各国君主心生向往的亚洲基督之王——约翰长老的传说的起源。蒙古帝国的扩张以及"蒙古治下的和平"使聂斯脱里教派得以壮大，丝绸之路沿线也出现了越来越多他们的寺院。直到帖木儿崛起，聂斯脱里教派才渐渐衰落。如今，在伊拉克、伊朗以及中国，仍有少数聂斯脱里教派信众。

插图 7 世纪至 8 世纪中国高昌一座教堂里的壁画，描绘的是一些景教教士正在庆祝圣枝主日（藏于德国柏林亚洲艺术博物馆）。

传教士在东方

多明我会修士儒尔丹·德·塞维拉克（Jourdain de Séverac）于1320年或1321年起航前往东方，和他同行的大概是托马斯·德·托伦蒂诺神甫（Thomas de Tolentino）率领的一个方济各会传教团。该传教团于1321年4月7日在印度萨尔赛特岛上的塔那殉教。在将这些同伴安葬之后，儒尔丹神甫先后逃到古杰拉特的巴鲁奇和苏拉特附近的斯瓦里避难。之后，他又去了塔那，在那里他给自己的亲朋写了好几封书信，向他们诉说自己遭受的这些磨难。他大约是在1328年返回了欧洲。大概出于团结聂斯脱里教派以期其为基督教注入新活力的目的，教皇约翰二十二世于1329年任命儒尔丹为印度奎隆教区主教。这位新任主教于是着手编撰自己

寺院与驿站

15世纪，位于吉尔吉斯斯坦塔什拉巴特的这间驿站，专门接待丝绸之路上的旅客。但在那之前，从10世纪开始，它一直都是聂斯脱里教派，在这条连接中国和波斯乃至叙利亚的丝路上建立起的一座修道院。

的"奇迹"集。这位多明我会修士的叙述是依其旅行顺序展开的：在去途上，他取道亚美尼亚和波斯直到印度和占婆；而在返程中，他的路线是先经波斯湾到达巴格达，再经莫甘、巴库和格鲁吉亚回到亚美尼亚。他的文本提及了墨西拿海峡、希腊、亚美尼亚、波斯、印度、锡兰、阿拉伯、埃塞俄比亚、迦勒底、莫甘和巴库、里海周围的山脉、大汗和中国、希俄斯和突厥，报告了所访之国的动植物群落、风土人情方面的信息数据和奇特之处。不过，从1330年起，儒尔丹就失去了音信。据16世纪的一则传闻，他应该是遭遇了殉教。葡萄牙人在印度塔那的一座宝塔的废墟中发现了一尊一鸰长、身着教服的木质雕像；他们认为那尊雕像表现的就是这位传教士，而那座宝塔之下就是他的墓地遗址。

大约在1344年，方济各会修士帕斯卡·德·维多利亚（Pascal de Vitoria）和他的卡斯蒂利亚同道贡萨洛·德·特拉斯托纳（Gonzalo de Trastorna）一起出发去中国。在经过阿维农时，骑士团将军对他们这趟以求得全大赦为目标的旅行进行了行前祝福。全大赦也是许多信徒前往耶路撒冷朝圣的目的。到达威尼斯后，两位方济各会修士登上一艘大帆船，一直航行到了君士坦丁堡的热那亚定居点加拉塔，在那里他们结识了契丹教区代理主教。接着，他们在黑海上一直航行到了鞑靼人控制的加扎里亚（今克里米亚）。他们从那里继续前进，经过塔纳到了亚速海。帕斯卡·德·维多利亚比他的同伴早到，就随着几个希腊人往萨拉伊方向去了。他的同伴则径自前往了乌尔根齐，并于1338年离开那里。帕斯卡·德·维多利亚在萨拉伊逗留了一年——据他所述，他在圣埃蒂安骑士团的兄弟之前就是在那里殉道的。他在那里学习鞑靼统治地区所使用的库曼语和畏兀尔语文字，他说他学习这些语言的目的是向撒拉逊人、东正教徒以及聂斯脱里教派教徒宣教布道。结果他收到一封来信，命令他继续前进，否则就无法求得全大赦。于是他和多个亚美尼亚人一起登上了一艘船，经过12天航行到达了萨拉伊哲克。在那里，他先后加入了几支前往乌尔根齐的商队，最终到达了阿力麻里。帕斯卡·德·维多利亚是一位虔诚的传教士，在旅途中一有机会就和他的穆斯林旅伴们展开长时间的对话，特别是有一次斋月期间，他在一座清真寺的门口和一群伊斯兰教法官整整辩论了25天。他的这种传教努力是徒劳的，他的对话者们反而不断用女人、黄金和珠宝来引诱他，侮辱他，朝他扔石头，用火灼烧他的脸和脚，拔他的胡须。在从波斯和鞑靼地盘上的最后一座城市乌尔根齐出发后，他投入了一段 5 个月的行程，其间他向撒拉逊人布道，结果对方屡次尝试要毒死他或淹死他。又经过了几次磨难后，他终于抵达了阿力麻里。1338 年 8 月 10 日，他寄了一封信给维多利亚方济各会修道院院长，在信中讲述了他在这场艰难旅行中历尽的苦难。神甫弗朗索瓦·德·亚历山大（François d'Alexandrie）曾为大汗帖睦尔（Timur）做手术治疗癌症和瘘管，大汗因此对他非常感激，将他视作自己的父亲，还把自己的儿子托付给他。而大汗的继承人、篡位者阿里（Ali）则是一个死硬的穆斯林。翌年，帕斯卡·德·维多利亚、阿力麻里主教、大臣雷蒙多·鲁弗（Raimundo Rufo）、洛朗·德·亚历山大（Laurent d'Alexandrie）、普罗旺斯人佩德罗·马泰尔（Pedro Martell）、弗朗索瓦·德·亚历山大、大都教区主教的印度翻译以及热那亚商人威廉·德·莫代那（Guillaume de Modène）先后殉教，就证明了这一点。一年之后，约翰·德·马里尼奥（Jean de Marignol）来到了阿力麻里。据他后来所说，帕斯卡·德·维多利亚早已预料自己将要殉教，并且发出了鞑靼的势力终将被大洪水冲垮的预言。

最后一位担任大主教的中国人

从 13 世纪末到 14 世纪上半叶，蒙古帝国和教皇及欧洲君主之间过从甚密。在这一时期，蒙古人逐渐皈依伊斯兰教，但他们与欧洲人的结盟关系依然在发展，双方互派使臣的活动也很频繁。蒙古人出席了 1274 年的里昂大公会议，而且如《马可·波罗游记》所证实的那样，双方互派的外交使团也越来越多。甚至有一个汪古部人来到了巴黎。

列班·巴·扫马（Rabban Bar Sauma）出生于一个西夏家族（位于今内蒙古敖伦素木遗址一带），是一位汪古部景教教士。1287 年，他和原籍东胜州（亦位于今内蒙古）的景教教士马忽思（Rabban Markos），也就是后来的契丹及汪古部教区大主教雅巴拉哈三世（Yahballaha III），一起从北京出发前往耶路撒冷朝圣。在到达波斯后，阿鲁浑汗委派列班·巴·扫马率领一个使团去觐见教皇、法国国王和英国国王。根据他的一位同伴用叙利亚文写的文献记载，列班·巴·扫马是和时任阿鲁浑汗大使的热那亚商人托马索·安福西（Tommaso Anfossi）以及一位译员一起出发的。对于只从书本的大量描述中了解过东方城市的他来说，这场旅行注定是有趣的。他们的规划格局与社会政治结构都体现着一种恒定的组织模式，反映着上天的和谐。这些城市从今往后都成了蒙古可汗们的居所，他们才是"掌管一切人世间的王"，虽然他们也常常会主动地离开城市。文献还记载说，列班·巴·扫马对罗马的建筑和遗迹大感兴趣。

他接着来到了热那亚，那里是前往西方之极的必经之路，他对那里温暖的气候和美丽的风光颇为赞赏。他参观了圣洛伦佐大教堂，瞻仰了装着施洗者圣约翰遗骨的实心银匣以及基督和弟子一起庆祝复活时所用的"翡翠"圣杯（那是在征服耶路撒冷时夺来的）。不过，文献作者注意到"在这个地方是没有国王的：人民根据自己的喜好来选择统治他们的首领……"对于东方使者列班·巴·扫马来说，这种由包括托马索·安福西在内的商业贵族领导的城邦，以及他后来在巴黎和加斯科涅会见的"国王的亲王们"，都是无法理解的新鲜事物。

翌年，阿鲁浑汗又派遣了另一位使臣前往欧洲。这一次的使臣是商人布斯卡雷洛·吉索尔菲（Buscarello Ghisolfi），他是热那亚商人贵族，是阿鲁浑汗的密切合作者。在1289年至1303年，阿鲁浑汗委派他进行了一系列出使教皇以及法国国王和英国国王的任务。从1312年至1317年，热那亚人塞古拉诺·萨尔瓦戈（Segurano Salvago），在黑海和埃及之间从事奴隶贸易的大名鼎鼎的萨克兰（Sakran），主持了埃及人、金帐汗国以及希俄斯的热那亚人之间一系列的外交使团。

观察东方的另一种视角

有史以来最伟大的阿拉伯旅行家伊本·白图泰（Ibn Battuta）的《游记》（*Rihla*）为我们提供了一种不同于西方话语的视角。

1325年6月14日，21岁的伊本·白图泰离开丹吉尔前往麦加朝圣。这次旅行大大超出了他的预期：在长达20年的漫长旅行中，他追寻着伊斯兰的踪迹，从丹吉尔到北京，从阿斯特拉罕到马里、从萨菲到桑给巴尔，一共走过了120000千米

路程。在经过了特莱姆森、阿尔及尔、君士坦丁堡、突尼斯、斯法克斯、加贝斯、的黎波里和苏尔特之后，冬天的到来迫使他停下脚步，也使他在等待重启旅程的期间得以长时间地对开罗和尼罗河谷展开考察。

他本打算穿过红海继续行程，但因为找不到登船的港口，只好改变路线，取道巴勒斯坦和叙利亚。于是他就到了加沙、希伯仑、耶路撒冷和纳布卢斯这些历来为伊斯兰教、基督教及犹太教朝圣者们向往的经典目的地。最后，他从大马士革朝麦加进发，并于9月17日抵达了那里。之后，他游历了伊拉克和波斯地区，后来在麦加度过了整个1328年，那里的人们把他当作外来的学者来礼遇。接

伊本·白图泰

柏柏尔人伊本·白图泰是公认的历史上最伟大的旅行家之一。他从撒哈拉开始横穿非洲大陆到了印度洋沿岸，游遍了非洲当时已知的地域。上图出自乔治·布朗（Georg Braun）的《世界各国》（*Civitates orbis terrarum*，1572年）一书中的插图，为伊本·白图泰离开马里后到达的基尔瓦·基西瓦尼镇（位于今坦桑尼亚）。

朝圣

伊本·白图泰踏上这场后来持续了 22 年之久的旅途的初衷，是为了完成朝圣。朝圣是穆斯林的义务，每个穆斯林一生至少要去麦加朝拜一次。上图为位于今坦桑尼亚的基尔瓦·基西瓦尼镇大清真寺（建于 10 世纪至 13 世纪）的大堂。旅行家伊本·白图泰在 1330 年到访过此地，然后就起航去了阿曼。

着，他启程前往吉达，中途因为一笔香料贸易业务而在亚丁逗留，之后去往阿曼，抵达霍尔木兹，在 1332 年又再次前往麦加。他一回到开罗后，又再度出发去往叙利亚，并在那里乘坐一艘热那亚船只向老底嘉（拉塔基亚）方向前进，结果那艘船把他一直载到了安纳托利亚的阿拉尼亚。从那里，他经过布尔萨、尼西亚和锡诺普，到达了亚速海岸的卡法，然后溯伏尔加河前往伯于尔，不过最终可能并未抵达。

至于伊本·白图泰是否曾经护送某位突厥公主前往君士坦丁堡，也未得到过证实。他的确曾于 1333 年 9 月 13 日启程前往这座城市，然后穿过河中地区、呼罗珊、阿富汗以及兴都库什山脉，抵达印度。他在德里苏丹的宫廷生活了 12 年，从事研究和旅行、接受各种荣誉以及各种任务。1341 年，他本来作为使臣要乘船前往蒙古的地盘，结果船行至卡里卡特遭遇风暴被毁。于是，他就周游了整个印度，游历了马拉巴尔和孟加拉，然后在 1342 年底起航前往马尔代夫群岛。他在马尔代夫群岛担任了几个月的伊斯兰教法官。

1344 年 8 月底，这位大旅行家到锡兰岛上的亚当峰朝圣。随后，他走海路，沿恒河口上行，长途跋涉到了孟加拉，再向南前进到马来群岛，乃至苏门答腊。在 1346 年夏末，他起航前往中国，不过最终只到访了刺桐和广州。

在返程途中，伊本·白图泰绕了一个大圈子，经过了苏门答腊、奎隆、卡里卡特、扎法尔、霍尔木兹、设拉子、伊斯法罕、巴格达、巴尔米拉、耶路撒冷、麦地那、麦加、吉达、爱扎布、开罗、亚历山大、加贝斯、突尼斯以及卡利亚里。直到 1349 年 11 月 8 日才返抵菲斯。不久之后，他再度踏上旅途。他先是到访了安达卢斯的巴伦西亚和格拉纳达，然后深入到曼丁人居住的尼日尔河地区。1354 年至 1355 年，他终于回到摩洛哥，这才向人口述了他的《游记》（"Rihla" 一词意为"叙述"或"日记"），讲述了他漫长的旅行。尽管他的叙述考据丰富，但与他同时代的伊本·哈勒敦（Ibn Khaldoun）却觉得它与西班牙阿拉伯人伊本·朱拜尔（Ibn Jubayr）所写的文本过于相似。伊本·朱拜尔的文字讲述的是他自己在西西里、叙利亚、巴勒斯坦、美索不达米亚、阿拉伯以及埃及的旅行。

قلعهٔ سیستان

مادران کوشش‌های مردانه می‌نمودند و ممعونت دولت روز افزون قلعه را آن مناحمت و محکمی
متنجح کرد آیند و متمردان که در آنجا بود و بعضی را بالای آن کوه در انداختند و بعضی را بقیع
رسانیدند و از سرهای ایشان منارها ساخته کوس افغان در دادند و آنکه نیزه قامت کشید

帖木儿

图为一幅波斯细密画（1533年），描绘的是波斯战役期间攻占了锡斯坦的一座堡垒后的帖木儿（藏于大英博物馆，伦敦）。

铜铜（右侧）14世纪一元朝的鎏金青铜铜（藏于意大利帕尔马的中国民族艺术博物馆）

از دیگر لشکر زبان و شمشیر سجود شد و زبر سرهای مخالف پیش منار افخت چون سمجی طاقتی ایشان نیاوردند زمهره
آنجا غسان متوجه همایون قلعه شد و مدنیافقه و آن قلعه را بتعاقب کرفت و به
ازو و جیش نصرت قرین آئین در آنجا نیز گوشه‌شهای مروات که نموده قلعه را

走向新的东方

随着中国进入明朝以及突厥人向东欧进军,东西方关系在新人物帖木儿的把持下出现了前所未有的新形势。东西方之间的旅行虽不及以往频繁,但仍在继续。东方依然保持着它那自中世纪早期以来,一直令欧洲人心向往之的梦幻田园般的光彩。

1368年,明朝实施关闭市场的政策;与此同时,已于1307年至1356年征服了整个小亚细亚的突厥人持续扩张。来自加里波利的奥斯曼突厥军队与君士坦丁堡对峙,并向巴尔干挺进。但随着帖木儿的崛起,形势发生了彻底的转变。这位突厥化蒙古领袖追随成吉思汗的脚步,将其征服的领土范围从里海一直扩展到高加索、咸湖、乌兹别克斯坦、哈萨克斯坦、土库曼斯坦以及吉尔吉斯斯坦,并从波斯一直扩展到德里。帖木儿在远征金帐汗国的同时,也针对马穆鲁克人采取了行动,而他对巴格达、阿勒颇以及大马士革的入侵则为西方人开辟了新的政治与贸易前景。

■ 走向新的东方

　　1389 年，塞尔维亚在科索沃战役中战败；1396 年，匈牙利军队及其同盟（弗拉赫人、勃艮第人、法国人以及英国人）在尼科波利斯战役中战败。之后，在 1401 年，拜占庭巴列奥略王朝的皇帝约翰七世（Jean Ⅶ）、热那亚人、威尼斯人、法国人以及教皇就开始寻求与帖木儿达成一项协定，因为看上去他对于与他们结盟或签订贸易条约保持开放的态度。后来证明，封锁达达尼尔海峡和博斯普鲁斯海峡的确对切断突厥人的补给线起到了巨大作用。所以，威尼斯和热那亚虽然才于 1381 年签订《都灵和平协议》，结束了双方不久前爆发的基奥贾战争，但他们的舰队还是决定联手控制上述海峡。事实上，威尼斯和帖木儿的关系并不总是很好（其实，帖木儿还在 1395 年摧毁了塔纳的威尼斯定居点），而卡法的热那亚人在 12 世纪曾长期与克里米亚的鞑靼人奋战，他们则谨慎地和突厥人保持着良好的关系。不过，这种签署协定的可能性，特别是在当时伊斯兰教内部发生分裂的背景下，为欧洲人描绘出了一幅充满吸引力的前景。1402 年 7 月 28 日，帖木儿在安卡拉战胜了奥斯曼，这本来为商贸交通的恢复带来了希望。然而，热那亚和威尼斯的舰队并没有拦截逃往海峡的突厥人，反而为了捞一笔钱而同意将他们运送到欧洲的海岸。这种临阵倒戈使拜占庭、威尼斯和热那亚得以与奥斯曼签订新的条约，但这种突然的背信弃义，也为帖木儿发动对士麦那和福西亚的偷袭提供了正当性。其实，对于任何从事贸易的人来说，想要绕过突厥人这个伙伴都是不可能的，威尼斯人牵扯在其间的利益实在太过重大了。至于热那亚人，他们一直都和突厥人保持着良好的关系，后来于 1453 年签订的佩拉协定以及热那亚的卡法贸易站持续到了 1475 年，而希俄斯贸易站持续到了 1566 年的事实，都证明了这一点。所以，帖木儿在安卡拉取胜的后果，不过是导致欧洲人的商队遭受了几次劫掠；而随着帖木儿在两年后离世，一切复归原样。

　　参加过十字军前线作战的巴伐利亚人约翰·席尔特贝格（Johann Schiltberger）为我们提供了一份关于尼科波利斯战役的见证。1394 年，不满 15 岁的他就离开了家乡巴伐利亚，两年后在尼科波利斯被俘，接着度过了 32 年的奴隶生涯，先是做了奥斯曼苏丹巴耶塞特（Bayazid）的奴仆，后又成为帖木儿及其子米兰沙

卡斯蒂利亚的亨利三世及其派往帖木儿宫廷的使者

面临着巴耶塞特一世苏丹（Bayazid Ⅰ）统治的奥斯曼帝国日胜一日的威胁，欧洲旧世界的君主们纷纷寻求与突厥化蒙古首领帖木儿结盟，因为他只用了20来年的时间，就将其帝国扩张恢复到了近乎成吉思汗帝国的规模。卡斯蒂利亚国王亨利三世亦加入了这个行列。

1403年，卡斯蒂利亚的亨利三世（Henri Ⅲ）决定效仿欧洲各国以及罗马教廷的做法，向帖木儿派出使者。受命出使的是他的侍从鲁伊·冈萨雷斯·德·克拉维霍。他于1404年抵达了撒马尔罕，受到了帖木儿的礼遇招待："你们是我的儿子西班牙国王派来见我的使者，西班牙国王是居住在世界尽头、组成了多个民族的法兰克人的最伟大的王，这些都是事实。我愿意向我儿西班牙国王表示祝福。"[引自《帖木儿时期的撒马尔罕之路》(La Route de Samarcande au temps de Tamerlan)，法国国家印书馆，巴黎，1990年]。虽然接待得很热情，但这位使者并没有取得什么实质成果：因为帖木儿当时正在准备与中国开战，所以很快就把卡斯蒂利亚的使团打发走了。就在回国的路上，鲁伊·冈萨雷斯·德·克拉维霍获知了帖木儿去世的消息。

插图　《出使帖木儿》(l'Ambassade à Tamerlan)一书1582年版的封面，该书系鲁伊·冈萨雷斯·德·克拉维霍讲述其出使之旅的作品。

（Miran Shah）和其孙阿不别克尔（Abu Bakr）的仆从。他被选中和另外4个基督徒一起护送一位鞑靼王子，他们从里海沿岸出发进行了一场漫长的跋涉，其间经加根和乌尔根齐，穿过金帐汗国的土地，到达了明戈瑞利亚。1427年，这位值得尊敬的席尔特贝格一回到巴伐利亚，就整理了自己的记忆，口述了他的经历，写成了《旅行记》（Reisebuch）一书，成为更新当时人们对于丝绸之路认知的一份有用的佐证。要知道，在那个时代，虽然商人的贸易活动很兴盛，但西方人从丝绸之路获得的消息却越来越匮乏。

1403年5月21日，鲁伊·冈萨雷斯·德·克拉维霍（Ruy González de Clavijo）受卡斯蒂利亚王室派遣，率领外交使团前往帖木儿的王朝。他报告的信息留存至今。他的旅程开始后，先是在地中海上进行了一段漫长的航行，其间他从巴利阿里群岛航行到了蓬扎岛，在加埃塔停留后沿伊斯基亚岛、卡普里岛和伊奥尼亚群岛的海岸前行。然后他从墨西拿去了伯罗奔尼撒，到访了尼格罗蓬岛和希依斯岛，并及时地赶到了君士坦丁堡，在那里度过了冬天的3个月。再度出发后，他在特雷比宗德靠岸，走丝绸之路穿过亚美尼亚和波斯。他经过了苏丹尼耶、德黑兰和尼沙普然，还穿越了土库曼斯坦南部可怕的沙漠。1404年9月8日，在启程一年半之后，他终于抵达了撒马尔罕，正好赶上当地为迎接帖木儿凯旋而举办的盛大庆典。他在那里一直待到了11月20日。他在叙述中花费了大量篇幅去描述宫廷里的生活，尤其是用了很多笔墨去描绘这个覆盖突厥和中国之间巨大疆域的帝国之主帖木儿：这是一个既残暴又极有修养的人，同时又是一位慷慨好客的主人；正如忽必烈汗对上都所做的那样，帖木儿把撒马尔罕改造成了一个世界文化遗产名城。如今，人们依然可以在那里瞻仰他为了自己的长眠而修筑的古尔·埃米尔陵墓。

在东方活动的威尼斯人

1414年，来自意大利基奥贾的商人尼科洛·达·康提（Niccolò de' Conti）随着一支波斯商队离开了大马士革。到达巴格达后，他沿底格里斯河和幼发拉底河航行。接着从巴士拉去了霍尔木兹，并在那里登船前往印度坎贝（位于古杰拉特），然后深入到印度内陆。在回到马拉巴尔海岸后，他在马德拉斯和迈拉波雷逗留了一

些时日，之后继续朝着苏门答腊进发。他到达了缅甸的丹那沙林海岸，再经过几次中转去了库拉丹和阿瓦，最后到了刺桐，并在那里度过了4个月。

尼科洛·达·康提继续他的海上航行之旅。他造访了爪哇和婆罗洲。长达近9个月的中转停留使其得以采集关于西里伯斯岛和马鲁古群岛的信息。

在海上度过了1个月后，他到达了印度支那的占婆王国，又花了30天从印度尼西亚回到了印度。几次中转之后，他到达了马拉巴尔海岸、科兰加诺尔和卡里卡特，之后回到了坎贝。接着，他再次从红海起航，经过2个月航行，过了索科特拉岛、亚丁和吉达，最后到达西奈半岛，然后前往开罗。他在开罗定居了下来。1339年至1340年，也就是在开罗，

蒙古的进击

15世纪初，帖木儿率蒙古部落向近东进军，沉重地打击了奥斯曼帝国的霸权。上图为阿杰隆城堡（Qala'at ar Rabad，位于今约旦），是萨拉丁的一位侄子在1184年左右建造的，几个世纪后被蒙古人摧毁。

帖木儿的神都撒马尔罕

虽然帖木儿是作为亚洲最后一位伟大的游牧征服者登上历史舞台的，但他还是想为自己的帝国打造一座配得上其伟大的都城。于是，他征召了自己所征服土地上最杰出的工匠，着手在撒马尔罕（位于今乌兹别克斯坦）兴建宫殿庙宇，营建漂亮的花园，还在花园里支起自己的帐篷。比比·哈内姆大清真寺以及右图中他为自己的长眠而兴修的古尔·埃米尔陵墓，都是在那个时期建造的。

帖木儿 依据苏联考古学家人类学家米哈伊尔·格拉西莫夫（Mikhaïl Guerassimov）的研究，人们打造出了这位蒙古枭雄的半身像。

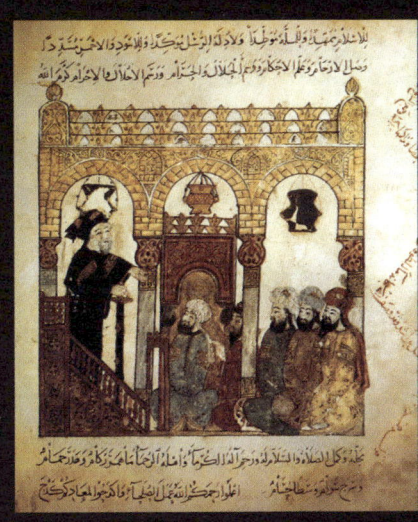

清真寺之城　　上图出自《巴士拉的哈利利的麦噶玛特》（Maqāmāt d'al-Harīrī de Bassora，1237年）书中的一幅细密画，为瓦西提（al-Wasiti）所画，描绘的是阿布·扎伊德（Abu Zayd）在撒马尔罕清真寺宣教（藏于法国国家图书馆，巴黎）。下图为帖木儿及其几位后代的古尔·埃米尔陵墓的内景。

■ 走向新的东方

当时身为一位马穆鲁克埃米尔的阶下囚的热那亚人多梅尼奇诺·多利亚（Domenichino Doria），在狱中花费了很长时间向后人写作了一部历史地理政治百科全书的埃及人伊本·法德拉拉·乌马里（Ibn Fadl Allah al-'Umari），详细介绍了安纳托利亚的16个突厥公国、特雷比宗德的希腊帝国以及信奉天主教的欧洲。当然，尼科洛·达·康提的命运也并不比他的这位同胞更令人羡慕，因为他财产被盗，还在一场瘟疫中失去了妻子和4个孩子中的2个。他曾在大马士革学过阿拉伯语，所以决定投靠苏丹从事译员的工作。他皈依了伊斯兰教，获得

尼科洛·达·康提的旅行

威尼斯商人尼科洛·达·康提在亚洲度过了 **25** 年。他在回到故乡后，向人文主义学者波焦·布拉乔利尼忏悔自己改信伊斯兰教之事，才使今天的我们得以了解他经历的故事。

尼科洛·达·康提的叙述被波焦·布拉乔利尼收录在其《世事沧桑》一书中发表后，获得了巨大的成功，并且认证了马可·波罗在《百万之家》中提供的众多关于印度洋的信息。地图制绘师们随即采用了这些信息。不过，现代的批评家们还是从他的叙述中挑出了许多毛病。比如，尼科洛·达·康提的叙述中竟然没有只言片语提到中国明朝第三位皇帝永乐皇帝，派总兵郑和率领浩大舰队巡航印度洋之事。那可是和这位威尼斯人游历印度洋发生在同一时期的大事件。郑和的舰船起码是他搭乘的欧式卡拉维尔帆船的五倍之大，按理说一定会得到他的注意的。

插图 右图为郑和舰队的中国舰船；左图为热那亚地图制绘师保罗·达尔·波佐·托斯卡内利（Paolo dal Pozzo Toscanelli, 1397 年—1482 年）拥有过的世界地图，其中采纳了尼科洛·达·康提提供的信息。

了一座房屋和一些财产。两年后，他获得了返回家乡的通行证。1439 年，他在佛罗伦萨获得了教皇尤金四世（Eugène Ⅳ）的宽恕，人文主义学者波焦·布拉乔利尼（Poggio Bracciolini）采录了他讲述的沧桑人生，并在其《世事沧桑》(*De varietate fortunae*) 一书的第四卷中娓娓道来。弗拉·毛罗在绘制世界地图时，以及埃内亚·西尔维奥·皮科洛米尼在绘制其《寰宇图》(*Cosmographie*, 1461) 时，都采用了这些信息。

威尼斯人乔萨法特·巴巴罗（Giosaphat Barbaro）是从亚速海出发去旅行的。他是后来威尼斯 1543 年出版的一本有

■ 走向新的东方

趣的记事的作者，那本书和他的其他几本同类作品一起编成了一部《塔纳的威尼斯人前往波斯、印度和君士坦丁堡之旅》(Viaggi fatti da Vinetia alla Tana in Persia, in India et in Costantinopoli)。乔萨法特·巴巴罗从1436年开始在塔纳经营一家大型的捕鱼、晒鱼和腌鱼公司。他从那里出发，多次前往金帐汗国、塔纳周边以及下伏尔加地区旅行。他甚至在另外7位商人以及120个人员的协助下，对一座古老的圆丘形坟墓进行过考古研究。他游历了克里米亚以及黑海沿岸经阿斯特拉罕、第比利斯和外高加索其他城市直到高加索的大片地区。他在1450年左右回到了威尼斯，后来在尼格罗蓬沦陷后，于1473年作为威尼斯共和国的使臣随着教皇和那不勒斯国王的特使们一起启程去拜访波斯的沙阿（shah，意为"国王"——译者注）乌尊·哈桑（Uzun Hasan），以期与后者结盟共同抵抗突厥人。他在法马古斯塔担任了一段时间塞浦路斯统治者卡特琳娜·科纳罗（Caterina Cornaro）的顾问。随后在一位波斯使臣、一个秘书以及一个译员的陪同下再次上路。他在小亚细亚的科里科斯（今克瑞克斯）登陆，然后造访了塞琉西亚、塔尔苏斯、阿达纳、乌尔法、比雷米、马尔丁和苏尔特。1474年末，他在穿过一片库尔德地区之后抵达了大不里士。他在波斯居住了大约4年，其间进行了多次旅行，并数次随波斯沙阿出行，一直去到了波斯波利斯和里海地区。这也使他有机会收集关于凡城和霍尔木兹等他未曾亲临的地区的信息。鉴于自己的外交成就微薄，他在1478年决定陪同波斯沙阿的一位使臣前往埃尔津詹和马拉蒂亚，并在经过阿勒颇、贝鲁特以及塞浦路斯之后，于1479年再次在威尼斯上岸。巴巴罗在波斯居住期间，还结识了另一位率领外交使团来访的威尼斯商人。此人就是安布罗吉奥·康塔里尼（Ambrogio Contarini）。他原先在君士坦丁堡等城市从事贸易，后来就在巴巴罗被派出整整一年之后，也被威尼斯共和国派往波斯。

1474年2月23日，安布罗吉奥·康塔里尼带着一个译员、两个仆人和一位教堂主事离开了威尼斯。为了尽量避开突厥地区，他选择走陆路。在穿过德意志、波兰、白俄罗斯和乌克兰后，他到达了黑海沿岸。接着他穿越了高加索山，于10月30日抵达伊斯法罕，在那里受到了沙阿乌尊·哈桑的接待。他陪同沙阿去了库姆的冬季营地。8月4日，他们启程前往大不里士。安布罗吉奥·康塔里尼在那里结识了教

康塔里尼，强大威尼斯的政商世家

  康塔里尼（Contarini）家族的历史可以追溯到 10 世纪。它是圣马可太平共和国历史上最古老且最具影响力的家族之一，多位成员曾经担任该国的最高职务。不过，这个贵胄世家的贡献并不局限于政治和商业领域。

  1473 年，威尼斯参议院决定向波斯派遣外交使团，以寻求建立对抗突厥人的新联盟。安布罗吉奥·康塔里尼承担了这项棘手的使命。这个太平共和国再一次把信任托付给了其历史上最受尊敬的家族之一。这个家族此前已经出了 3 位督治，分别是：多米尼克一世（Domenico Ⅰ，？—1070 年）、雅格布（Jacopo，1194 年—1280 年）和安德里亚·康塔里尼（Andrea Contarini，约 1300 年—1382 年）。这个家族的显赫人物还不止于此，因为后来在现代史上它还出了 5 位威尼斯督治，分别是：弗朗切斯科（Francesco，1556 年—1624 年）、尼科洛（Niccolò，1553 年—1631 年）、卡尔洛（Carlo，1580 年—1656 年）、多米尼克二世（Domenico Ⅱ，1585 年—1675 年）以及阿尔维斯（Alvise，1601 年—1684 年）。此外它还出过 4 位威尼斯宗主教和众多外交官、军人、作家、数学家……

  插图 威尼斯博沃洛的康塔里尼宫（建于 15 世纪），以其外部螺旋式楼梯闻名。

士路易·德·勃艮第（Louis de Bourgogne），后者是个冒险家，他自称是勃艮第公爵的使臣、安条克的宗主教和反突厥同盟的推动者。两个人都从沙阿那里得到了波斯会加以干预的承诺。于是，1475 年 6 月 28 日，安布罗吉奥·康塔里尼和路易·德·勃艮第就和两位波斯使臣以及莫斯科公使一起出发了。不过，在到达黑海沿岸的发希斯城时，他们就获悉了卡法已落入突厥人手中的消息。康塔里尼和莫斯科公使于是朝波斯和鞑靼边境的里海方向前进，并在杰尔宾特度过了冬天，到 1476 年 4 月 6 日才启程前往阿斯特拉罕。康塔里尼遇到了不少困难：先是费了好大力气说服俄罗斯人借钱给他，才逃过沦为鞑靼人奴隶的厄运；然后又要扮作前往莫斯科公国行医的医生，因为在那个时代那个地区很少有西方人到访。在加入到鞑靼驻莫斯科公国使臣的车队之后，他才总算到达了莫斯科。在俄罗斯首都，他在和其他意大利人一起在那里工作的建筑师亚里士多蒂·费拉万蒂（Aristotile Fieravanti）家里一直住到了 11 月底。1477 年 1 月，他再次踏上旅途，穿过白俄罗斯来到了立陶宛，波兰的卡西米尔四世（Casimir Ⅳ）在维尔纽斯附近的特拉凯接见了他。4 月 10 日，他在途经特伦托之后，终于回到了威尼斯。和这座城市之前派出的使臣一样，他也提交了自己的旅行报告，后于 1487 年出版。

在东方活动的热那亚人

虽然威尼斯最大的几个家族，比如：波罗家族（Polo）、洛雷丹家族（Loredan）、索兰佐家族（Soranzo），都有成员去往印度和中国，但那个时代的人们一致公认热那亚人才是最了解那些地方的人。如此看来，不得不说热那亚和威尼斯的商人们为欧洲人认识世界做出了巨大的贡献。13 世纪中叶，热那亚的大量公证文书证明，西班牙和西西里岛的人们，早在 8 世纪就已经了解并自主生产"中国"丝绸，而这些丝绸在当时的西方得到了广泛的应用。马可·波罗在阿亚斯和商路上结识了众多热那亚人，据他所说，热那亚人早已在里海上组织了定期航运服务。苏丹尼耶大主教威廉·亚当（Guillaume Adam）则说过，如果想要拦阻印度、中国和埃及之间的贸易交流，就必须获得热那亚水手们的配合，因为只有他们才知道如何去往四海八荒。修士儒尔丹·德·塞维拉克也注意到在塔纳和奎隆有热那亚侨民居住。商

人的儿子乔万尼·薄伽丘（Giovanni Boccaccio）曾经师从著名的热那亚天文学家和占星家安达洛·迪·内格罗（Andalò Di Negro），他在其《十日谈》（Décaméron）中确认，为了在其故事中使用有关于中国的信息，他曾经咨询过"一些去过中国的热那亚人"[引自罗贝尔·洛佩兹（Robert S. López）的学术报告《蒙古时期在华意大利商人的新文献》（Nouveaux documents sur les marchands italiens en Chine à l'époque Mongole），载于《铭文与美文学院报告》（Comptes-Rendus de l'Académie des inscriptions et belles-lettres），巴黎，1977年]。而佛罗伦萨人弗朗切斯科·迪·巴尔杜乔·佩戈洛蒂（Francesco di Balduccio Pegolotti）在1340年（当时正

丝绸

中国人早在公元前2700年就掌握了制造丝绸的技术。而它被进口到欧洲的历史也非常悠久。所以人类历史上最著名的贸易路线就是以它命名的。图为一幅丝绢画，描绘的是宋徽宗（1082年—1135年）的几位妃子绞丝的场景（藏于美国波士顿美术博物馆）。

是西方与蒙古人关系变得艰难之际）出版的《通商指南》(*Pratica della mercatura*)之《契丹指南》(*Avvisamento del Gattaio*)中指出，在通往中国的商路上，人们习惯于把本地的计量体系换算成热那亚的计量体系。1340 年，热那亚人依然保留有他们在大不里士的定居点，成了西方商人一个重要的集散中心。

当时的许多材料佐证了热那亚人在这个地区的活动：我们知道，1343 年，正当莱昂纳多·奥尔特马里诺（Leonardo Oltremarino）憧憬着他的中国之旅时，加莱奥托·阿多诺（Galeotto Adorno）已经从大都取回了一位在那里去世的普莱桑斯商人的财物，而佩尔奇瓦尔·契博（Percivale Cibo）则来到了白沙瓦。之后一年，巴索家族（Basso）和德·普罗蒙托里奥家族（De Promontorio）开始从事中国丝绸贸易；而在 1372 年，詹蒂尔·阿多诺（Gentile Adorno）前往马扎里沙里夫采购了丝绸。在 15 世纪最后 10 年，尽管热那亚人对西部及大西洋的兴趣渐渐超过了对远东的热情，但他们也并未冷落那些古老的东方商路。尤其值得一提的是两位商人：其中一位是杰罗拉莫·阿多诺（Gerolamo Adorno），他出身于一个重要家族，祖上曾出过一位督治（doge，中世纪意大利自治城邦最高领导人的称呼——译者注）；其家族在当时的世界各地，包括在大西洋的一些海岛上（以及后来在美洲），都有自己的代表；另一位则是出身并不显赫的吉罗拉莫·达·桑托·斯特法诺（Girolamo da Santo Stefano）。

两人大约在 1494 年 1 月之前离开热那亚港前往埃及，并沿红海航行。到达亚丁之后，他们起航前往卡里卡特，经停锡兰后到了科罗曼德。他们继续沿海路到达了当时处于战争状态的勃固（位于今缅甸——译者注），因为无法继续向阿瓦前进，只得长时间停留在那里。在此期间，因旅途艰难而疲累之极的杰罗拉莫·阿多诺于 1496 年 12 月 27 日与世长辞。处理完他的后事之后，吉罗拉莫·达·桑托·斯特法诺独自一人继续行程。他再次向着马六甲出发，但糟糕的气象条件迫使他乘坐的船只靠港停泊，可能是停在了帕塞（位于今菲律宾——译者注），当地官府扣押了亡者的财物。而吉罗拉莫·达·桑托·斯特法诺因拒不从命而被捕，他自己的财产，包括总共价值 300 金杜卡托的红宝石，也都被没收。幸而他从开罗随身带来的一纸文书救了他的命。在一位懂意大利语的伊斯兰法官的帮助下，他得以取回自己的货

物，但终究未能要回红宝石。他变卖了所有取回的货物，购买了丝绸和安息香，重新起航前往印度。经过1个月海上航行后，他到达了马尔代夫群岛附近，在那里遭遇了风暴，他的那艘船和所有货物都沉入了海底。吉罗拉莫·达·桑托·斯特法诺紧紧抓住一块残破的船木坚持了一整天，终于漂到一块岩礁上，被船队的另一艘船救下。到达坎贝后，一些来自亚历山大和大马士革的穆斯林商人向他提供了援助。其中一位将其招至手下，让他负责运送货物去霍尔木兹。随后，吉罗拉莫·达·桑托·斯特法诺加入了一支亚美尼亚和波斯商人组成的商队。该商队在返程途中为了避开当时正在发生战争的地区而选择了较为曲折的路线，先是经过设拉子，之后沿伊斯法罕、卡齐姆、苏丹尼耶和大不里士一路行进。在

阿勒颇城堡

贯穿整个中世纪，叙利亚的阿勒颇城，都是所有通过东地中海路线往返于亚洲与欧洲之间的旅人和商人必经的中转站。

美第奇家族与贝内代托·德伊的佛罗伦萨

在 15 世纪，随着美第奇家族实力的增长，佛罗伦萨城和它在意大利半岛上的对手——热那亚共和国及威尼斯共和国一样，发展起外交活动来。

美第奇家族登上历史舞台，成为这座号称文艺复兴摇篮的城市的资助者，是从 1434 年开始的。那一年，科西莫·德·美第奇（Cosme de Médicis）掌握了权力，这个从事银行业和商贸业的家族由此得以主宰佛罗伦萨。一位杰出的编年史作者贝内代托·德伊把这个家族的飞黄腾达记录在他的《从 1400 年至 1500 年的编年史》（La Cronica dall'anno 1400 all'anno 1500）中。这部著作还记录了佛罗伦萨在艺术、文化、政治和经济各方面的信息。贝内代托·德伊不只是一位历史学家，同时还是美第奇家族最信任的人之一。美第奇家族派遣他出使过穆罕默德二世的奥斯曼帝国，以及法兰西、米兰、英格兰和德意志。他出使诸国，都是为他的宗主美第奇家族的政治、经济利益服务。直到 73 岁，他才最终回到佛罗伦萨。

插图 右图为一位佚名画家创作的油画，描绘的是 1498 年佛罗伦萨领主广场上处决吉罗拉莫·萨沃纳罗拉（Jérôme Savonarole）的场景。

前往阿勒颇的路上，商队遭遇了盗匪袭击。之后，吉罗拉莫·达·桑托·斯特法诺就从那座叙利亚城市去往了黎巴嫩的的黎波里。1499 年 9 月 1 日，他写了一封书信给贾科莫·梅内里（Giacomo Maineri）。此人是他母亲家族的亲戚，可能也是吉罗拉莫·达·桑托·斯特法诺某桩生意的合伙人或赞助者，反正在热那亚人当中，这两种关系纠结在一起的现象非常普遍。这类书信都是非常有价值的佐证文献，所以它们常常被收录到游记丛书之中也不足为奇。比如，在主要活动于较接近西方地区的安东尼奥托·乌索·迪·马雷（Antoniotto Uso di Mare）、安东尼奥·马尔凡特（Antonio Malfante）和米歇尔·达·库内奥（Michele da Cuneo）看来，这类信件比"商人指导手册"更有价值，因为热那亚人出于保密一般不愿意撰写商人指导手册。历尽艰辛的吉罗拉莫·达·桑

托·斯特法诺决定留在西方。他的朋友、热那亚使臣尼科洛·奥德里科（Niccolò Oderico）就把他推荐给了克里斯托弗·哥伦布。1502 年，克里斯托弗·哥伦布给他写了一封信，表示随时欢迎他到塞维利亚去。

佛罗伦萨人贝内代托·德伊

贝内代托·德伊（Benedetto Dei）搭乘一艘加泰罗尼亚的船只从突尼斯航行到了通布图（亦译作"廷巴克图"——译者注），并参观了穆罕默德二世（Mehmet Ⅱ）苏丹的宫廷。贝内代托·德伊出身于佛罗伦萨的政治经济精英家庭，年轻时就受美第奇家族银行的邀请访问过罗马。作为 15 世纪佛罗伦萨和意大利数次政治风波的主角，他游历世界、开展贸易和外交活动的目的都是服务于佛罗伦萨的利益。从 1460

■ 走向新的东方

探险旅行，奇迹文学永不枯竭的源泉

《百万之家》以及后来的诸多旅行记虽然都是旅行家们的作品，但它们都属于"奇迹文学"，而不应归入在中世纪尚不存在的"旅行文学"这个类别。中世纪的欧洲人通过阅读这些讲述"奇观"的作品，来展开对欧洲以外的世界的思考。

中世纪许多旅行记的书名里都包含有"奇迹／奇观"一词，这并非偶然的巧合。欧洲语言里的这个词来自拉丁语动词"mirari"，意为"惊叹"。从这个词还派生出了"mirabilia"一词，意为"奇迹"，在中世纪用来描绘上帝在世界上创造的令人钦佩的事物。这类事物与人们的日常相距甚远，激发着人们去用心探索和描述。所以，旅行记或"奇迹文学"作品的意义，并不仅在于它们提供了一些距离欧洲非常遥远的国度的信息，它们同时还反映了中世纪欧洲人作为古希腊罗马历史学传统继承人的世界观。这些作品的作者们都在探寻世界的尽头到底在哪里，住在世界尽头的人和物是什么样的。虽然，他们在写作的过程中，笔尖难免会滑向奇幻和狂想。比如，曼德维尔就提到过狮身鹰头鹰翼怪兽以及蓝绿色的狮子，并信誓旦旦地说这些都是他"亲眼所见"。

插图 右图为 1481 年奥格斯堡出版的一本书籍上的曼德维尔肖像；后页图为《世界奇观之书》（藏于法国国家图书馆，巴黎）上的一幅细密画，描绘的是装备着星盘的卡拉维尔帆船航行在印度洋上；左图为 18 世纪出版的曼德维尔游记的一个英文版本上，曼德维尔描述的某种奇幻生物。

年开始，他的足迹遍及从突尼斯到奥兰、从通布图到伊斯坦布尔以及波斯尼亚的各地。他的行迹遍布西东，体现了佛罗伦萨所奉行的两面出击的经济路线。佛罗伦萨绝不接受自己与穆罕默德二世苏丹的关系被热那亚人和威尼斯人超越。在奥斯曼地区，佛罗伦萨一如既往地与热那亚人保持着良好关系，但和威尼斯人的关系糟糕。不过，贝内代托·德伊总算赢得了这位苏丹的尊重，后者任命他为使臣。在此期间，他还与皮埃尔·德·美第

奇（Pierre de Médicis）的亲信们保持着书信往来，而此人可能就是他这项出访突厥任务的发起人 [也是亚美利哥·维斯普奇（Amerigo Vespucci）前往西班牙的赞助人]。同时，他还经常拜访天文学家保罗·达尔·波佐·托斯卡内利。贝内代托·德伊于 1467 年回到佛罗伦萨，但很快又出发前往巴黎和米兰，之后便开始在欧洲各地旅行。在经历了"帕齐阴谋"带来的艰难时日后，他决定留在米兰，所以他从 1480 年起就定居在那里了。

▌ 走向新的东方

从 1487 年到 1489 年，他行走于博洛尼亚和费拉拉的宫廷之间，一度前往佛罗伦萨，随后又返回了博洛尼亚，不过最终还是回到故乡并于 1492 年在那里去世。他从 1473 年开始编撰自己的回忆录，他在突厥、黑海、巴尔干半岛、希腊、波斯尼亚、达尔马提亚、突尼斯、迦太基以及通布图的旅行占据了其中大量篇幅。

约翰·德·曼德维尔的《旅行记》

看起来，约翰·德·曼德维尔大约是一位于 1322 年 9 月 29 日出发前往东方的英国骑士，在 1356 年回来后便决心写作了一部题为《旅行记》（les Voyages）的书来讲述自己的经历。长久以来，人们普遍认为该书所述的就是作者本人的经历，直到 19 世纪有人开始对其作者的身份质疑。实际上，约翰·德·曼德维尔可能是列日的一位名叫让·德·勃艮第（Jean de Bourgogne）的医生使用的化名。此人可能曾在英国生活过，但在被卷入一起谋杀贵族的事件后逃离了那里。作为一位业余作家，他可能从爱德华三世（Édouard Ⅲ）时代一位同名骑士的人生中获得了灵感，那位骑士真实地经历了书中所述的事件。也有人认为，该书作者可能是一位名叫让·都特勒默兹（Jean d'Outremeuse）的公证员，此人同时还是一位小说爱好者和医学专栏作家。还有人认为，作者就是一个姓曼德维尔的人——这是一个在赫特福德郡的圣奥尔本斯很常见的姓氏——这个人要么从来也没有离开过英国，要么是逃到列日去用假名行医。但可以肯定的是，这本《旅行记》的作者学识渊博。这本书在 1480 年以法语出版后就立即获得了成功，并被译成了多种语言，受到了知识分子和民众阶层的广泛欢迎。这是因为其内容包罗万象，既洋溢着异国情调，又充满了滑稽风趣。而且，其文本叙述采用的是一种非常客观的语气，没有掺杂任何个人观点。

据其所述，约翰·德·曼德维尔是在 1322 年 9 月 29 日从君士坦丁堡启程，经过希腊、塞浦路斯和阿克拉，一直游历到了西西里岛和埃及，并从开罗去了西奈和耶路撒冷，然后造访了阿拉伯、苏门答腊和爪哇，再到了喜马拉雅和锡兰。不过他并没有攀登那座堪称人间仙境的世界最高峰。他越往东方前进，所见所闻就越发奇异。那里的男男女女都面貌可怖，而本来没有生命的物体也有了生命，一切仿佛都被某种多变的形态包裹着。返回的路上，约翰·德·曼德维尔特意从罗马经过，目的是向教皇讲述自己的故事。而教皇应他的请求，非常配合地让他对三个问题做出判断，似乎是为了验证他所汇报的事情的真实性。然而约翰·德·曼德维尔就是在这个情节上露出了马脚，因为当时的教皇身在阿维农而不在罗马。

堪称想象丰富和学识广博的著作，还有《关于世界各王国各地区各领地及其标识与武器的知识之书》和雅各布·达·桑塞韦里诺（Jacopo da Sanseverino）的《奇迹手册》（*Libro piccolo di meraviglie*）。前者是一位不知名的西班牙方济各会修士在1348年前后编撰的，描述了其先后游遍法兰西、德意志、佛兰德、丹麦、波罗的海南岸、波希米亚和波兰，直至瑞典和挪威中部，再到非洲的苏丹和阿比西尼亚的经历。而雅各布·达·桑塞韦里诺的文本有大量篇幅用在讲述各种传说和"奇迹"之上，完全可以被视作一部献给东方的作品。

海战

1350年的一本书中的细密画插图，描绘了舰队进攻一个港口的景象（藏于意大利佛罗伦萨的巴杰罗国家博物馆）。

插图（右侧） 15世纪的阿拉伯星盘。

贸易与扩张

13 世纪末，在一系列政治、经济和文化的潮流和力量的共同作用下，欧洲多国不约而同地希冀通过重建与东方的关系来改变西方边界。正是在这种背景下，伊比利亚半岛诸王国以及擅长贸易和战争的意大利人，最终建立起了自己的霸权。

葡萄牙与卡斯蒂利亚走在了海洋扩张的最前列，它们在不同的时机以各自的方式都抓住了 13 世纪至 14 世纪这个过渡期的机遇。不过，这两个王室终究受制于时代政治与王国结构：他们和当时的中西欧各国一样，都是由封建贵族统治的。他们的消费型经济一方面推动他们去征服和殖民新的土地，另一方面又导致他们继续把贸易和金融拱手交给意大利人。我们必须放在这种背景下来看待卡斯蒂利亚王室在伊比利亚半岛和地中海区域采取的行动，这些行动使其得以在 13 世纪中叶重新征服了被阿拉伯人占据的安达卢斯。从一定程度上来说，阿拉贡王室实施的收购

■ 贸易与扩张

阿拉贡王国的扩张

王室与巴塞罗那商业阶层的联盟，使征服者海梅一世及其继任者们为自己的王国打开了地中海上的空间，并将此确定为王国政策的主轴。

海梅一世的统治为阿拉贡王国成为地中海强国奠定了基础。这个过程的第一步是征服马略卡岛，于1231年完成。尽管巴利阿里群岛的其他地区还要忍受一段时间穆斯林的占领（阿拉贡王国要到1235年才攻占伊维萨岛，1298年才占领梅诺卡岛），征服马略卡岛还是使阿拉贡王国在西地中海上获得了一块战略要地，这使加泰罗尼亚的商人们以及1238年被征服的巴伦西亚的商人们都获益良多。1282年，伟大的佩德罗三世继续带领加泰罗尼亚-阿拉贡，走其父海梅一世向地中海扩张的路线，吞并了西西里岛。

插图 15世纪的佩雷·尼卡尔（Pere Niçard）创作的圣乔治祭坛装饰画，描绘的是海梅一世时代重建马略卡城市和港口的景象（藏于马略卡岛帕尔马教区博物馆）。

征服者海梅一世

通过征服巴利阿里群岛和巴伦西亚，这位阿拉贡国王推动其王国最终走向了扩张。这尊14世纪的海梅一世石制半身像毁蚀严重（藏于法国蒙彼利埃的朗格多克博物馆）。

地中海岛屿的政策也属于顺应类似潮流，因为该王国和巴塞罗那及巴伦西亚的商人们通过一项合作协议团结了起来。在葡萄牙，1317年，国王丹尼斯（Denis）创建了一支以军事和贸易为使命的舰队。但该舰队的业务瘫痪状态直到1385年才得以改观，这是因为虽然新的阿维什王朝在国际关系方面仍然继续大幅维持与意大利人的合作，但它总算在那一年与本国的商业阶级达成了协议。去往包括非洲在内的地方，征服新领土的壮志与面向海洋开拓贸易的雄心构成了两种对立的趋势，它们之间的矛盾在15世纪持续了很长时间，最终导致葡萄牙停止了在大西洋的行动。无论如何，对于行动主要集中于地中海区域的阿拉贡王室、法兰西王室和安茹王室来说，13世纪到14世纪的过渡期都

是极其关键的。虽然法国人也向大西洋出发了，但直到 15 世纪下半叶葡萄牙与卡斯蒂利亚进入冲突对抗期之前，他们在大西洋的行动都是无足轻重的。然而，对于意大利的商业银行家，尤其对佛罗伦萨人，法兰西王室和安茹王室一直提供着坚定的支持。

热那亚人与加泰罗尼亚-阿拉贡人

阿拉贡王国的历史非常独特。海梅一世（Jacques Ⅰ，1213 年—1276 年）选择了面向海洋的政策，使得该王国得以崛起成为一个名副其实的地中海强国，可与热那亚、威尼斯以及一直互为盟国的法兰西王国及安茹王国平起平坐。其影响力和活动范围远及马格里布到埃及一带，覆

■ 贸易与扩张

盖了巴利阿里群岛、西西里岛、撒丁岛乃至希腊地区。到 1460 年阿拉贡的斐迪南（Ferdinand d'Aragon）与卡斯蒂利亚的伊莎贝拉（Isabelle de Castille）联姻之时，其活动范围依然大部分停留在地中海区域。

这两个仅凭姻亲联系在一起的王国各有特点，也有着非常不同的目标。两位共同信奉天主教的国王结盟，既没有把加泰罗尼亚人带往加那利群岛，也没有把他们带到美洲大陆。反而是波吉亚家族（Borgia）出身的红衣大主教们——卡利克斯特三世以及尤其是号称"地理大发现时代"教皇的亚历山大六世（Alexandre Ⅵ）——在他们的扩张和国际关系的历史上发挥了重要的作用。话说回来，这两个王国对彼此局势的相互影响还是很明显的。斐迪南与伊莎贝拉的联姻激起了他们与葡萄牙的一系列战争，最终通过签订《阿尔卡索瓦-托莱多条约》才得以解决。而地中海问题是阿拉贡王室所面临的一个问题。自从 1442 年阿拉贡的阿方索五世（Alphonse Ⅴ）以宽宏的阿方索一世（Alphonse Ⅰ）的名号登上那不勒斯王位后，这个问题就导致了阿拉贡王国与安茹及法兰西的冲突。而与热那亚的冲突在 15 世纪这位国王的治下也卷土重来：热那亚人一直把战争打到了巴塞罗那港，而阿方索五世则挥师攻到了利古里亚海岸。在取得蓬扎岛大捷（1435 年）后，加泰罗尼亚人一度占领了利古里亚地区的莱里奇市和韦内雷港。

克里斯托弗·哥伦布之所以不怎么受到信奉天主教的国王斐迪南乃至整个加泰罗尼亚-阿拉贡的圈子的欢迎，很可能是因为他曾经为安茹的勒内一世（René d'Anjou）效力过，而且与法兰西王室过从甚密，并自 1499 年以后在热那亚有相当大权力的菲耶斯基家族（Fieschi）保持着联系。

但这位海军上将还是得到了女王伊莎贝拉的青睐，而女王背后有着一支受到热那亚 28 家会馆中的 20 家支持的强大游说力量。热那亚人和佛罗伦萨人虽然人口比较少，但在葡萄牙和卡斯蒂利亚都很活跃，他们致力于突破纯地中海事务的局限并和伊比利亚半岛诸国一样争取到了罗马教廷的支持。事实上，从 15 世纪下半叶到 16 世纪上半叶，除了教皇亚历山大六世出身于巴伦西亚的波吉亚家族，教廷都是由出自热那亚和佛罗伦萨几大家族的教皇所领导的。而出身于威尼斯的教皇尤金四世以及西斯科特四世，虽然分别发动了"十字军东征"和奥特朗托战役，但都没有能够阻止突厥的扩张，反而连累威尼斯受到了惩罚，致使其在西欧的影响力较低。然而威尼斯也由此得以阻碍了葡萄牙向东方这块"香料"市场的扩张。

地中海的界限

早在13世纪末，也就是欧洲在荷兰人、法国人和英国人的引领下走向全球扩张，描绘出一幅新的政治经济蓝图的两个世纪之前，地中海沿岸的欧洲国家就为编织一张通往东方的全新路线网络做出了决定性的贡献。欧洲人走向大西洋的进程是深深植根于其过往历史之中的。在11世纪和12世纪的世纪之交，正当走向东地中海和东方的运动在欧洲蔚然成风之际，热那亚人和比萨人就已经来到了西地中海，他们的商人和海员成为第一批活跃于大西洋南北沿岸的人。在1110年—1111年，他们来到了圣地亚哥-德孔波斯特拉，应该城主教的请求为其建造舰船以抵御撒拉逊和诺曼海盗的袭扰。1147年，他们参与了攻打里斯本，并在那个时期来到了穆斯林控制的安达卢斯、塞维利亚和马拉加港。12世纪末他们在摩洛哥沿海的萨菲和萨莱的存在也已得到了证实。而到了随后一个世纪的晚期，这些地中海商人的船舰已经抵达了大西洋沿岸和佛兰德。

不过，尽管走向大西洋的进程已经启动，但大西洋依然被视作"暗黑大洋"（Mare Tenebrosum），是一片只有渔民才会前往的海域，其适合航行的路线只有被人称作"地中大西沿海区"的海岸航路，或沿大西洋南北纵向海岸线的航路。在15世纪末绘制的地图上依然标记着一些神话传说中的海岛，这反映出直到那时大西洋的一大部分依然是神秘未知的。腓尼基人所说的幸运群岛，还有传说中的圣布伦丹鲸鱼岛以及布拉西尔岛和安提利亚岛，都被标记在亚速尔群岛和设得兰群岛之间的位置上。当时的地图制图界和学者们都提出，古希腊航海家皮西亚斯（Pythéas）所到的最后一个图勒（Thulé，意为"大地终极"），即《圣经》中的庞特和俄斐岛，就是印度与非洲之间的塔普罗班（即锡兰，今斯里兰卡）。人间天堂的位于东方与西方之间的某处，而约翰长老的王国则位于东方，靠近埃塞俄比亚一带。毫无疑问，这些观念反映的都是中世纪从上古神话和《圣经》故事中承继的文化遗产和想象，但它们也向当时的人们昭示着还有新的现实世界在等待着他们去探索，还有新的时

■ 贸易与扩张

阿拉贡的阿方索五世

这位君主还有一个称号是宽宏的那不勒斯国王阿方索一世。他在地中海上多次取得了政治上和军事上的成功。这枚杜卡托金币上的图案就是骑在马上的这位国王。

代机遇在等待着他们去把握。这些虚构的地方之所以被想象出来，就是为了激发欧洲人的行动力和好奇心。而克里斯托弗·哥伦布在 1501 年那封著名的致天主教双王的信中就宣称，行动力和好奇心是航海者必备的固有品质。

在 13 世纪末，摆在航海家们面前的，有三条可选的路线。一方面，就是继续延伸人们日益了解的惯常的南北纵向航路，以寻找通向东方的通道。另一方面，就是朝着"大西地中海"岛屿的方向开辟新的横向航路，这些横向航路不久之后就将和非洲航路一起构成沿海三角航路的基础，并成为展开新的冒险的跳板。这些经验

加上越来越深入的直观认知和技术的快速发展，使欧洲人能够想象并积极地探寻通往印度的新路线。到了那个时代，海路就成了首选。此外，东地中海发生的变化以及巴尔干地区越来越麻烦的局势，迫使欧洲人必须更好地掌控西部的路线，并尽可能开辟新的线路。自由航行就成了当务之急。而扩大地中海的航行界限和控制连接地中海到大西洋的海峡，就成了备受关注的主题。并促使伊比利亚诸国王室积极地和意大利的商人们合作起来采取了一系列行动。

整个 13 世纪，意大利商人不断巩固自己在远西地区的存在。他们拥有的贸易站和他们享有的商业特权，

15 世纪的那不勒斯

上图系一幅名为《斯特罗齐木版画》（*Tavola Strozzi*）的木版油画，描绘了那不勒斯港以及左边的新堡和奥沃堡，据说是弗朗切斯科·罗塞利（Francesco Rosselli）1472 年的作品，表现的是阿拉贡舰队 1465 年取得伊斯基亚战役的胜利后凯旋（藏于意大利那不勒斯圣马蒂诺博物馆）。

▎贸易与扩张

使他们能够把各自的力量团结起来，投入到对通往（越来越难以经由传统路线到达的）东方的新路线的探索中去，于是他们朝着大西洋海岛、欧洲北部以及非洲海岸的方向，发起了一些具有决定意义的尝试。这些行动总体而言都极其复杂，要求对西欧的力量加以重新组织，目的是把已经证实有效的"十字军东征"模式、市场模式以及传教团模式应用到对新世界的征服中去，应用到新近征服的土地上去。马格里布地区、非洲西海岸地区和大西洋海岛地区由此进入了他们的视线，不过与此同时，他们也或多或少地把一部分注意力转向了埃及和东部非洲，因为他们觉得在那里虽然可能暗藏着更大的困难，但也可能存在着另一条通向东方世界的路线。

马格里布地区和非洲

马格里布的弱点，在于它是一个被多方势力瓜分的地区，这导致了它在政治上的脆弱。这是名著《穆卡迪马》（*Muqaddima*）的作者，曾在突尼斯、非斯和特莱姆森的宫廷里任职的伊本·赫勒敦（Ibn Khaldoun）在14世纪中叶发表的见解。马格里布是一个关键地区，是东方贸易的最终目的地，也是运送欧洲人所钟爱的黄金的非洲商队的最终目的地，还是通向大西洋的战略门户。它长期属于比萨和热那亚的势力范围，而比萨和热那亚则是那张连接着马格里布、马拉加、巴伦西亚、阿尔梅里亚和马略卡岛的贸易线路网的前哨。热那亚人很快就与摩洛哥及西地中海的伊斯兰政权达成了一些条约。因此，比萨人和热那亚人在休达、贝贾亚、突尼斯和特莱姆森都享有专属排他特权，并有自己的贸易场所、领事馆、官员和公证人员。

我们还知道，双语文献在那个时代已经不稀奇了。撰写了著名的《算法之书》（*Liber abbaci*）的数学家莱昂纳多·斐波那契（Leonardo Fibonacci）的父亲就是一位任职于突尼斯海关的比萨官员。热那亚国家档案馆还保存着公证员皮耶特罗·巴蒂福利奥（Pietro Battifoglio）1288年至1289年在突尼斯所使用的记事簿。上面记录着1179年在休达，一位热那亚商人与一位犹太商人之间发生了宗教性质的"争端"，而类似的问题在1276年的马略卡也出现过。在14世纪，巴尔迪家族、佩鲁奇家族以及阿奇亚奥里家族都在突尼斯开设了分号；而到了15世纪初（大概是在1421年），它们就和贝贾亚、阿尔及尔、奥兰、的黎波里以及突尼斯建立起了一系列商贸联系。因为马格里布既通向非洲大陆，也面向着大西洋。

当时的欧洲人对非洲的这片沿海地带已经了然，但他们传统上还是认为非洲大陆的其他地方是不适合人类居住的，这一点从13世纪末到14世纪初绘制的赫里福德地图中可见一斑，这幅地图依然重复了绘制于1240年左右的埃布斯托夫世界地图的固有模式。和所有基于T字或TO构图的地图一样，这两幅世界地图都刻意地把世界分成三大块，使其吻合诺亚三子分享大地的说法。TO地图表现的都是大地被海洋环绕，都使用一条竖线表示地中海。欧洲位于竖线的左边，而竖线右边则是形状不规则的非洲。横线的左边部分表示的是塔纳伊斯河（顿河），而右边部分代表着尼罗河。这条横线分隔了欧洲和亚洲，亚洲则被放在了横线之上的地图的最上端。

依循此类表现形式，在赫里福德地图上，以往被绘成一片炽热荒漠的非洲大陆变成了充满奇异的摇篮，在那片土地上居住着加拉曼特人、穴居人，还有风茄和守护着"帕索拉"黄金的巨蚁；那些巨蚁来自尼罗河以东的月亮山脉或俄斐黄金山，生活在那里的还有狮鹫、蝾螈和风茄。1448年正值欧洲人去往这些偏远角落展开探索旅行的旺盛期，方济各会修士安德烈亚斯·沃尔斯佩格（Andreas Walsperger）在他绘制的地球平面球形图中，按照托密勒构图法，把非洲画成了一块南端形似孔雀尾巴的不规则陆地，住着长着狐尾或羊头的人以及脸长在胸上的独脚怪兽。15世纪末的迭戈·戈麦斯（Diego Gomes）说，马里国王平时都是把马拴在一块20个汉子都搬不动的巨大金块上的。他还说尼罗河发源于摩洛哥的一个靠近赫斯珀里得斯圣园的湖泊。1492年，马丁·贝海姆的世界地图仍然把非洲南部描绘成一个奇幻之地。相反，克里斯托弗·哥伦布在1488年至1492年绘制的地图则已经相当精确了。比如，它明确标示出黄金或者说名为"auri tiberi"（源自阿拉伯语的"tiber"）的金粉，产自被克里斯托弗·哥伦布叫作"黄金岛"（Insula tiberi）的塞内加尔河上游河谷。实际上，由于葡萄牙人、热那亚人和加泰罗尼亚人的活动，早就有了一些有用的信息。曾于1291年至1330年担任热那亚圣马可阿尔莫洛教堂本堂神甫的乔瓦尼·达·卡里尼亚诺（Giovanni da Carignano），当然对此类传言亦有所耳闻，他还曾将教堂和相邻墓地的一部分出

■ 贸易与扩张

非洲大陆的"隐秘"文明

自古以来，世人对非洲的认识一直局限于它的地中海沿海地带，古代的腓尼基人、迦太基人以及古罗马人都是在那一带建造城市，后来中世纪的拜占庭人与阿拉伯人也是如此。而这块大陆的其他部分则一直被人们视为不适宜居住的地区，始终是个谜。

尽管古罗马人曾经深入非洲内陆去俘获奴隶、猎捕野兽，但千百年来这片广袤的土地一直都是令人陌生的秘境。不过，在15世纪，随着葡萄牙人开始沿着它的西海岸向南航行，这块环境不友善且充满令人不安的神奇事物的大陆，终于还是揭开了神秘的面纱。由此，外界终于与这块大陆内部一些已经达到相当高发展水平的文明，取得了初步接触。比如，因为黄金贸易而在1450年达到鼎盛的莫诺莫塔帕帝国，曾令葡萄牙人从1505年开始就对它垂涎不已，但直到1629年之前他们都没能令它臣服。它的首都大津巴布韦拥有撒哈拉以南最古老、最令人震撼的古迹。再比如埃塞俄比亚从4世纪起就是一个信仰基督教的王国，葡萄牙人认为那里就是传说中约翰长老的国度。

插图 右图为埃塞俄比亚拉利贝拉的圣乔治教堂，是于12世纪至13世纪在一块巨大的玄武岩上雕琢出来的；左图为安德烈亚斯·沃尔斯佩格的地球平面球形图（藏于梵蒂冈图书馆，罗马）。

租给商人们存放他们的帆船和航海剩余的物资。1306年，他以旁人提供的信息为素材编写了一个文本（已失传），写的是他与埃塞俄比亚人以及亚美尼亚人的对话。乔瓦尼·达·卡里尼亚诺还热衷于地图制图，他绘制过一幅地球平面球形图，正确地呈现了当时所知的非洲海岸以及地中海、波罗的海、黑海和亚速海沿岸的国家。图上还标着"戈佐拉"和"戈佐莱王国"的地名，指的是雅各布·多利亚（Jacopo Doria）报告的从热那亚出发，去

探寻通往印度之路的教士万迪诺（Vandino）和乌戈利诺·维瓦尔第（Ugolino Vivaldi）最后被人看到的地方。这幅地球平面球形图上标注的地名还有休达、萨莱、萨菲和摩加多尔；还有位于通向图瓦特和萨斯道路上的西吉尔马萨，曾有一个热那亚人在 1291 年带着关于图阿雷格部落的信息去过那里。根据伊本·阿比扎尔（Ibn Abi Zar）的记载，还有一个热那亚人在 1292 年来到了（位于梅利利亚以南的）塔祖塔，并向那里的埃米尔赠送了

■ 贸易与扩张

非洲，充满万千奇迹的新大陆

在开始征服和殖民美洲之前，非洲和亚洲也是欧洲人眼中神秘的土地。非洲因为有一部分长期受拜占庭帝国统治，所以被欧洲人认为比亚洲更近一些；而欧洲人得以深化对亚洲的认知，要归功于 13 世纪以来的传教士、商人和外交使者。随着葡萄牙展开探索远航，那种认为非洲是一块神奇而难以亲近，更无法进入的土地的固有印象渐渐烟消云散。

约翰·德·曼德维尔为了使其《世界奇观之书》显得真实可信，在第 19 章对埃塞俄比亚及其居民做描述时提及了"单足人"："那里有一些人只有一只脚，他们奔跑起来的样子特别奇妙；而且，他们的脚特别宽大，当他们向后躺下时，把腿抬起来就能遮住阳光，脚就像一把阳伞，它的阴影可以遮住整个身体。在这个国家，婴儿出生时头发是白色的，但随着他们的成长就会渐渐变成黑色。"从这段描述中不难发现，在中世纪欧洲人的心目中，传承自普林尼（Pline）等古罗马作者的神奇传说依然根深蒂固，所以他们仍要为非洲罩上一圈奇异而美妙的光环。其实在 14 世纪，也就是约翰·德·曼德维尔写作的时期，欧洲人已经和当时相当多的非洲国家建立了联系，或至少听说过它们，但他们还是忍不住要往事实里添加一些奇幻的元素。对于马里帝国亦是如此，尤其是对于其皇帝曼萨·穆萨。欧洲人说他拥有的财富堪比所罗门。他们还说，1326 年，曼萨·穆萨去麦加朝圣时携带了大量黄金逢人就送，由此造成的通货膨胀使北非市场陷入了长达 10 年的崩溃。这样的奇闻当然值得大肆渲染，所以亚伯拉罕·克雷斯克斯就在《加泰罗尼亚地图集》上绘画了这位马里皇帝手执一大块黄金的形象。

插图　1553 年巴蒂斯塔·阿格尼斯（Battista Agnese）的一幅地图上绘制的非洲（藏于意大利威尼斯的科雷尔博物馆）。

许多礼物，包括一棵金树，上面装饰着会唱歌的机械鸟。再往南，还有"帕洛拉"岛，位于一条被称作"黑人尼罗河"的大河入海口。类似的一些信息也出现在了热那亚地图制图师皮耶特罗·维斯康特绘制的地球平面球形图上，以及马略卡人安杰利诺·杜尔赛特（Angelino Dulcert，一说为安杰利诺·达洛尔托"Angelino Dalorto"）绘制的地图上。而且，后者的地图绘制的范围已经把诺恩角包括进去了。而威尼斯的皮齐加诺（Pizzigano）兄弟绘制的地球平面球形图则涵盖了"帕洛卢斯"河，他们认为那是一条发源于月亮山中湖泊的河流。

加泰罗尼亚人的地图，则标注了通布图等一些非洲内陆的转运站和从事黄金贸易的主要城市。它们也提到了主宰着黄金市场的马里国王和属于约翰长老的土地。葡萄牙人则已经开始在非洲地区开展探索之旅，加泰罗尼亚人海梅·费雷尔也已经进行了他的探险远征。在阿拉贡国王约翰一世（Jean Ⅰ）送给其堂兄法国国王查理六世（Charles Ⅵ）的，由马略卡地图制图师亚伯拉罕·克雷斯克斯于1375年至1377年完成的宏伟巨作《加泰罗尼亚地图集》里也明确地提到了这些探险。欧洲人对非洲地理的了解延伸到了博哈多尔角以南，尽管在他们对现实的认知里还掺杂着各种各样的想象，比如国王、贤士、神兽、舰船、建有高塔的城市和支着帐篷的原野等。而梅西亚·德·维拉德斯特斯（Mecia de Viladestes）和加布里埃尔·德·瓦尔塞卡（Gabriel de Vallseca）分别于1413年和1439年完成的马略卡地图，则进一步提供了更加确切的信息。

就在葡萄牙人继续沿着非洲海岸线航行之际，热那亚商人安东尼奥·马尔凡特，于1447年从阿尔及利亚特莱姆森城的霍奈因港出发抵达了图瓦特。热那亚人早就在摩洛哥的休达、艾西拉、非斯、马萨以及阿加迪尔以北20千米的塔尔库库等地拥有了自己的贸易站。

寻踪亚洲约翰长老

1290年，热那亚人为了能在尼罗河沿岸从事贸易，不得不遵守与东非谈判的条件，致使进入东非变得更加困难。尽管如此，非洲大陆的东部地区还是迎来了旅行者和传教士。他们中的许多人来到这里，都是为了探寻约翰长老。传说约翰长老既

> 贸易与扩张

是祭司又是国王,是正义的完美典范,也是一个和平美好的王国的君主。柏朗嘉宾、罗伯鲁、马可·波罗、孟高维诺、和德理以及儒尔丹修士都曾经提到过他。至于约翰长老的王国到底在什么位置,各种说法分歧巨大,而有关他的传说也从东方一直流传到埃塞俄比亚,所以葡萄牙人纷纷跑到那里去寻觅他的踪迹。克里斯托弗·哥伦布在前往美洲方向航行的过程中,更是把对这个王国的想象传播到了海外。虽然当时的欧洲人对埃塞俄比亚的国土形状还不甚清楚,但在乔瓦尼·达·卡里尼亚诺、皮耶特罗·维斯康特以及皮齐加诺兄弟绘制的地球平面球形图上,都以"阿比西尼亚"的名称标示了这个国家。

正如佛罗伦萨商人菲利斯·布兰卡奇(Felice Brancacci)的日记所证明的那样,欧洲人不断提升自己在非洲东部地区的存在。这位商人在 1422 年和自己的同胞卡洛·费德里吉(Carlo Federighi)一起被派往埃及,以寻求获得商业贸易特权。欧洲人在非洲东部地区的存在,还得到了有关皮耶特罗·隆布洛 [Pietro Rombulo,亦称皮耶特罗·纳波莱塔诺(Pietro Napoletano)] 的故事的佐证。这位来自墨西拿的航海家与外交家在埃塞俄比亚生活了整整 37 年,在那里娶了一位当地贵族的女儿为妻,生了 8 个孩子。皮耶特罗·隆布洛是贝里公爵 1432 年派往这个非洲国家使团的一员,还在 1450 年受埃塞俄比亚皇帝扎拉·雅库伯(Zara Yacoub)指派参加使团出使宽宏的阿方索一世。

关于皮耶特罗·隆布洛在埃塞俄比亚的经历,有两份文献可资证明。第一份是贝尔特朗东·德·拉·布罗基耶尔(Bertrandon de la Broquière)1432 年在佩拉撰写的。第二份则是皮耶特罗·兰扎诺主教(Pietro Ranzano)收集的,他用各种奇闻逸事对其加以丰富之后,将其收录进了他的《历代年鉴》(*Annales omnium temporum*)。

威尼斯人热切期望打开通往"香料"产地的新通道,所以一贯是探索埃塞俄比亚的大主角。证据有二:一是佛罗伦萨人安东尼奥·巴托利(Antonio Bartoli)作为代表"统领印度的"(dominus partium Indie)约翰长老的使臣于 1402 年来到了威尼斯;二是有一本佚名作者写的《从威尼斯到印度的旅行》(*Iter de Venetiis ad Indiam*)描述了一场发生于 14 世纪或 15 世纪的旅行,行程涵盖红海、阿斯马

拉、阿克苏姆以及约翰长老的阿姆哈拉冬宫直到其位于舍瓦的夏宫。

从这个角度上说，有必要指出教皇尤金四世发动的"十字军东征"，使埃及和埃塞俄比亚的科普特教会的代表，得以参加了佛罗伦萨全教大公会议，并在会议上介绍了他们各自国家的情况。此次大公会议制订了一项对这些地区展开访问的计划，由人文主义学者西里亚克·丹科纳（Cyriaque d'Ancône）整理成《行程安排》（Itinerarium）并于1441年10月18日呈交给了教皇。这一意愿后来得到了落实：1430年教廷任命阿尔贝托·贝尔迪尼·达·萨尔泰诺（Alberto Berdini da Sarteano）为负责印度、埃塞俄比亚、埃及以及耶路撒冷事务的专员，率领约40位教

阿克苏姆石碑

阿克苏姆王国是东非的一个贸易大国，其疆域一直延续到阿拉伯半岛，于10世纪消亡。这些建于公元前4世纪的巨大雕刻石碑见证了它往昔的辉煌。上图为已经坍塌破碎的一号石碑。

改写地图制绘史的僧侣弗拉·毛罗

历史上第一幅详细描述非洲的地图，是威尼斯人弗拉·毛罗于1459年在穆拉诺的圣米歇尔修道院绘制的。这幅地图也涵盖了欧洲和亚洲（也就是发现美洲之前全部已知的世界），并采纳了当时最新发现的地理信息，尤其是葡萄牙人提供的信息。这幅地图是应葡萄牙阿方索五世的请求绘制的，所以威尼斯太平共和国将其寄给了这位国王，还随附了一封信件，鼓励葡萄牙王国继续进行探索。虽然原件已失传，但我们今天还能看到弗拉·毛罗着手为威尼斯政府绘制的这张地图的副本，最终在其死后由其合作者安德里亚·比安科（Andrea Bianco）在1460年完成。右图中的世界地图是倒过来的，这是穆斯林地图的一个典型特征（藏于意大利威尼斯的马西亚纳国家图书馆）。

方位角罗盘 航海信息和仪器越精确，就越能获得制绘地图所需的数据。

埃布斯托夫世界地图 这幅制作于1283年的地图与赫里福德地图有很多相似之处：除了TO布局之外，还有把耶路撒冷置于中心位置，一共描绘了三块人类居住的大陆。由此可见，地图作者所关心的并非描绘地理事实，而是表现其信仰中的世界。所以德意志在这幅地图上就显得比例极度夸张了（藏于德国汉诺威省立博物馆）。

赫里福德世界地图 这幅地图制作于13世纪末或14世纪初。它把耶路撒冷置于中心位置，把天堂放在圆圈上方万能的基督之下。地图的其他部分描绘了当时已知的世界，包括第一次出现在地图上的法罗群岛。在埃布斯托夫地图和赫里福德地图上，根本看不到弗拉毛罗地图那种对地理精确度的追求。

士对埃塞俄比亚进行参访考察。这一行动还得到了其他一些方济各会修士的效仿，尤其是有一位修士于1470年从埃塞俄比亚返回，带回了关于尼罗河源头的信息，后来被威尼斯人亚历山德罗·佐尔齐（Alessandro Zorzi）采用。

1481年，尼格斯（埃塞俄比亚国王的称号——译者注）的神甫率领代表团来到罗马，请求圣地的宗教权威为埃塞俄比亚国王加冕。1482年1月，方济各会修士乔瓦尼·巴蒂斯塔·布罗奇·达·伊莫拉（Giovanni Battista Brocchi da Imola）和乔瓦尼·迪·卡拉布里亚（Giovanni di Calabria）一起从开罗出发踏上了长达11个月的行程，目的是前往舍瓦去帮助那里的"万王之王"（negusä nägäst）皈依天主教。他的探险队沿着尼罗河和红海海岸前行，一路经过了厄立特里亚、提格雷、泰克泽河以及阿姆哈拉。后来他在来到锡永修道院后，向保罗·德·卡内托（Paul de Caneto）讲述了他的历险。随后，意大利小修士弗朗切斯科·苏里亚诺（Francesco Suriano），将这篇文字收录进了他记录自己前往巴勒斯坦旅行的回忆录《新作耶路撒冷之旅》（Opera nova chiamata itinerario di Hierusalem）。乔瓦尼·巴蒂斯塔·布罗奇·达·伊莫拉告诉人们，无论是商人、工匠还是艺术家，只要是基督徒，在尼格斯的宫廷都会受到热情款待，比如，热那亚人乔瓦尼·菲斯基（Giovanni Fieschi）、威尼斯人让·达杜安（Jean d'Arduin）及其几位同胞、皮埃蒙特人马泰奥（Matteo）、那不勒斯人加布里耶尔（Gabriele），还有一个名叫菲利波·博尔戈尼奥纳（Filippo Borgognone）的，以及冈萨尔维·卡塔拉诺（Gonzalve Catalano）和利斯·德·贝鲁特（Lys de Beyrouth）都常住在尼格斯的宫廷里。在得知佛兰德人也是受欢迎的消息后，乔斯·范·吉斯特勒（Joos van Ghistele）便于1482年动身启程，但他经过两次失败的尝试后，最终还是没能抵达目的地。

这些新信息都被威尼斯教士弗拉·毛罗，用到了他于15世纪中叶绘制的世界地图中。通过这幅地图，这位当时最著名的宇宙志学家，展现了他对有关青尼罗河河道及其流域、阿瓦什河流域以及厄立特里亚的知识的熟练掌握。弗拉·毛罗还结合对非洲西部地区探险获得的信息，指出环绕非洲航行是可能的。确实，当时欧洲的航海家们正在非洲西部海域反复进行尝试，后来终于成功地绕过了风暴角（即好望角），进入了印度洋。

从马格里布到阿尔加维

伊斯兰在马格里布地区和伊比利亚半岛的存在颇令欧洲人纠结：它们在地理上是与西欧相邻的天然伙伴，但它们依然是西欧必须与之战斗的敌人。不过，战斗的"热点"地带并不在西地中海区域，而在地中海的东部地区。西地中海区域一直是一个贸易密集地区。就经济和航运而言，安达卢斯和阿尔加维都是具有战略意义的地区。尤其是面向大西洋的阿尔加维，它和安达卢斯一样，汇聚了阿拉伯人和犹太人带来的科学知识。而安达卢斯则确立了作为穆斯林大帝国贸易终点站的地位：棉花、甘蔗、柑橘、棕榈、石榴、染料作物、香料、藏红花、茜草和非洲的黄金不断地涌向它的海岸。塞维利亚和加的斯是卡斯蒂利亚王室控制的，而马拉加港直到1487年都在格拉纳达王国的手中。格拉纳达要到1492年才臣服于天主教双王。据历史记载，征服休达的航海家恩里克王子（Henri le Navigateur）曾在阿尔加维的萨格里什，创建了一所培养地图制图师、天文学家和海事专家的学校。

法国王室和加泰罗尼亚-阿拉贡王室都对这个地区格外感兴趣。1269年，法国国王路易九世发起了对突尼斯的"十字军东征"，而阿拉贡的海梅一世与摩洛哥签署了条约，把注意力集中到了东马格里布地区，并任命了驻突尼斯和贝贾亚以及整个柏柏尔地区的领事。1291年，穆斯林夺取了阿克拉，而阿拉贡的海梅二世（Jacques Ⅱ）和卡斯蒂利亚的桑乔四世（Sanche Ⅳ）着手瓜分特莱姆森以西穆卢亚河的势力范围。还是在1291年，热那亚人贝内代托·扎卡利亚被任命为卡斯蒂利亚的海军元帅，而和他沾亲带故的维瓦尔第家族（Vivaldi）则从热那亚出发通过大西洋航路前往印度。13世纪中叶，热那亚已经在边境之地的塞维利亚、科尔多瓦、加的斯，以及穆斯林城市格拉纳达和马拉加建立了霸权。在两条战线上同时行动的热那亚人在格拉纳达一直待到了1492年。里斯本和塞维利亚同样欢迎其他意大利人的到来，特别是主要从事贸易活动的佛罗伦萨人。热那亚人与其他意大利人不同，他们还参与到了卡斯蒂利亚王室的海上军事行动中，装饰塞维利亚城堡的海军将领徽章即是明证。所以说，在克里斯托弗·哥伦布展开远航之前，热那亚的海军将领早就和卡斯蒂利亚王室开始密切合作了。

1291年，贝内代托·扎卡利亚受国王桑乔四世之命，率军进攻控制着桥头堡塔

■ 贸易与扩张

航海家恩里克与萨格里什学校

虽然航海家恩里克王子从未登上过王位，但他发起了一系列伟大的探索，推动了葡萄牙朝着崛起为世界性大帝国的方向迈进。

恩里克王子是阿维什王朝创建者若昂一世的儿子、杜阿尔特一世（Édouard Ⅰ）的兄弟，是葡萄牙转向大西洋的倡导者。葡萄牙王国的确拥有悠久的航海传统，但推动其发起一系列探险远征、拓展已知世界边界的关键人物就是恩里克王子。据历史记载，恩里克王子在葡萄牙西南端的萨格里什建立了自己的大本营，招募了许多当时一流的船东、航海家和地图制绘师，其中就有马略卡人耶胡达·克雷斯克斯，就这样创立了萨格里什学校。在恩里克王子的领导下，葡萄牙的舰船于1420年发现了马德拉群岛，于1427年发现了亚速尔群岛，并于1434年绕过了非洲大陆最西端的博哈多尔角。

插图 右图为努诺·贡萨尔维斯（Nuno Gonçalves）创作的《圣徒文森特的多联画》（Polyptique de saint Vincent，藏于葡萄牙里斯本国立安提加艺术博物馆）的局部。画中立于圣徒文森特身旁的祈祷者就是航海家恩里克王子；后页图为恩里克王子的方位标风玫瑰，位于萨格里什堡要塞（阿尔加维）古城墙内。

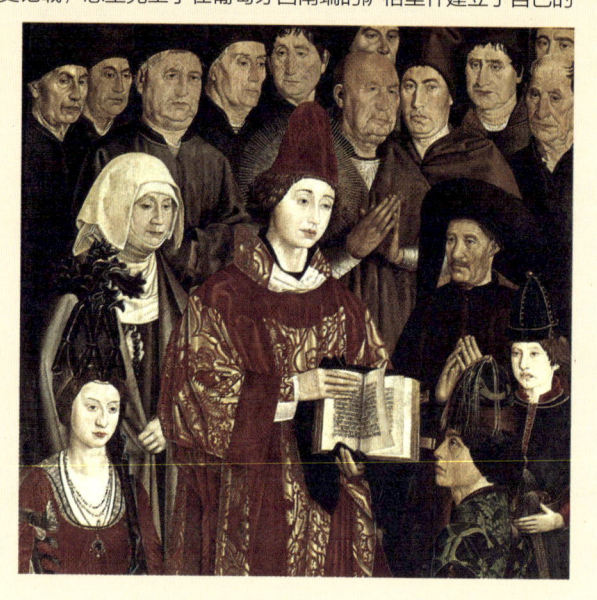

里法和阿尔赫西拉斯的摩洛哥。贝内代托·扎卡利亚召集了5艘配备当地人员的战舰，另外还有7艘战舰配备的是他兄弟曼纽埃尔（Manuele）从利古里亚的庞能（他在那里拥有几处封地）招募的人员。通过和卡斯蒂利亚国王的合作，他每个月都有6000皮斯托尔的收入，还得到了加的斯城的圣玛丽亚港作为世袭封地，条件是他承诺要在未来有一艘战舰专门保卫塞维利亚和加的斯。这和之前拜占庭皇帝把小亚细亚的福西亚赐给他当封地是一样的。这样

一来，贝内代托·扎卡利亚及其同伙，就把这样一个对于日后保障其船舶自由航行和巩固热那亚在加的斯的贸易站都非常重要，并且对于监控直布罗陀海峡和连通大西洋海岛及非洲海岸，都必不可少的地区掌握在了自己手中。贝内代托·扎卡利亚有着丰富的封锁战和海盗战的经验，他决定为每艘战船都增加2~3名划桨手，这样笨重的热那亚战舰就能在速度上与摩洛哥的战船匹敌了。

　　这场战争行动从1291年8月进行至1292年12月，

贸易与扩张

以取得马扎莫萨大捷告终，而贝内代托·扎卡利亚凭借这一胜利晋升成为海军大元帅。就是在那时，卡斯蒂利亚的桑乔四世和阿拉贡的海梅二世签订了《穆卢亚河协定》，于是加泰罗尼亚经验丰富的海员和指挥官，也加入到了威尼斯、加利西亚和卡斯蒂利亚海军的队伍中来。对于热那亚人贝内代托·扎卡利亚来说，1291年的塔里法战役就是他建立新功和谋求新职的契机。不过，到了1294年夏天，他与卡斯蒂利亚王室的关系中断了，原因可能是他与加泰罗尼亚人发生了冲突。另一方面，法国国王腓力四世当时可能派人与他协商，因为法国需要他帮助抗击英国人。当时的欧洲各王国，除阿拉贡和英格兰之外，都经常请求热那亚支援舰船、士官和将领。

来自热那亚的海军将领是航海界的一道独特的风景线。"amiral"（海军元帅）一词出现于12世纪的地中海地区。海军元帅这一头衔来自阿拉伯语的"埃米尔"，所以首先他是一位"统帅"，但并不一定是熟悉海洋的人。在中世纪，欧洲各王国经常把这一头衔及相应的特权和俸禄，授予一些可能与航海事业毫不相干的贵族成员。而热那亚的海军将领们都有自己的战船、自己的海员；他们与各王国签订期限不一的合作协议，获得非常优厚的报酬；他们以及他们的手下、他们的专家、他们的战船和他们的薪水，一起形成了实力不容小觑的力量。热那亚人自古以来就习惯了在第勒尼安海的海岛之间作战，是公认的极其擅长海战的族群。13世纪，拥有重要战略岛屿马耳他岛伯爵爵位的恩里科·佩斯卡托雷·德·卡斯特罗（Enrico Pescatore de Castro），就是一位与神圣罗马帝国皇帝腓特烈二世合作的海军将领。路易九世（圣路易）发动"十字军东征"，也得到了两位热那亚海军将领雅各布·达·莱万托（Jacopo da Levanto）和乌戈·勒卡里（Ugo Lercari）的响应，他们都自带战船参战。而卡斯蒂利亚王室则招募了乌戈·文托（Ugo Vento），但此人与贝内代托·扎卡利亚不同，最终并未宣誓效忠。贝内代托·扎卡利亚后来成为法国王室的海军元帅，直到被雷尼尔·格里马尔迪和查理·格里马尔迪（Charles Grimaldi）取代。卡斯蒂利亚则是用吉尔斯·博卡内格拉（Gilles Boccanegra）来接替了贝内代托·扎卡利亚。吉尔斯·博卡内格拉是英国人所痛恨的"黑胡子"、热那亚第一任督治西蒙纳（Simone）的兄弟，获得过帕尔马德尔瑞奥的封地，后来那块封地被其子安布罗斯（Ambroise）继承。1342年，吉尔斯·博卡内格拉和兰萨罗托·佩

热那亚共和国在地中海的势力

中世纪，在与威尼斯争夺地中海霸权的对抗中，热那亚凭借其庞大的私人舰队，以及其在地中海沿岸各地建立了众多贸易站的商业银行家寡头而胜出。

在通过1284年的梅洛里亚岛战役解决了比萨之后，热那亚崛起为与威尼斯不相上下的欧洲海洋强国。它的船舶向东可以一直航行到亚历山大至君士坦丁堡一带，甚至可以航行到当时处于鞑靼人控制的克里米亚。向西，它的舰队可以绕过巴利阿里群岛，一直航行到英格兰和佛兰德沿海。热那亚人在各地建立了众多贸易站，并组成了许多能够影响当地政坛的游说团队。他们之所以强大，在于他们善于适应中世纪末期出现的各种进步。无论哪里出现了什么具备高度投机价值的产品，还是哪里有人要进行探险远征航行，或者哪个欧洲王室需要什么服务，抑或是银行体系的巩固发展，这些事情无一逃得了热那亚的控制，所以它才能在16世纪成为欧洲的经济强国。

插图 克里米亚沿海苏尔达亚（今苏达克）的热那亚城堡（建于14世纪至15世纪）。

萨尼奥（Lanzarotto Pessagno）指挥舰队攻克了阿尔赫西拉斯。兰萨罗托·佩萨尼奥是1317年开创葡萄牙海军时代的热那亚人埃马努埃莱（Emanuele）的儿子和爵位继承人。

多利亚家族（Doria）也出了多位海军将领，如：参加过1284年梅洛里亚岛战役的科拉多（Corrado）、1298年在库尔佐拉战役中击败了威尼斯人的朗巴（Lamba），还有担任匈牙利王室海军元帅的西蒙纳·多利亚（Simone Doria）。不过，这个家族里最为出名的，当数安德里亚·多利亚（Andrea Doria），他在为法国王室效力后，和热那亚一起转投到了西班牙国王查理五世和菲利普二世（Philippe Ⅱ）的门下。

1317年，葡萄牙国王丹尼斯任命埃马努埃莱·佩萨尼奥（Emanuele Pessagno）为葡萄牙王国海军元帅，这充分体现了热那亚海军将领的重要性。而这种悠久的传统，也是卡斯蒂利亚王室与克里斯托弗·哥伦布能够达成协议的根源所在。

葡萄牙海军舰队的创建

1291年5月，乌戈利诺·维瓦尔第和万迪诺·维瓦尔第两兄弟抱着赚一笔的愿望，和两位方济各会修士一起登上由泰迪西奥·多利亚（Tedisio Doria）武装的喜悦号和圣安东尼奥号双桅帆桨船离开热那亚港，前往印度某处。当时，维瓦尔第家族来到安达卢斯、阿尔加维以及里斯本已经至少有一个世纪了。两兄弟是在热那亚商船于1277年成功抵达佛兰德的几年后就开始计划此次航行的。据热那亚官方史官雅各布·多利亚所述，这支探险队在加那利群岛一带的某处失去了踪迹，再也没有人听到过他们的音信。雅各布·多利亚觉得这个事件很不寻常，就把它记录到热那亚城的年鉴里。不过，很多年以后，安东尼奥托·乌索·迪·马雷在冈比亚河入海口遇到了这些航海家的一个后代。

任何到大西洋里冒险的航海家都必须克服信风的障碍。信风不断地从东北吹向东南，只对博哈多尔角之前的航程是有利的。航海家们需要克服的，还有大西洋里一系列的洋流，包括北赤道暖流和加那利寒流，它们也会使航行操作变得复杂。在许多历史地理学文献中，维瓦尔第兄弟的这次远航被视作欧洲人为开辟新航路而进行的第一次海上创举。不久之后，在随后一个世纪的上半叶，欧洲人又进行了数次

to ilpredicto duga quelli che prima lui aueano electo siritenero
omando il figluolo del duga dangio Re luyze suo figluolo ilquale
ncora lacizona no a presa et sempre combacteriço colli amici de Re
alao e col papa urbano. Chome cordiali nimici intanto che tucto
eame dinapoli eguasto edisfacto : Chome naque discordia tra

Sevoua evinegia

Istra questo tempo naque discordia tra ilse dirimegia cosuoi
seguaci dalluna parte. Else digenoua insieme col signore dip
adoua elloro seguaci dallaltra parte. Jnella quale guerra molti

热那亚的海军力量

在 13 世纪至 15 世纪，热那亚舰队及其海军将领的实力是左右地中海军事平衡的决定因素。上图为卢卡人乔瓦尼·塞尔坎比（Giovanni Sercambi）所著《编年史》（*Croniche*）中的细密画插图，描绘的是热那亚与威尼斯为争夺地中海海上霸权而发生的基奥贾海战（1376 年—1381 年）的一幕（藏于意大利卢卡国家档案馆）。

横渡大西洋的新尝试，每一次尝试的方向都有所不同但互为补充。这类航行大多源于葡萄牙国王丹尼斯与他的热那亚海军元帅埃马努埃莱·佩萨尼奥，在 1317 年达成的合作协议。丹尼斯国王要求后者在里斯本常备 20 名"熟谙大海"的人员。同样，这段"海洋探索"史确切的起始日期应该就是 1317 年 2 月 1 日。在那一天，"承上帝恩典，葡萄牙与阿尔加维国王唐·丹尼斯（Dom Dinis）"授予埃马努埃莱·佩萨尼奥以王国海军元帅之职衔，该职衔可由其合法长子世袭。此外，丹尼斯国王还把里斯本的采石场永久赐予埃马努埃莱·佩萨尼奥（那里原先是犹太人的街区，从那以后就被叫作"海军元帅街区"），外加每

■ 贸易与扩张

剑指新世界的庞大舰队

早在航海家恩里克王子发起大规模的探险远征之前，葡萄牙王国就在热那亚人的帮助下建立了一支庞大的舰队，表现出了对大西洋的兴趣。

1317年，国王丹尼斯将葡萄牙海军元帅的头衔授予了埃马努埃莱·佩萨尼奥。他指示后者创建一支舰队以便与卡斯蒂利亚作战，并组织对休达的远征，因为那里的海盗常常袭扰阿尔加维。整整五代人的时间里，这支葡萄牙海军都是由热那亚的佩萨尼奥家族（Pessagno）成员统率的。当然，为葡萄牙服务的热那亚人并非只有佩萨尼奥家族。在航海家恩里克王子的时代，热那亚人安东尼奥·达·诺利就为葡萄牙发现了佛得角的一些岛屿以及冈比亚河。有了这样的先例，也就不难理解另一位热那亚人克里斯托弗·哥伦布，为什么会首先把自己经大西洋前往印度的计划呈交给葡萄牙王室了。

插图 出自1565年出版的《利苏尔特·德·阿布雷乌之书》（*Livro de Lisuarte de Abreu*，藏于美国纽约摩根图书馆和博物馆），描绘了葡萄牙舰队在阿拉伯沿海与赛迪·阿里·雷斯（Seydi Ali Reis）指挥的奥斯曼舰队战斗的场景。

葡萄牙的舰船

上面一幅图出自萨格里什的一块珐琅瓷砖（藏于葡萄牙里斯本海军博物馆），描绘的是一艘葡萄牙圆形方帆大帆船；下面一幅图描绘的则是首位葡属印度群岛总督弗朗西斯科·德·阿尔梅达（Francisco de Almeida）舰队的一艘卡拉维尔帆船。

年从王室在弗里拉斯、乌尼奥斯、萨卡文和卡马拉特的领地收入中，支出3000葡萄牙镑作为海军元帅的俸禄，按季度发放给他。

埃马努埃莱·佩萨尼奥则宣布自己是葡萄牙国王的附庸。在以忠诚向福音书宣誓之后，他承诺无论何处何人反对，无论反对者是基督徒还是撒拉逊人，他都要为国王效劳。他保证自己将向国王提供建议，并将保守国王的秘密。在海上，他的舰队的航行必须是为国王服务的，每次必须至少调动3艘双桅帆桨船；

在陆地上，他理应伴随在国王及其军队左右。他还以自己及未来所有海军元帅职衔继承人的名义承诺，担任海军元帅者必须是成年人，海军元帅身边必须随时配备 20 名"熟谙大海"的威尼斯人。而这 20 个人必须时刻准备承担"舰长"和"舰员"的职责，并在国王需要时在舰上忠诚地为国王服务。其余时间，埃马努埃莱·佩萨尼奥及其继任者，可以支配这些人员去从事其自己的贸易活动，可以把他们派往佛兰德、热那亚或任何其他地方，但在国王需要他们时必须把他们召回。按照规定，每位在役舰长每个月可以领取 12 镑半的薪资以及一些水和饼干。

如果这些人员中有人逃跑或死亡，海军元帅必须招募其他"熟谙大海"者，以确保总人数恒定不变。对于从宗教敌人或葡萄牙国家的敌人那里缴获的战利品，除舰船本身以及武器和航海工具以外，海军元帅都有权抽取五分之一。而对于俘获的撒拉逊人，他们的命运必须完全交由王室来决定，但每俘虏一个撒拉逊人，海军元帅都可以领取 20 葡萄牙镑；无论在陆上还是在海上，海军元帅对自己所有的手下人员均有裁决和管理的权力，其手下人员必须像效忠于国王一样效忠于他。从战舰配备武装始到解除武装止，这种效忠原则也适用于各舰舰长。国王委派的驻舰文职人员必须记录舰上发生的所有事件的细节，以便为双方提供保障。海军元帅若没有合法的世俗继承人，其获得的所有收益都必须归还给王室。

其他条款则规定，海员必须服从海军元帅，否则将遭受"剥夺身家性命"之惩罚。海军元帅及其继承者则必须永远欢迎国王及其随从并保护他们的安全，必须按照国王的命令宣布战争或谋求和平。而国王则保留对可能发现的金属矿藏的用益权，保留在法兰西—德意志地区开展的国际贸易中提取十分之一收益的权力作为补偿，海军元帅享有从捕鱼等其他原先属于王室权力的业务中获取的全部收益。另外，埃马努埃莱·佩萨尼奥还得到了里斯本附近阿尔及斯的王室领地。葡萄牙为这次正式授衔举行了一场仪式：国王把一枚戒指戴在海军元帅的右手上，接着用左手挥舞一面皇家军队旗帜，然后交给他一柄短剑。相应地，埃马努埃莱·佩萨尼奥宣誓向葡萄牙国王效忠。埃马努埃莱·佩萨尼奥家族为葡萄牙王室一直服务到了 1484 年 6 月 10 日，之后还继续向该国君主提供支援。热那亚人和葡萄牙人在地中海的合作也很活跃。比如我们都知道，葡萄牙航海家巴托洛缪·迪亚斯（Bartolomeu Dias）就曾经于 1478 年在热那亚的大市场上购买过一个女奴。

幸运群岛

有一些人认为加那利群岛是在 1312 年被发现的，不过它们更可能是发现于 1338 年或 1339 年，因为这片群岛在那时出现在了马略卡人安杰利诺·杜尔塞特（Angelino Dulcert）的一张航海图上，他还把一面热那亚的旗帜插在了其中的兰萨

关切人，加那利群岛的原住民

14 世纪，第一批欧洲探险家在幸运群岛（今加那利群岛）登陆后，发现了居住在那里的关切人。15 世纪后，随着西班牙征服者的到来，这个源于柏柏尔人的民族遭到了屠杀，其文化也被人遗忘。

虽然"关切人"（Guanches）一词可以泛指加那利群岛所有的原住民，但从狭义上说，它指的是特内里费岛上原来的住民。而其他岛屿上的原住民分别是：大加那利岛上的加那利人（Canarii）、耶罗岛上的宾巴切人（Bimbaches）、拉帕尔马岛上的贝纳霍里塔人（Benahoritas）、戈梅拉岛上的戈梅罗人（Gomeros）以及兰萨罗特岛和富埃特文图拉岛上的马霍人（Majos）。如果说他们都是柏柏尔人的后裔，但历史学家们对于他们是如何从北非来到加那利群岛的问题存在争议，因为柏柏尔人不懂航海。根据流行最广的假说，这些住民是分两个阶段来到这些岛屿上的：一个阶段是在公元前 5 世纪，另一个阶段则是在纪元初期；这些关切人大概是乘坐着古代腓尼基人、迦太基人或古罗马人的船舶来到这些海岛上的。无论如何，第一批到来的欧洲人发现这些关切人的经济主要以畜牧养殖为基础，而各岛的发展水平及社会政治结构都大不相同。比如，兰萨罗特岛和大加那利岛上的住民会用石头搭垒房屋、建造村庄，而其他岛屿的住民则住在山洞或熔岩隧道里。

插图 源自加那利人文化的偶像塔拉（藏于大加那利岛拉帕尔马市的加那利博物馆）。

罗特岛上。这座岛屿得名自它的"发现者"和统治者热那亚人兰斯洛托·马洛塞洛（Lancelotto Malocello，亦作 Lancelot Maloisel），他是一位商人、地主，还拥有数艘船舰。

在兰斯洛托·马洛塞洛之行的几年后，热那亚人尼科洛索·达·雷科（Niccoloso da Recco）和佛罗伦萨人安吉利诺·德尔·泰吉亚·德·科尔比齐（Angiolino del Tegghia de Corbizzi），于 1341 年从里斯本出发前往加那利海域里的这片群岛。这场远航因被乔万尼·薄伽丘记载到其著作《来自西班牙那一边发现的新海洋上的加那利群岛及其他岛屿》（De

■ 贸易与扩张

Canaris et reliquis insulis ultra Hispaniam in oceano noviter repertis）而留名青史。在那篇著作里还第一次提到了该群岛上的土著居民——关切人。加那利群岛因其战略位置，立即成为葡萄牙和卡斯蒂利亚争夺的对象，导致了这两个王国之间的冲突一直持续到了 1479 年。

路易·德·拉·塞尔达（Louis de la Cerda，即"西班牙的路易"）是卡斯蒂利亚王国阿方索十世（Alphonse X）的曾孙，也是法兰西王国路易九世的曾外孙。他在 1344 年被教皇克雷芒六世（Clément VI）封为幸运群岛亲王。1402 年，诺曼底人让·德·贝当古（Jean de Béthencourt）率领探险队从拉罗谢尔出发去征服这些岛屿。回到加的斯后，让·德·贝当古取得了卡斯蒂利亚王国的支持，授予他在其所征服的这些岛屿上全部的权力。葡萄牙人想要夺回它们，但他们所有的努力都以失败告终。于是，双方的冲突就这样持续地发生着，而葡萄牙人就借着这些冲突掳掠这些海岛上的居民为奴隶。教皇尤金四世虽然在 1436 年至 1442 年多次谴责这种强迫皈依天主教的人为奴的做法，但他也积极地回应了葡萄牙王国的请求：葡萄牙王国希望教宗将其行动定性为十字军征伐，否则就不惜将任何死硬顽抗者贬为奴隶。

加那利群岛的问题通过两国签订《阿尔卡索瓦斯-托莱多条约（1479 年—1480 年）》得以最终解决，该条约把这片群岛划给了卡斯蒂利亚人。1492 年，加利西亚人阿隆索·费尔南德斯·德·卢戈（Alonso Fernández de Lugo）领导开展了一系列殖民行动。为其行动提供资金资助的，有热那亚人弗朗西斯科·德·里瓦罗洛（Francesco de Rivarolo，亦作 Francisco de Riberol），此人后来把自己获得的土地用于种植甘蔗和专营染料；还有佛罗伦萨人吉亚诺托·贝拉尔迪（Giannotto Berardi），此人大概是当时在安达卢西亚经商的佛罗伦萨人中最大的一户。吉亚诺托·贝拉尔迪从事的是黄金贸易和奴隶贸易，是克里斯托弗·哥伦布最初几次航行的组织者，也是其兄弟巴托洛梅奥（Bartolomé）的航行及从伊斯帕尼奥拉出发的商贸运输的组织者。

和热那亚的弗朗切斯科·多利亚（Francesco Doria）、弗朗切斯科·卡塔内奥（Francesco Cattaneo）、加斯帕雷·斯宾诺拉（Gaspare Spinola）以及佛罗伦萨

的吉亚诺托·贝拉尔迪一样，弗朗西斯科·德·里瓦罗洛也对航海进行投资。而他的兄弟，科西莫·德·里瓦罗洛（Cosme de Rivarolo）则热衷于从加的斯和加那利群岛出发的蔗糖和奴隶贸易。对于热那亚的许多名门望族，特别是对于掌控着希俄斯海域的朱斯蒂尼亚尼家族（Giustiniani）的成员们来说，加那利的海岛成为他们开展经营活动的中心。

征服加那利群岛

加那利画家古梅尔辛多·罗贝纳（Gumersindo Robayna）于1860年创作的油画，描绘的是建立特内里费岛圣克鲁斯市的情景（藏于特内里费岛圣克鲁斯市立美术博物馆）。位于画面中心的人物是阿隆索·费尔南德斯·德·卢戈（Alonso Fernández de Lugo），他于1494年5月3日把十字架插在了该岛上，并以自己的名字命名了这座城市。

贝伦塔

该塔建造于 1515 年至 1521 年，扼守着塔霍河口和里斯本城，已经成为葡萄牙民族航海使命的象征。

插图（右侧） 天主教女王伊莎贝拉的首饰盒（藏于格拉纳达皇家礼拜堂）。

葡萄牙与卡斯蒂利亚

在中世纪晚期，葡萄牙和卡斯蒂利亚这两个君主国，为国际关系发展带来了最大的关键驱动力。葡萄牙王国重点在两条线路上开展行动，一条面向大西洋里的海岛，而另一条则以印度为目标。《阿尔卡索瓦斯-托莱多条约（1479年—1480年）》把加那利群岛划归卡斯蒂利亚，解决了加那利群岛问题，是两国瓜分世界的初次尝试。

在最初几次航行到幸运群岛之后，就要等到1385年若昂一世（Jean Ⅰ）经过惨烈的战争登上王位、葡萄牙进入阿维什王朝之后，欧洲人方才取得了一些新的发现。1415年攻占休达被视为航海家恩里克王子所资助的一系列面向大西洋的新行动的起点。航海家恩里克王子是若昂一世和菲莉琶·德·兰开斯特（Philippa de Lancastre）的第三个儿子，是一位复杂的人物。在他身上，还保留

> 葡萄牙与卡斯蒂利亚

着些微十字军的色彩，同时又交织着商业贸易的利益和文化方面的雄心。传统上认为，确实是恩里克王子在圣文森角附近的城市萨格里什，建立了一所专研天文学、地图制图学和航海学的中心，荟萃了那个时代这些领域最有实力的专家。所以，当时的葡萄牙是一个交汇了各种政治、经济和学术利益的"大熔炉"。恩里克王子从1416年起担任基督骑士团（该骑士团在圣殿骑士团解散后接收了其财产）的财产管理人，是葡萄牙一项关键的扩张计划的发起者。通过该项计划的一系列举措，葡萄牙人和热那亚人在各种行动领域以及文献起草方面进行了频繁的合作。葡萄牙人恪守"保密政策"，只将自己掌握的信息告知本国的历史学家，并且只记录在官方文献之中。而热那亚人都是很有城府的商人，我们现在能看到的他们对于当时历史的记录，主要是他们写给自己亲朋好友的书信，当然那些亲友一定也是参与了相关行动的投资者。

葡萄牙率先扩张

在征服休达之后，随即迎来了一个航海兴盛期。这波时代大潮向着两个方向涌动：非洲海岸线和大西洋海岛。1418年，若昂·贡萨尔维斯·扎尔科（João Gonçalves Zarco）和特里斯唐·瓦兹·特谢拉（Tristão Vaz Teixeira）到达圣港岛；1420年，特里斯唐·瓦兹·特谢拉和巴尔托洛梅乌·佩雷斯特雷洛（Bartolomeu Perestrelo）登陆马德拉群岛。1446年，巴尔托洛梅乌·佩雷斯特雷洛成了圣港岛都督。他的第四任妻子出身于葡萄牙贵族莫尼兹家族（Moniz），在阿尔加维拥有一些用于种植甘蔗的土地。他的一个女儿菲丽帕（Philippa）后来嫁给了克里斯托弗·哥伦布。

葡萄牙人在加那利群岛所遭受的挫折，从他们获得的新的岛屿得到了弥补。1440年，特里斯唐·瓦兹·特谢拉成了马德拉群岛的马希库岛的都督，而若昂·贡萨尔维斯·扎尔科则被任命为丰沙尔岛都督。特里斯唐·瓦兹·特谢拉有一个名叫若旺（João）的热那亚女婿在阿尔加维种甘蔗。热那亚人把马德拉群岛纳入了他们的商业网络，在那里建立了一系列制糖厂，从而垄断了蔗糖市场。卡塔内奥、詹蒂尔、洛梅利尼、安东尼奥托·乌索·迪·马雷和迪·内格罗也都来到了马德拉群岛。1478 年，已在里斯本安顿下来的克里斯托弗·哥伦布前往葡属群岛，从那里为迪·内格罗家族和琴图寥内家族的投资人运回了一批蔗糖。阿多诺家族成员是马德拉群岛各制糖厂的主要所有者，而洛梅利尼家族的多位成员垄断了葡萄牙的软木贸易，后来还夺得了塔巴尔卡岛珊瑚的垄断权。和卡萨纳家族（Cassana）一样，所有这些家族未来都会登陆美洲。卡萨纳家族有一个成员在特内里费岛为官，还有一个成员则掌控着特塞拉岛。与此同时，葡萄牙人在非洲方向的路线也取得了进展，他们在非洲几乎每到一处都会立起一座王室图纹柱（象征葡萄牙主权的石柱），而且一有机会就会建立一个贸易站。

　　航海活动的加强也是获取新知识的机会。在航海领域，人们发现了大洋环流，这对于横渡大洋有着决定意义，被航海家们用来避开平静的赤道无风带。1426 年，贡萨洛·韦柳·卡布拉尔（Gonçalo Velho Cabral）越过了诺恩角。1427 年，迪奥戈·德·西尔维斯（Diogo de Silves）望见了亚速尔群岛。1434 年，吉尔·伊恩斯（Gil Eanes）和阿丰索·贡

葡萄牙面向大西洋的第一波扩张

1415年

若昂一世　征服休达。

1419年—1420年

若昂·贡萨尔维斯·扎尔科和特里斯唐·瓦兹·特谢拉　发现马德拉岛。

1427年

迪奥戈·德·西尔维斯　发现亚速尔群岛。

1434年

吉尔·伊恩斯　绕过博哈多尔角。

1441年

安唐·贡萨尔维斯和努诺·特里斯唐　到达布朗角。

1443年

努诺·特里斯唐　到达阿尔金湾。

1444年

努诺·特里斯唐　到达塞内加尔河入海口。

1446年

阿尔瓦罗·费尔南德斯　到达几内亚比绍北部。

1455年

阿尔维斯·卡达·莫斯托　探索冈比亚河。

1472年

鲁伊·德·塞凯拉　到达贝宁。

1482年—1486年

迪奥戈·卡姆　到达刚果河入海口和今天的纳米比亚。

1487年—1488年

巴托洛缪·迪亚斯　绕过好望角。

1498年

瓦斯科·达·伽马　到达印度的卡里卡特。

■ 葡萄牙与卡斯蒂利亚

地图制绘取得大突破

始于 14 世纪初的葡萄牙向大西洋的大扩张，彻底改变了人们对世界的认识，其影响也很快波及了地图制绘领域。

大约在 1504 年，热那亚人尼科洛·卡维里（Niccolò Caveri）绘制了一幅反映欧洲人 1502 年对世界认知的地图，其中融入了西班牙征服者最新提供的信息。他是从参加过最早的七次美洲航行的地图制绘师胡安·德·拉·科萨（Juan de la Cosa）的作品中获得这些信息的。尼科洛·卡维里大概是在葡萄牙完成了这幅地图的绘制，它将地图制绘带入了现代。从这幅地图开始，地图上标示的信息一直在根据最新的认知进行调整。除了这种地理学上的革新之外，这幅地图还体现了技术的进步，比如在地图左边的边缘上，以分级刻度的形式标示了从南纬 55 度到北纬 70 度的纬度。这幅地图后来也成了马丁·瓦尔德塞弥勒绘制其《寰球全图》（Universalis cosmographia，1507 年）的基础。而《寰球全图》之所以著名，是因为它是世界上第一幅以"亚美利加"之名标示美洲的地图。

插图 尼科洛·卡维里的地球平面球形图（藏于法国国家图书馆，巴黎）。

萨尔维斯·巴尔代亚（Afonso Gonçalves Baldaia）越过了原本被认为是宜居陆地最南端的博哈多尔角，并于 1435 年到达了鲁伊沃斯湾。次年，葡萄牙人到达了他们以为的黄金河。不过，那条河并非当时常常被人混为一谈的塞内加尔河。1437 年至 1438 年，出于征服离葡萄牙较近的非洲沿海的政治目的，一支葡萄牙探险队向丹吉尔进发，但没能取得预期的结果。恩里克王子撤退回到萨格里什附近的拉各斯，而他的探索活动大概就陷入了停滞。而由于大家对邻近的大西洋地区都很感兴趣，所以葡萄牙和西班牙在阿尔加维与涅夫拉伯爵领地之间的地区持续发生摩擦。那个地区集中了多个港口，诸如帕洛斯港和桑卢卡尔-德

巴拉梅达港，后来克里斯托弗·哥伦布就是从那一带起航的。梅锡纳塞利（Medinaceli）公爵和锡多尼亚（Medina Sidonia）公爵都密切关注着在该地区组织的一切行动（包括后来克里斯托弗·哥伦布的远航），他们也都参与了这些冲突。

1441年，安唐·贡萨尔维斯（Antão Gonçalves）到达布朗角，在那里被努诺·特里斯唐（Nuno Tristão）赶上。同年，有一些信息首次提及卡拉维尔帆船，那是一种船身狭长的帆船，非常适应困难的航行条件。最早关于奴隶贸易的记载也是始于这一时期。1443年，随着阿尔金岛贸易站的建立，大量黄金汇集到那里；后来到1461年，

葡萄牙与卡斯蒂利亚

人们在该岛上建起了一座城堡。恩里克王子掌握着对一切与海洋相关的事务，以及在博哈多尔角以外所得收入的垄断权，由此他享有他自己舰船所装载货物的五分之一以及其他船舶所载运货物的十分之一。1444 年，努诺·特里斯唐到达了塞内加尔河入海口，而迪尼斯·迪亚斯（Dinis Dias）在佛得角登陆。阿尔瓦罗·费尔南德斯（Álvaro Fernandes）于 1445 年越过了佛得角；1446 年，努诺·特里斯唐、埃斯特万·阿丰索（Estêvão Afonso）和阿尔瓦罗·费尔南德斯在冈比亚河入海口会师。

同年，就在阿尔瓦罗·费尔南德斯抵达卡萨芒斯河之际，迭戈·戈麦斯（Diego Gomes）还在埋头前行。作为热那亚豪门琴图寥内家族的代理人，安东尼奥·马尔凡特在 1447 年来到了这些地方，目的是从那里带回黄金。这一点在他写给一位名叫吉亚诺·马里奥内（Giano Marione，亦作 Giovanni Marchione）的亲戚的信中得到了证实。在那封信中，他提及自己在撒哈拉沙漠中向着图瓦特绿洲的方向跋涉。在霍奈因上岸后，他加入了一支阿拉伯商队，并于次月到达了目的地。

不过，卡斯蒂利亚人还没发话呢。1449 年 7 月，卡斯蒂利亚王室授权锡多尼亚公爵航海至博哈多尔角，而且许可他占有他在那里发现的除黄金之外的一切。1452 年，迪奥戈·德·泰夫（Diogo de Teive）发现了亚速尔群岛西部的弗洛雷斯岛和科尔沃岛。威尼斯人阿尔维斯·卡达·莫斯托（Alvise Ca' da Mosto）有幸结识了恩里克王子，他在讲述自己的旅行时还表达了对恩里克王子深深的崇敬。阿尔维斯·卡达·莫斯托自己也曾出海航行，但他的船因遭遇风暴而困在了阿尔加维。1455 年，他沿着海岸航行到达了塞内加尔，得以充分地参观和描述了几内亚湾。

阿尔维斯·卡达·莫斯托在旅行途中遇到了出身热那亚豪门的安东尼奥托·乌索·迪·马雷，该豪门家族拥有在这片地区进行航海和贸易的授权。阿尔维斯·卡达·莫斯托在到达冈比亚河入海口后溯河而上。阿尔维斯·卡达·莫斯托后来声称自己和安东尼奥托·乌索·迪·马雷一起航行并发现了佛得角群岛，但实现这一发现的是利古里亚人安东尼奥·达·诺利（Antonio da Noli）和葡萄牙人迭戈·戈麦斯。

1460年，当恩里克王子去世时，葡萄牙人佩德罗·德·辛特拉（Pedro de Sintra）已经到达了塞拉利昂。一年之后，出身地图制图世家、后来和兄弟及侄子一起离开热那亚来到了葡萄牙的安东尼奥·达·诺利被任命为佛得角群岛中圣地亚哥岛的都督；而迪奥戈·阿丰索（Diogo Afonso）则被任命为佛得角群岛北部的都督。安东尼奥·达·诺利一边生产蔗糖，一边贩卖奴隶，还在1476年迎战了卡斯蒂利亚人的进攻。他最终和卡斯蒂利亚人达成了协定，保留了岛上的政府，而且这对他个人也没有造成进一步的损害，因为他在1481年返回葡萄牙时，葡萄牙人同意他续任该岛都督。安东尼奥·达·诺利于1496年去世，把这个都督辖区留给了自己的女儿。克里斯托弗·哥伦布很可能与此人相识，因为他曾经提到过"安东尼奥的岛"。

1469年，葡萄牙国王阿丰索五世以每年200000雷亚尔的价格，把几内亚5年的贸易垄断权出让给了商人费尔南·戈麦斯（Fernão Gomes），同时要求后者承担继续探索那片沿海地带的义务。1470年至1474年，多支探险队穿过几内亚湾到达了圣卡特琳娜角。从1470年起，葡萄牙王储若昂（Jean）不仅参与了攻打阿尔齐拉，还开始更密切地关注几内亚等已发现或待发现的土地。1474年，葡萄牙王室颁布了几内亚湾禁海令，禁止一切未经许可的航行。这一年的6月25日，佛罗伦萨天文学家保罗·达尔·波佐·托斯卡内利，给里斯本大教堂议事司铎费尔南·马丁斯写了一封回信，因为后者曾代表葡萄牙王室向其去信，探讨是否可能存在一条通往印度进而重建与中国联系的西向路线。

保罗·达尔·波佐·托斯卡内利虽然辛苦忙碌了一场，却把实际距离估算错了。而克里斯托弗·哥伦布步其后尘犯了同样的错误，他复制了一份保罗·达尔·波佐·托斯卡内利绘制的地图，插在他那本埃内亚·西尔维奥·皮科洛米尼所著的《世界各地大事史》中，该书如今收藏在塞维利亚的哥伦布图书馆。葡萄牙王室为了坚决贯彻禁海令，甚至不惜招募海盗；其中有一个曾经为法国国王效力、名叫库隆（Coullon）或库仑（Colomb）的人，克里斯托弗·哥伦布年轻时可能和他一起出过海。

葡萄牙与卡斯蒂利亚

圣乔治·德·埃尔米纳城堡就是这个时期的建筑。它建于 1482 年至 1484 年，时值葡萄牙人与卡斯蒂利亚人的矛盾，因受卡斯蒂利亚王位继承问题以及与安达卢西亚、阿尔加维和几内亚海相关的问题影响而再度激化之际。这两个王国之间爆发了激烈的冲突，而法国人作为葡萄牙人在大西洋和地中海的盟友也参与了进来。最终，两国于

力图扩大影响力的葡萄牙王国

葡萄牙王国之所以下定决心要找到一条通向印度的海上通道，应该是出于对香料的渴望，尤其是在 1453 年突厥人征服君士坦丁堡之后，这类在欧洲极其珍贵的商品的贸易路线就被中断了。但事实其实还要更复杂一些。

1385 年，随着若昂一世登基，阿维什王朝统治了葡萄牙。这个王朝主宰葡萄牙命运长达近两个世纪，将其改造成为了一个地跨非洲、亚洲以及新大陆的海洋帝国。它的这种扩张亦被冠以"大发现"之名，其动力在很大程度上来源于它迫切地想要在欧洲和亚洲之间建立起一条海上通道，以方便运输东方的丝绸和香料，并把这种贸易控制在自己手中。但这并非其扩张的唯一原因。其实，葡萄牙扩张的发端远早于君士坦丁堡的陷落，确切地说开始于 1415 年航海家恩里克王子征服南撒哈拉黄金贸易中心休达之时。征服休达使阿维什王朝看到了一种前景，就是它有可能夺取到更多的黄金贸易中心和奴隶交易市场。在这种前景的激发下，阿维什王朝提出了大洋航行计划，况且这项计划还使它有可能开疆辟壤并在新国土上传播基督教。而葡萄牙开始考虑通过海路获取素有"印度黄金"之称的香料的可能，则是若昂二世继位之后的事了。

插图 左图为若昂一世国王建立的巴塔利亚修道院的回廊；右图为 1519 年绘制的《米勒地图集》（Atlas Miller）中的亚速尔群岛地图（藏于法国国家图书馆，巴黎）。

1480 年在托莱多核准了双方于 1479 年签订的《阿尔卡索瓦斯条约》，确立了历史上第一次对世界的瓜分。根据葡萄牙与卡斯蒂利亚的这份条约的规定，非斯、马德拉、亚速尔群岛和佛得角之间的区域，以及未来在加那利群岛以南发现的土地都属于葡萄牙人，而加那利群岛则划归卡斯蒂利亚。划在加那利群岛南边的分界线把大西洋一分为二：

145

■ 葡萄牙与卡斯蒂利亚

分界线以北属卡斯蒂利亚，以南归葡萄牙。通过这样划分世界，就出现了两个势力范围和一个中间的过渡海域。这个中间海域被他们叫作"几内亚海"，是进入南大西洋的入口。这片海域包含了一条横向的地带，贯通加那利群岛和佛得角，也恰好与信风带吻合。欧洲人向西航行的尝试也多集中于这条横向地带，而这些尝试渐渐就催生了克里斯托弗·哥伦布的横渡大西洋的计划。据克里斯托弗·哥伦布自己讲述，他于1482年或1483年向号称"完美君主"的葡萄牙国王若昂二世（Jean Ⅱ）呈交了他的计划，并在当年率领两艘船到达了圣乔治·德·埃尔米纳堡。若昂二世是在1481年登上葡萄牙王位的。也是在那一年，教皇西斯科特四世颁布了诏书《永恒之王》，批准了《阿尔卡索瓦斯-托莱多条约》以及卡斯蒂利亚和葡萄牙这两个王国对大西洋领土的瓜分。

若昂二世的大计划

若昂二世的统治一直持续到1495年。他正是葡萄牙一项大计划的肇始之人。这项大计划以迪奥戈·卡姆（Diogo Cam）的探险远征为始发，继以巴托洛缪·迪亚斯的重要旅行，以瓦斯科·达·伽马的航行告终。迪奥戈·卡姆是一位非常熟悉几内亚海的航海专家，他于1482年春从里斯本出发，经过了圣乔治·德·埃尔米纳堡，到达刚果，再继续航行直到圣玛丽角，最后于1484年春返回里斯本。在1485年秋开始的第二次航行中，他沿着非洲海岸寻找通向东方的通道，但未能到达南回归线。在葡萄牙王室特使向于1484年新登教宗圣座的新任教皇英诺森八世（Innocent Ⅷ）呈交的《顺服之祷》（Oratio de obedientia）中，就陈述了迪奥戈·卡姆的壮举以及葡萄牙的其他成就。不过，对于葡萄牙来说，1487年才是非常关键的一年：那一年，有两支探险远征的队伍从里斯本出发，第一支走陆路，第二支取海道，而这第二支对国际关系的发展起到了关键的推动作用。1487年，佩德罗·达·科维勒姆（Pedro da Covilham）和阿丰索·德·派瓦（Afonso de Paiva）还是依循着约翰长老的传说——那时的人们认为埃塞俄比亚的尼格斯就是约翰长老的化身——出发去追寻任何与印度贸易相关的线索。为了旅途更安全，他

们装扮成了穆斯林商人。结果阿丰索·德·派瓦在亚丁失去了踪迹，而佩德罗·达·科维勒姆继续前进，到访了当时的几个主要贸易中心：马拉巴尔的卡里卡特和果阿、波斯湾入口的霍尔木兹，还有非洲东海岸莫桑比克海峡沿岸、位于巴托洛缪·迪亚斯所到地点以北100英里的索法拉。他最终在埃塞俄比亚停下了脚步，把自己的报告交给了犹太人何塞·德·拉梅戈（José de Lamego）以及开罗的犹太教司祭亚伯拉罕·德·贝贾（Abraão de Beja），委托他们代呈给葡萄牙国王。

葡萄牙国王若昂二世

人称"完美君主"的若昂二世重新启动了其叔祖航海家恩里克王子的大西洋探索计划。上图为《水杯之书》（*Livro dos copos*）插图细密画上的若昂二世（藏于葡萄牙里斯本的托雷·杜·托姆博国家档案馆）。

热罗尼莫斯修道院（第148页）

这座修道院是曼努埃尔一世为纪念瓦斯科·达·伽马从印度凯旋而修建的，是葡萄牙曼努埃尔艺术的一件瑰宝。

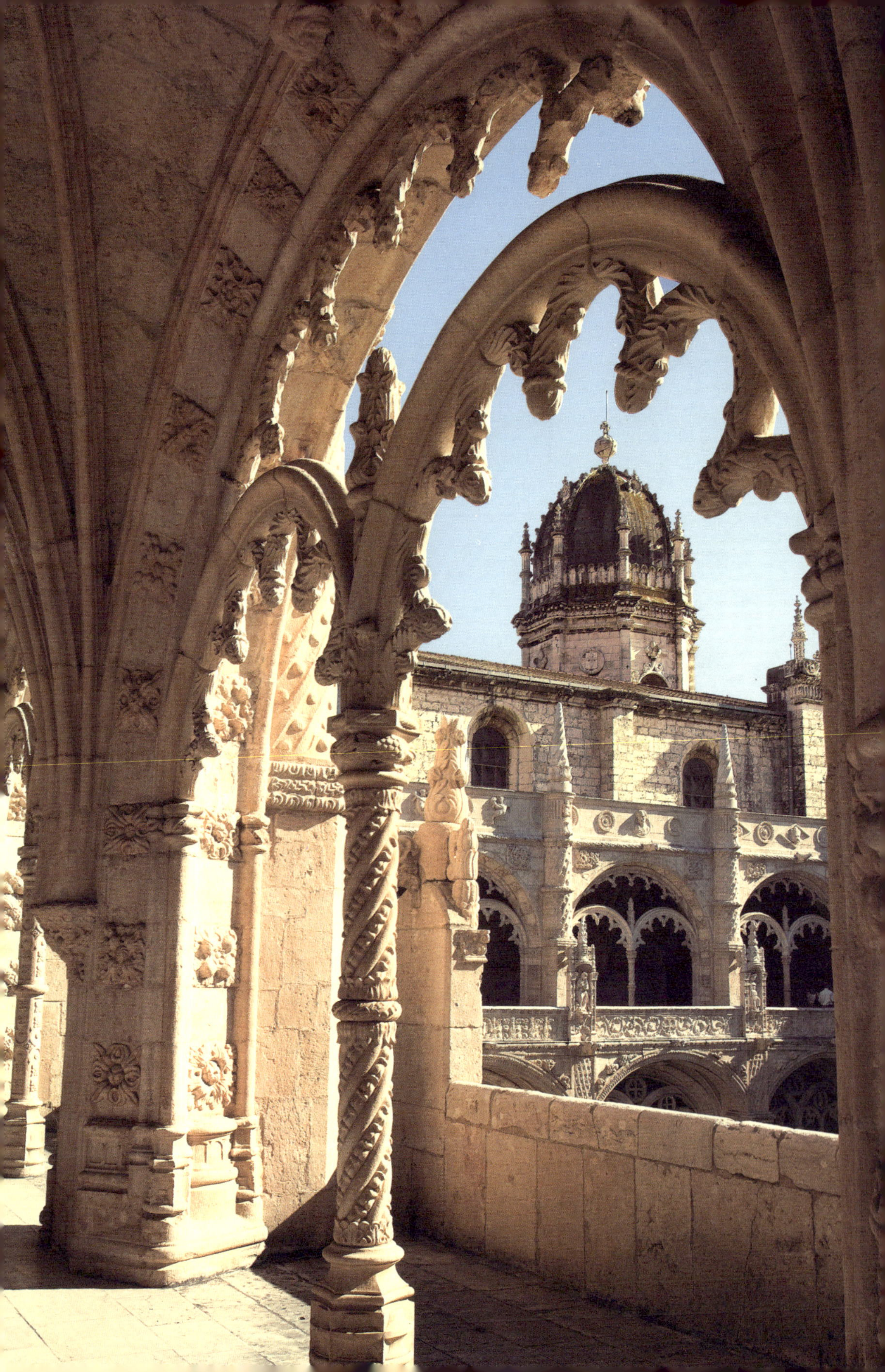

关于两度绕过风暴角并将其改名为好望角的巴托洛缪·迪亚斯，我们掌握的资料非常有限。不过我们还是知道他是一个小贵族的骑士，而在1475年有一位同名的船长到热那亚购买了一个女奴。1478年，这个名字再次出现在皮萨诺港，是一位帮佛罗伦萨的一家公司运送了一批蔗糖的船东。

1486年10月，一个名叫巴托洛缪·迪亚斯的人从若昂二世那里得到了6000葡萄牙雷亚尔，条件是为国王提供一系列国王所需的服务。关于这个巴托洛缪·迪亚斯的身份，尚无定论，但他很可能就是那位著名的航海家。而国王所需的服务，确切地说，指的就是1487年夏根据其命令开展的航海探险。当时，巴托洛缪·迪亚斯率领两艘卡拉维尔帆船和一艘小船起航，每到一处都不忘测定当地的纬度。在几次经停之后，于12月在沃尔特斯湾（今纳米比亚的吕德里茨湾）停歇。之后他再度起航，越过了奥兰治河入海口；而且，虽然风暴将其船队吹到远离海岸线的位置，但他终于还是成功地穿过了风暴角，这一壮举标志着若昂二世那项连通两片大洋的计划达到了高潮。1488年12月，巴托洛缪·迪亚斯回到了里斯本。1493年3月，他在里斯本和第一次远航归来的克里斯托弗·哥伦布见了面。1497年，他的一名船舶驾驶员佩罗·德·阿朗克尔（Pêro de Alenquer）伴随他和瓦斯科·达·伽马一起航行到了几内亚。1500年3月，他又和佩德罗·阿尔瓦雷斯·卡布拉尔（Pedro Álvarez Cabral）一起出发远航，但在又一次航行至好望角附近时，他的那艘卡拉维尔帆船载着全体船员消失无踪了。

通往印度的通道打开了，从此葡萄牙人就能够进入印度洋了。在印度洋上，穆斯林织就的那张连通中国、亚洲各半岛和岛屿以及东地中海的巨大海上交通网络一直都在完美地运行着。于是，1497年7月8日，瓦斯科·达·伽马就率领着三艘帆船——圣加布里埃尔号、圣拉斐尔号和贝里奥号卡拉维尔帆船——以及另一艘小船，从塔霍河入海口的雷斯特洛起航了。在经过了加那利群岛并在佛得角群岛停歇了一阵之后，瓦斯科·达·伽马一行借助大洋环流于11月4日到达了好望角西北130英里的圣赫勒拿湾。在那年的圣诞节，他到达了南非地区（纳塔尔），并在经停林波波河和赞比西河入海口后抵达了莫塞尔湾。在莫桑比克的一些港口，瓦斯

■ 葡萄牙与卡斯蒂利亚

瓦斯科·达·伽马：从塔霍河口到马拉巴尔沿海

沿着非洲大陆的轮廓找寻一条安全的航路并非易事。1498年，瓦斯科·达·伽马终于在印度卡里卡特港落锚停泊。而在此之前，为了实现这项宏伟的计划，许多人牺牲了自己的生命，更多人付出了大量的时间和艰巨的努力。

在若昂二世的统治下，葡萄牙重新点燃了其叔祖航海家恩里克王子激起的海外探险的热情。而且，这位国王的志向愈加宏大：他要从海路一直航行到印度。但若昂二世直到1495年去世也未能实现这一梦想。然而他的继任者曼努埃尔一世继承了他的遗志，他委任瓦斯科·达·伽马率领舰队远航。后者历经11个月的海上航行，终于在1498年5月28日，在传说中的香料摇篮卡里卡特附近的马拉巴尔海岸登陆。不过，情况很快就变得复杂起来，因为他们遭遇到了驻在海岸上的阿拉伯商人们的敌视。当然这些阿拉伯商人，对他们这些刚刚上岸的潜在竞争对手怀有敌意也是不无道理的。尽管瓦斯科·达·伽马不得不因此提前了返航的日期，但此次探险远征的目的总算是达到了：通往印度的海上通道被成功打开了。后来在1502年和1504年，瓦斯科·达·伽马在精心准备之后，还两度返回印度。

插图 右图为一张15世纪的佛兰德挂毯，图案描绘的是葡萄牙人到达卡里卡特的情景（藏于葡萄牙里斯本的海外国家银行）；左图为瓦斯科·达·伽马航海日志中的一页。

科·达·伽马观察到当地的航海者们使用的是热那亚制造的指南针。船队在索法拉滞留了1个月，之后在一位名叫艾哈迈德·伊本·马吉德（Ahmed Ibn Majid）的阿拉伯或印度船长的指引下终于到达了麻林。葡萄牙人在那里结识了一个会讲热那亚话的土著人。借助夏季季风，船队于1498年5月28日在马拉巴尔海岸南部、距离卡里卡特几英里的地方登陆。不过他们难以在那里立足，所以瓦斯科·达·伽马不得不在8月27日开始返航。由于错过

了季风期，他花了 3 个月才到达非洲海岸。在此期间，贝里奥号的船长尼古拉·科埃略（Nicolau Coelho）已经领先一步于 7 月 10 日返回，将此次远航成功的消息通知了里斯本。当瓦斯科·达·伽马最终回到葡萄牙时，他带出去的 150 名或 180 名船员只剩下了不足 50 人。瓦斯科·达·伽马这场漫长而艰辛的航行被记录在阿尔瓦罗·韦柳（Álvaro Velho）编写的题为《路线图》（roteiro）的航海日志中。该航海日志提供了各种宝贵的信息，特别是贸易方面的信息，文字虽简短，但对于商人们而言极有价值。

一支 13 艘舰船的新舰队很快就组建起来，并交由佩德罗·阿尔瓦雷斯·卡布拉尔指挥。这支舰队在航行中偏离了既定路线，发现了圣十字架岛，也就是巴西。威尼斯在"香料"市场上的垄断地位，本来因为奥斯曼帝国的进攻就已经岌岌可危，而新航路的发现令传统的贸易路线在短短几年后突然衰落，宣告了威尼斯对"香料"市场垄断的彻底终结。

卡斯蒂利亚王国

在 15 世纪 90 年代，卡斯蒂利亚王国在控制了加那利群岛后，因为接受了一项被葡萄牙国王若昂二世拒绝的建议，而进入了面向大西洋全面进发的时代。1492 年，在"解决"了犹太人和穆斯林的问题后，卡斯蒂利亚的伊莎贝拉女王决定审阅一个名叫克里斯托弗·哥伦布的人，在 7 年前向她提交的计划。这个克里斯托弗·哥伦布可是与卡斯蒂利亚王国合作了两个多世纪的热那亚游说力量的关系户。早在 13 世纪，当西班牙地区深陷于穆斯林的安达卢斯、卡斯蒂利亚王国和加泰罗尼亚-阿拉贡王国三足鼎立之势时，热那亚人就已经巩固了自己与西班牙的传统关系。当时的卡斯蒂利亚君主国就和热那亚的众多会馆建立了相当牢固的合作关系。有许多热那亚人在卡斯蒂利亚王国当供应商、当军阀、当贵族家庭的财务顾问，垄断经营蔗糖和茜草，从事布料生意，管理物资、税务和采矿，担任国家和地方各级要职，在世俗和宗教生活中都发挥着重要作用。仅在塞维利亚，就有 20 多个斯宾诺拉家族（Spinola / Espíndola）的成员和 10 多个皮内利家族（Pinelli / Pinelo）的成员。卡塔内奥（Cattaneo / Cataño）、格里马尔迪（Grimaldi / Grimaldo）和琴图寥内（Centurione / Centurión）等家族在西班牙也有众多成员；当然，福尔纳里（Fornari / Forne）、朱斯蒂尼亚尼（Giustiniani / Justinián）、詹蒂尔（Gentile / Gentil）、卡斯蒂寥内（Castiglione / Castellón）、维瓦尔第（Vivaldi / Vivaldo）、阿多诺（Adorno）、洛梅利尼（Lomellini / Lomelín）等家族也是不容忽略的。热那亚人在卡斯蒂利亚有自己的社区和宅邸。所以，在 1492 年为地中海时代画上了句号，拉开大西洋探险大幕的是热那亚人克里斯托弗·哥伦布，这绝非偶然。而那项使他和卡斯蒂利亚王室团结在一起的计划，其实是合乎上述根基深厚的传统的，它不仅标志着一个新的欧洲强国挺进了国际关系历史，也见证了原先固有的国际界限的崩塌。

档案：品类丰富的中世纪交易会

档案：品类丰富的中世纪交易会

在交通要道的枢纽举办交易会，是中世纪发生的经济革命的象征。法国香槟地区的交易会是当时最为重要的一个交易会，欧洲各地商人都聚集于此地。

"**商**人们投入地介绍 / 带到市集上售卖的产品。/ 从太阳出来 / 直到夜幕降临 / 这些善良的人们一刻不停地交易 / 令城市充满了生机和活力。他们深入城市各地 / 支起柜台搭起摊位。"香槟诗人贝尔特朗·德·巴苏尔奥布（Bertrand de Barsur-Aube）的这些诗句描绘的是12世纪末的一场热闹的交易会。那个时期的欧洲正在经历一场名副其实的商业革命。这场商业革命行将改变中世纪典型的封建经济，并为后人所称的早期资本主义经济体系打下基础。这种资本主义经济体系后来在文艺复兴时期得以最终确立。

法语中，"交易会"（foire）一词来自拉丁语的"feria"，原本指的是"宗教活动"或"节日"，但法语只保留了它的第二个义项。在如今的许多交易会上，节日色彩和娱乐色彩大大超过了其商业色彩；而中世纪的交易会与此相反，总是以商业性为主导的。这一活动起源于9世纪农业生产的增长，农民们就可以把自己剩余的产品拿到乡村小市集上去售卖。同一时期，城市获得发展，工匠行业形成，都促进了这种新生的商业销售形式在城市市场上发展起来。本地农产品和手工产品交易的兴盛又进而激发了更大层面上的贸易。而中世纪商业经济的终极飞跃，就出现了在交通要道和航运枢纽举办的年度交易会，主要销售的是各种香料、珠宝以及羊毛、丝绸和棉花等布料。

商人云集的长廊 中世纪的交易会上，布料商和家具商们正在售卖他们的商品。左侧这幅细密画出自15世纪意大利的一本书籍（藏于意大利博洛尼亚考古博物馆）。

档案：品类丰富的中世纪交易会

经济稳定的保障

货币无疑是引发中世纪商业革命的一个因素。在10世纪末，货币的用途依然局限于大额交易，而小生意主要还是采用物物交换的形式来进行。但新的银矿的开采导致稳定的货币体系得以创立，从而改变了交易的形式。因为稳定的货币体系对于实现商业的真正复兴是不可或缺的。自从查理大帝（Charlemagne）时代以来，货币体系就是建立在白银这种单一金属的基础之上的，但白银铸造的货币在重量和大小上都不统一。这就迫使货币兑换商们要一枚枚地核查银币的品质、成色以及重量，因为银币在使用中是可能发生损耗的。当然市面上也一直有金币在流通，但它主要用于和拜占庭以及各穆斯林王国开展贸易，因为这些国家使用金币结算自己采购的商品，而在出售自己的产品时却要求收取银币。从13世纪中叶起，一些意大利的商业共和国开始铸造金币，比如佛罗伦萨从1252年开始，威尼斯从1284年开始。但这些金币的流通一直非常有限，从来没有能够取代银币的地位。

金本位 这枚1300年的弗罗林金币的背面刻的是圣徒约翰-巴蒂斯塔（藏于意大利佛罗伦萨的巴杰罗国家博物馆）。

香槟交易会

在当时的多个交易会中，最重要的一个当数从1125年起由当地的伯爵们发起的香槟地区交易会。不过，确切说来，香槟地区不是只有一场交易会，而是有着一系列交易会，因为所谓香槟交易会所指的其实是分别在这个法国东北部地区的四座城市（拉尼、巴苏尔奥布、普罗万和特鲁瓦）举办的六场交易会。它们之所以有特色并能成功，就在于这个商贸交易会系列是从年初至年尾连续轮流举行的：1月和2月在拉尼举办交易会，3月和4月在巴苏尔奥布举办，普罗万的交易会于5月和6月举行，接着是7月、8月的特鲁瓦交易会，9月、10月交易会又回到普罗万，最后11月、12月于特鲁瓦落下帷幕。其中每一场交易会（在从3月到11月的8个月时间里，以每隔40天、50天举办一场交易会的节奏进行。）都能使相关城市热闹3到6个星期。

这样一种分销网络使香槟地区成为动荡莫测的西欧市场上一个不可替代的国际贸易中心。这项活动使其各主办城市（人口均不超过10000人）都有机会推销自己的手工产品，比如普罗万和特鲁瓦的呢绒和布料。另外，来自欧洲各地的大批商人都要吃饭要住宿，就给主办城市创造了赢利的商机。先于或伴随着商人们到来的，还有耍把戏的、玩杂技的、写诗的和搞音乐的，他们都为营造节日氛围各自出力，不过也有或职业或业余的乞丐，当然肯定也少不了闻风而至的小偷和窃贼。

香槟交易会地理位置优越，因为其占据着欧洲南北向和东西向交通十字路口的战略位置。但这并非其成功的唯一因素。该交易会之所以受到欢迎，还在于香槟伯爵们提供的安全保障和无可指摘的组织工作。首屈一指的就是，商人们凭借一张全地区有效的通行证就能前往该伯爵领地的各处，而不用支付通行费或其他封地税费。城市居民们也能从伯爵们为举办交易会而采取的政策措施中获益，比如为了迎接来自各地的商人、商品以及他们组织的各项活动，需要兴建旅舍、市场、酒馆和教堂，那么参加此类建造工作的任何个人都能享受到免除赋税的待遇。为保护各地客商的安全，专门建立了交易会安保服务处；并设置了专门负责交易会期间司法工作的交易会裁判所，以保障交易的顺利和合法。除交易会警卫和专门的检查人员以外，任何人无权没收客商的商品或对客商进行逮捕。

这一切都使主办城市变得趣味盎然，人人都在谈生意、做生意，展示自己最好的产品……商人们从法国各地、从伊比利亚半岛诸王国、从德意志神圣罗马帝国蜂拥而至，其中最活跃的仍当数来自意大利、汉萨同盟以及佛兰德的客商。来自北欧和佛兰德的商人兜售的是他们家乡的布料和呢绒以及毛皮、腌鱼或琥珀等大西洋北部贸易的特产；意大利商人提供的则是他们从地中海贸易中带来的珍贵产品，如丝绸和胡椒、丁香、肉桂以及肉豆蔻等东方香料。而交易会上的商品种类并不仅限于此：各家客商的摊点上还堆积着五花八门的来自东方的毯子、雕琢的铜器、香水和水晶制品，来自安达卢斯的皮具，来自近东的糖，来自伊比利亚半岛的蜂蜜、葡萄酒、甘草和纸张……还有樟脑、大黄或芦荟等药物产品，以及粮食、木料、染料、羊毛……

档案：品类丰富的中世纪交易会

商贸之路

中世纪的商人不在交易会上，就在赶往交易会的路上。12世纪和13世纪，欧洲各国都忙于修桥铺路，为了方便商人的通行及货物的运输而规划新的交通路线。而这涉及的不只是陆路：在佛兰德，人们还开挖了许多运河把各个城市连接起来。在欧洲其他地区，河运同样得到了加强，比如波河的河运，再如罗讷河与摩泽河及默兹河联通在一起构成了一条南北商业运输的干线。当然意大利人和加泰罗尼亚人所控制的地中海海上航线也同样重要；还有大西洋和波罗的海的海上航线，它们被汉萨同盟垄断，主要运输俄罗斯和斯堪的纳维亚的木材、毛皮、铜以及腌鱼，用以交易佛兰德的呢绒、盐和法国的葡萄酒。

插图 这幅地图标示了中世纪主要的交易会所在地以及商贸路线；右页图为15世纪一幅细密画上描绘的运输货物的骡队。

资金的周转

有贸易商的地方，就免不了有货币兑换商。他们起到了保障资金周转的作用，这对于各种商业交易的顺利进行都是不可或缺的。在中世纪的欧洲，最初从事这一行的，主要是犹太人，以及经营高利贷的伦巴第商人。不过这一类主要从事资金生意而非商品交易的商人很快就被以意大利人为主的基督教商人取代，因为后者开发出了一些新的金融工具。这些新的金融技术必然优于原先的货币兑换和

贷款业务，因为它们着眼于帮助商人避免在旅行时携带大额现金，并解决了银币在经人手周转时因不可避免的磨损而贬值的难题。

因为有了这些新型的商业银行家，香槟地区交易会从13世纪30年代起就真正变成了金融交易场所。他们在那里制定现行汇率，核发信贷，对诸如汇票、各种记名或不记名的付款凭证，乃至交易合同或运输合同等金融工具进行承兑。从那个时期开始，金融业务就日益重要起来，其

档案：品类丰富的中世纪交易会

中世纪的商业及产品

在交易会上可以买到各种产品：有谷物、腌鱼或羊毛等生活必需品，也有许多专为富人准备的产品，比如各种香料、丝绸或香水。不过，中世纪的商业活动并不局限于各大交易会：各城市村镇都有自己每周的集市，居民们可以在这些集市上购买自己日常生活需要的产品。

果蔬市场　在中世纪，无论是在乡村还是在宫廷，只要是水果和蔬菜，不管它是新鲜的、晒干的还是腌制的，都颇受欢迎，而且越是稀奇的、越是异国他乡的，就越是抢手。比如西瓜是在15世纪末来到法国的，当时法国人常常配着麝香葡萄酒来吃西瓜。由于糖和蜂蜜在中世纪比较稀缺，所以人们常常使用各种水果来充当搭配各种菜肴的甜味剂。

插图　意大利奥斯塔山谷伊索涅城堡一幅壁画上的果蔬集市。

谷物市场　中世纪，从农民到国王，各社会阶层的基础食粮都是谷物。区别只在于谷物的种类与加工的方法。小麦是最高贵的谷物，而用精制面粉制作的白面包是真正社会地位的象征；平民百姓能吃到掺麸皮的黑面包就心满意足了。

插图　出自人称"比亚达耀洛"（Il Biadaiolo）的多梅尼科·伦齐（Domenico Lenzi）的《人之镜》（Specchio umano）书中的一幅细密画，描绘的是佛罗伦萨的谷物集市（藏于意大利佛罗伦萨的劳伦斯·美第奇图书馆）。

大米的销售　阿拉伯人在711年征服伊比利亚半岛后，把水稻带到了那里，并在9世纪左右又把它引进到了西西里岛。不过，在中世纪，除了在水稻种植区（主要是加泰罗尼亚、巴伦西亚以及意大利半岛南部，伦巴第从13世纪也开始种植水稻）之外，大米虽然很受欢迎，但一直是专供贵族家庭的奢侈品。

插图　出自《维也纳抄本》中《一点医学健康知识》（Tacuinum sanitatis in medicina）一文的插图细密画，描绘的是销售大米的场景（藏于奥地利国家图书馆，维也纳）。

重要性有时甚至超过了本来的商业交易。

新的银行解决方案允许商人们对收到的货物延期付款，或签发债权人可在其他交易市场上兑现的文书。这样一来，每年的最后一轮香槟交易会，即年底的特鲁瓦交易会，就转变成了一个偿付法庭，专门仲裁各种债务纠纷并对不良付款者采取措施。该金融法庭的权力很大，对于拒绝偿付债务的商人可以采取立即没收货物补偿所欠款项的措施。

不过，香槟交易会并非这场欧洲商业革命的唯一主体。沿着这个战略十字路的两条轴线，还有另外多个地方组织的交易会。整个欧洲共有6大交易会体系，分别位于意大利北部、佛兰德、英格兰、莱茵河的中游和下游，当然还有香槟地区。所有这些交易会体系都拥有其当地王公贵族授予的特许权，良好的陆运、河运和海运基础设施，以及活跃的手工业生产组织。在英格兰交易会上，外国客商用自己的奢侈品交易那里的明星产品——羊毛；而佛兰德最出名的是其优质的呢绒和布料产品，颇受意大利人的青睐。自1200年起，佛兰德在每年2月至11月举办5场交易会，这项传统一直持续到13世纪末佛兰德城市布鲁日转型成为一个全年开放的大市场之后才终于没落。当时位置最靠东边的交易会是缅因河畔法兰克福交易会，它于1240年初次获得神圣罗马帝国皇帝腓特烈二世的特许权。它是在每年的封斋期和秋季举行两场，一直持续到了"三十年战争"（1618年—1648年）期间，从而创下了中世纪交易会存在时间最长的纪录。到了15世纪初，最为活跃的贸易和金融场所是热那亚、里昂和麦地那德尔坎波的交易会。莱比锡交易会是德意志的另一个大型交易会，它发展得较晚。它起步于15世纪，随着欧洲印刷术的发明，发展成了德意志书籍交易的神经中枢，并成为东西欧商品贸易的枢纽。波希米亚到波兰一带的商人都会到莱比锡交易会上来采购绒布和绸布，销售皮革、羊毛、俄罗斯毛皮和蜡制品。欧洲东部还出现过一系列繁荣的交易会，比如波兰的卢布林交易会和雅罗斯瓦夫交易会、利奥波德（今乌克兰的利沃夫）交易会、科希策（位于今斯洛伐克）

■ 档案：品类丰富的中世纪交易会

普罗万 筑有防御工事的普罗万古城，是中世纪香槟交易会最重要的举办地之一。

交易会和布拉索夫（位于今罗马尼亚）交易会。大多数交易会采用的都是和香槟交易会相同的信贷机制。

到 14 世纪初，这种传统的大型交易会渐渐走上了末路。一方面，各大交易会都受到了英法百年战争造成的动荡不安的局势的影响，尤以香槟交易会为甚。另一方面，商品的运输和销售需要充足的资金流动性，而保障资金流动性所必需的银矿已经开始耗竭。意大利人在佛兰德各城市设置了代理商，直接从那里采购珍贵的绒布；新开辟的商路——尤其是海路，将地中海地区和大西洋以及波罗的海连接了起来，使人们可以采用比传统陆路商队价格更低廉的船队来运输更大体量的货物。所有这些因素都对大型交易会的没落起到了决定性作用。从 1348 年开始袭击欧洲的黑死病疫情，更是给了这种商贸交易会体系以致命的一击。不过，香槟交易会模式虽然退化到了地区层面，但并没有消亡。莱比锡市在15世纪兴盛起来就是一个明证。同样，有一份1585年出版的商品目录汇编收录了至少171个重要的交易会，它们遍布于从西班牙到立陶宛，并包括法兰西、意大利、英格兰、德意志、奥地利和波希米亚在内的欧洲各地。

大航海家

　　法国画家埃米尔·拉萨尔（Émile Lassalle）创作的油画，画中人是克里斯托弗·哥伦布（藏于西班牙塞维利亚教区哥伦布图书馆）。

　　插图（右侧） 一件15世纪的配有方位标风玫瑰的罗盘（藏于西班牙马德里的国家考古博物馆）。

克里斯托弗·哥伦布与"印度"

卡斯蒂利亚王国与热那亚人有着悠久的合作传统，它把开启其面向大西洋新政策的责任交给了热那亚人克里斯托弗·哥伦布。随着克里斯托弗·哥伦布"发现"美洲的消息传遍整个欧洲，1492年就成了标志着欧洲从中世纪向当代过渡的里程碑式年份。

克里斯托弗·哥伦布（意大利语本名为 Cristoforo Colombo）于1451年出生在热那亚。他的祖父叫乔瓦尼·迪·莫科内西（Giovanni di Moconesi），原籍丰塔纳波纳，后来迁居到了热那亚的昆托。他的父亲多梅尼科（Domenico）本是一名羊毛织工，在圣斯特凡诺镇的奥利维拉门当城门守卫。经过几年周折，这一家人终于在索普拉那门附近定居下来。克里斯托弗·哥伦布的母亲苏珊娜·丰塔纳罗萨（Susanna Fontanarossa）来自比萨尼奥山谷。克里斯托弗·哥伦布有四个兄弟姐妹：乔瓦尼·佩莱格里诺（Giovanni Pellegrino）、巴托洛梅奥（Barto-

克里斯托弗·哥伦布的四次航行

1492年
克里斯托弗·哥伦布于8月3日从帕洛斯港启航，于10月12日到达瓜纳哈尼岛，并于12月登陆伊斯帕尼奥拉岛。

1493年
1月乘坐"尼娜"号开始返航，而"品塔"号比他先抵达了加利西亚海岸，并将大发现的消息传播了出去。9月，克里斯托弗·哥伦布出发进行第二次航行。

1494年
建立了拉伊莎贝拉镇。到达了牙买加。6月，克里斯托弗·哥伦布返回了加的斯。

1498年
5月开始第三次航行，到达了特立尼达岛。进入了帕里亚湾，到达了奥里诺科河三角洲。首次踏上了美洲大陆的土地。

1500年
哥伦布的兄弟被波巴迪拉逮捕。在格拉纳达受到天主教双王的接见。

1502年
5月，他开启了自己的第四次航行，并于6月抵达了马提尼克岛。

1503年
在伯利恒的圣玛丽（今巴拿马）建立了欧洲人在美洲大陆土地上的第一个机构。于11月返回西班牙桑卢卡尔。

克里斯托弗·哥伦布的关系网

不论是在他从 **1479** 年开始定居的葡萄牙，还是在 **1485** 年去的卡斯蒂利亚王国，热那亚人克里斯托弗·哥伦布，都得到了许多有权有势的神职人员和贵族人士的支持。

为了顺利开展其"经西海前往东方"的计划，克里斯托弗·哥伦布必须探询王室的意向。不过，即便他拥有如此强大的支持，这件事做起来也绝不简单，他与葡萄牙国王若昂二世谈判失败就证明了此事的难度。他与卡斯蒂利亚天主教双王的磋商进行得也不容易，幸而得到了拉拉比达修道院（位于韦尔瓦省）的方济各会修士安东尼奥·德·马切纳（Antonio de Marchena）和胡安·佩雷斯（Juan Pérez）的关键支持。是这两位方济各会修士把他推荐给了天主教女王伊莎贝拉的告解神甫埃尔南多·德·塔拉韦拉，凭借这位神甫在中间的撮合，才使得事情走向了有利于这位后来的海军元帅的方向。

插图 西班牙马德里哥伦布广场上克里斯托弗·哥伦布纪念碑底座上的浮雕。这面浮雕表现的是这位航海家向迭戈·德·德萨神甫阐述自己的计划，后者的介入对于他说服国王斐迪南起到了决定性作用。

lomeo，亦作 Bartolomé)、贾科莫 [Giacomo，后以"迭戈"（Diego）之名闻名于卡斯蒂利亚] 和比安娼内塔（Bianchinetta）。按照当时的习俗，克里斯托弗·哥伦布从小就是在当时最大的一个豪门菲斯基家族（Fiesque / Fieschi）及其帮派的保护下长大的。

虽然他的家庭从事的是手工业，但按照热那亚和利古里亚各社会阶层的流行做法，克里斯托弗·哥伦布从 14 岁起就上船出海了。他是在热那亚和萨沃那（他的家庭在 1470 年至 1480 年搬到了那里）之间度过了他的青年时代，但这方面的信息非常少。不过，

我们还是知道他大概跟随着一位名叫库隆或库仑的知名海军将领，遍游了地中海以及邻近的大西洋海域，而且他和此人可能存在某种亲戚关系。他一直在从希俄斯岛到佛兰德的航路上活动，为了热那亚各大会馆网络的利益，时而参加战斗，时而从事贸易。

在热那亚和利古里亚各大家族当时所卷入的众多冲突中，我们知道效力于安茹国王勒内一世的克里斯托弗·哥伦布至少上前线参加过一次安茹人与阿拉贡人之间的战斗，之后于 1476 年最终决定去往葡萄牙。1479 年 8 月 25 日的一份文献显示，克里斯托弗·哥伦布曾返回热那亚并在那里短暂逗留，目的是为琴图寥内家族和迪·内格罗家族（Di Negro）之间一起运输马德拉蔗糖的诉讼出庭做证。自那天以后，他的人生似乎就永远地和伊比利亚半岛联系在一起了。克里斯托弗·哥伦布到里斯本与他的兄弟巴托洛梅奥相聚，还在那里重逢了许多来自热那亚的好朋友和靠山，那些人当时都在附近的安达卢西亚地区或大西洋的岛屿上。

文献显示，就是在这一时期，欧洲人进行了几次远航，分别到达了冰岛（1477年）、马德拉群岛和埃尔米纳（1478年）、几内亚（1482年）。1479年，克里斯托弗·哥伦布在葡萄牙娶了巴尔托洛梅乌·佩雷斯特雷洛（此人系圣港岛都督，祖上来自意大利的普莱桑斯）的女儿菲丽帕，后来和她生了一个儿子取名叫迭戈（Diego）。

克里斯托弗·哥伦布在隶属圣伊亚戈圣剑骑士团（他的岳父曾是该骑士团成员）的圣港岛修道院结识了这位姑娘，并于1479年初的1月或2月和她结了婚。在此期间，葡萄牙不断进行探险远航，而克里斯托弗·哥伦布则在酝酿其"经西海前往东方"的计划。他在葡萄牙可能知悉了里斯本大教堂议事司铎马丁斯与佛罗伦萨天文学家托斯卡内利之间的通信内容，还可能结识了葡萄牙宫廷里的一些专家，这使他有机会研究了一些与航海相关的文献与地图。后来，克里斯托弗·哥伦布写了多篇文章来集中阐述自己的思考，这些思考也体现在他对马可·波罗、皮埃尔·达伊（Pierre d'Ailly）、埃内亚·西尔维奥·皮科洛米尼、老普林尼（Pline l'Ancien）等人文本所作的注评之中。

在1483年至1484年，这位海军元帅哥伦布把自己的计划呈交给了葡萄牙国王，但后者听取身边学者的意见而拒绝了这项计划。若昂二世的拒绝并非毫无道理，因为当时葡萄牙向印度发出的探险舰队正在不断取得成功。在计划被拒后，克里斯托弗·哥伦布陷入了人生低谷期（1484年—1485年），不得不匆匆赶往安达卢西亚，与他同行的只有儿子迭戈。克里斯托弗·哥伦布之所以"出逃"，是因为由布拉甘萨（Bragance）公爵策划、圣伊亚戈圣剑骑士团执行的反对若昂二世的阴谋败露，而克里斯托弗·哥伦布因妻子菲丽帕与布拉甘萨家族的亲属关系而直接受到了牵连。史料记载，克里斯托弗·哥伦布躲到了拉拉比达修道院避难，得到了那里的一些方济各会修士的帮助。不过，克里斯托弗·哥伦布在安达卢西亚其实并不孤独，因为他得到了一张由数个豪门家族、西班牙和意大利世俗和宗教权势人物，以及拉拉比达修道院的佩雷斯神父和马切纳神父等方济各会神职人员编织的强大保护网的支援。克里斯托弗·哥伦布从1485年起逃亡了3年，在接到国王的正式邀请后才返回。毕竟葡萄牙是他长年生活的国度，是他人生之根基所在。他的儿子是在那里出生的，他在那里有众多颇有影响力的朋友，而且他重新赢得了葡萄牙王室的信任。

从一个事例就能看到克里斯托弗·哥伦布的关系网何其强大。1497年，克里斯托弗·哥伦布在布尔戈斯向天主教双王提出，希望他们按照圣菲协议的规定同意他获得每次航行收益的十分之一。他的要求得到了阿尔瓦罗·德·布拉甘萨（Álvaro de Bragance）的支持。此人是卡斯蒂利亚女王伊莎贝拉（Isabelle de Castille）之母葡萄牙王后伊莎贝拉（Isabelle de Portugal）的表兄弟。而此后，再有其他出海探险的航海家提出此类要求，都会遭到王室的质疑。

强大的朋友圈

当然，克里斯托弗·哥伦布朋友圈名单上的人还有很多。比如他的忠实的仆人迭戈·门德斯·德·塞古拉（Diego Méndez de Segura），曾在他最后一次远航美洲之时，为了把他平安护送到牙买加而与巴托洛梅奥·菲斯基（Bartolomeo Fieschi）并肩战斗。这位仆人在1494年之前曾经为佩纳马科尔伯爵洛波·德·阿尔伯克基（Lopo de Albuquerque）及其夫人莱昂诺尔·德·诺罗尼亚（Leonor de Noronha）工作过。克里斯托弗·哥伦布的侄女安娜·莫尼兹（Ana Moniz）1504年嫁给胡安·德·巴拉奥纳（Juan de Barahona）时收到了法罗伯爵的贺礼。1509年，卡米尼亚伯爵夫人之子唐·克里斯托瓦尔·德·索托马约尔（don Cristóbal de Sotomayor）陪同迭戈·哥伦布（Diego Colomb）到了圣多明哥，并把一些珍贵的手稿送给了费尔南多·哥伦布（Fernando Colomb）。

虽然关于这位海军元帅哥伦布的妻子和母亲的资料极其匮乏，但关于菲丽帕的一个名叫布里奥拉妮亚·莫尼兹（Briolanja）或维奥兰特·莫尼兹（Violante

拉拉比达、帕洛斯与发现美洲

1485 年初，刚刚来到卡斯蒂利亚时，克里斯托弗·哥伦布藏身于帕洛斯·德·拉·弗龙特拉城拉拉比达的圣玛丽方济各修道院中避难。7 年后，这座韦尔瓦省的小城将成为他向着梦想中的印度启航的出发地。而他发现美洲新大陆的探险就是从伊比利亚半岛南方的这片海岸起步的。

1492 年 8 月 3 日，3 艘舰船在帕洛斯·德·拉·弗龙特拉港升锚启航前往香料之国。当时，帕洛斯城的繁荣在很大程度上是建立在前往几内亚的探险远航活动之上的。而 1480 年签订的《阿尔卡索瓦斯—托莱多条约》，规定葡萄牙享有加那利群岛以南所有新发现土地的主权，这就终结了西班牙继续开展这类活动的可能。不过，帕洛斯是一座大西洋沿岸的良港，那里的水手都熟悉大洋航行。所以卡斯蒂利亚的天主教双王才选择了它，来作为这场最后以发现新大陆告终的远航的出发地。

插图 左图为跟随克里斯托弗·哥伦布进行第一次航行的平松兄弟，图片出自拉拉比达大发现壁画的局部；右图为佚名画家创作的油画《从帕洛斯港启航》(La partida del puerto de Palos)（藏于西班牙帕洛斯·德·拉·弗龙特拉的拉拉比达修道院）。

Moniz）的妹妹，却留下了不少信息，我们知道她与锡多尼亚家族（Medina Sidonia）交往密切。她结过两次婚，第一任丈夫佛兰德人米格尔·穆利亚特（Miguel Muliart）死在了伊斯帕尼奥拉岛，第二任丈夫弗朗切斯科·巴尔迪（Francesco Bardi）是佛罗伦萨人，就是那个著名的商业银行家家族的后人，和吉亚诺托·贝拉尔迪一起担任过海军元帅哥伦布的律师。布里奥拉妮亚深受新蒙特莫尔侯爵夫人多娜·伊莎贝尔·恩里克斯（doña Isabel Enríquez）的宠爱，后来还成了她的遗嘱执行人。这位侯爵夫人的牧师则负责为克里斯托弗·哥伦布的"员

工和亲属"收取海外收入。不过，对于克里斯托弗·哥伦布的另一位妻妹安娜（Ana），除却她嫁给了圣多明哥总督弗朗西斯科·德·加雷（Francisco de Garay）以外，人们也一无所知。后来，布里奥拉妮亚和娶了阿尔巴公爵、卡斯蒂利亚海军元帅的侄女玛丽·德·托莱多（María de Toledo）的迭戈·哥伦布一起来到了这座岛上。

除了梅锡纳塞利公爵和锡多尼亚公爵以外，克里斯托弗·哥伦布的朋友里还有一些著名的"新基督徒"，特别是巴伦西亚人路易斯·德·桑坦格尔（Louis de Santangel），据说克里斯托弗·哥伦布航行所需

克里斯托弗·哥伦布与"印度"

的 200 万马拉维迪中有 1140 马拉维迪就是此人和热那亚人弗朗西斯科·皮内利（Francesco Pinelli）一起从圣兄弟会金库里支取的。克里斯托弗·哥伦布还与加布里埃尔·桑切斯（Gabriel Sánchez）、阿方索·德·昆塔尼利亚（Alfonso de Quintanilla）、米格尔·巴列斯特（Miguel Ballester）、桑提亚戈·马格里特（Santiago Margarit）、安德烈斯·卡布雷拉（Andrés Cabrera）以及古铁尔·德·卡德纳斯（Gutierre de Cárdenas）等杰出的卡斯蒂利亚人和加泰罗尼亚人保持着友谊关系。他还有一些意大利朋友，大多出身于热那亚豪门，都或直接或间接地参与了他的探险远航，并经常资助他和他家人的活动。在海军元帅哥伦布的关系网上，还有一些很有权势的西班牙神职人员，如：担任过若昂（Jean）王子的老师、后来成为萨莫拉主教的多明我会修士迭戈·德·德萨（Diego de Deza）、伊莎贝拉女王的告解神甫埃尔南多·德·塔拉韦拉（Hernando de Talavera）、红衣主教冈萨雷斯·德·门多萨（González de Mendoza）、方济各会修士佩雷斯和马切纳，还有随同克里斯托弗·哥伦布一起远航的加泰罗尼亚的本笃会修士博伊尔（Boïl）所提及的权势红衣主教西斯内罗斯（Cisneros）。不过，虽有诸多有权有势的朋友，克里斯托弗·哥伦布也不免招致了另一些人的敌意，那些人从圣多明哥开始就写下了一些关于克里斯托弗·哥伦布及其热那亚朋友们的可怕的东西，并把他们称为"法老"。关于克里斯托弗·哥伦布所"发现"的土地，拉蒙·帕内（Ramón Pané）神甫写作过一系列有趣的民族志笔记，还有后来成为历史学家的"宫廷牧师"安德烈斯·贝纳尔德斯（Andrés Bernáldez），他们也都是克里斯托弗·哥伦布的朋友。

克里斯托弗·哥伦布在 1493 年 9 月 25 日，从加的斯出发的第二次远航中带上了多明我会修士巴托洛梅·德·拉斯·卡萨斯（Bartolomé de las Casas）神甫的父亲佩德罗·德·拉斯·卡萨斯（Pedro de las Casas）。后来，这位神甫在唐·迭戈任总督的圣多明哥主持了他的第一次弥撒，并对西班牙远征军的暴虐行径进行了揭发。巴托洛梅·德·拉斯·卡萨斯在成为恰帕斯主教后，从唐·迭戈处得到了大量资料，从而得以编撰了《印第安通史》（*Historia general de las Indias*）。他还写过一篇著名的《简述印第安之被摧毁》（*Très brève relation de la destruction des Indes*），谴责了西班牙人在美洲进行的征服。而在《印第安通史》一书中，他提供了一份克里斯托弗·哥伦布第一次远航的"航海日志",以及关于这位海军元帅个人历史的众多信息。书中还提供了一幅克里斯托弗·哥伦布的肖像;留传至今的克里斯托弗·哥伦布画像有很多,但大多不够准确,而这一幅可以说是最为准确的了。

克里斯托弗·哥伦布还经常与来自罗马、米兰、那不勒斯、热那亚或佛罗伦萨的意大利文化人士交往:其中,有安吉拉的皮埃尔·马尔蒂尔(Pierre Martyr d'Anghiera),他是阿斯卡尼奥·斯福尔扎(Ascanio Sforza)红衣主教以及阿拉贡的路易斯(Louis d'Aragon)红衣主教的史官,还和滕迪利亚侯爵门多萨和奎尼奥内斯的伊尼戈·洛佩兹(Iñigo López de Mendoza y Quiñones)有亲戚关系;有翁布里亚的杰拉尔蒂尼(Geraldini d'Ombrie)两个兄弟,其中,亚历山德罗(Alessandro)是虔信天主的伊莎贝拉女王的老师和告解牧师,后来成为圣多明哥主教;还有西西里的人文主义学者尼科洛·西拉西奥(Niccolò Scillacio)。不过,克里斯托弗·哥伦布最忠实的一位朋友,当数诺瓦拉的加斯帕·戈里西奥(Gaspar Gorricio de Novara),他是拉斯奎瓦斯修道院的查尔特勒会修士,后来克里斯托弗·哥伦布的书信,以及其遗体在被数度于西班牙和美洲之间往返运送之前,都是保存在那座修道院里。克里斯托弗·哥伦布还与许多佛罗伦萨人保持着友好关系,比如吉亚诺托·贝拉尔迪、龙迪内利家族(Rondinelli)和斯特罗齐家族(Strozzi),特别是弗朗切斯科·巴尔迪,他是布里奥拉妮亚的丈夫,也是海军元帅哥伦布的律师。当然,克里斯托弗·哥伦布最重要的朋友还有亚美利哥·维斯普奇,也是克里斯托弗·哥伦布眼中时运最为不济的一个朋友。

1486年,克里斯托弗·哥伦布在阿尔卡拉·德·埃纳雷斯向天主教双王呈交了他的计划。斐迪南与伊莎贝拉在奈斯尔王国重要港口马拉加(该港口城市后来比格拉纳达早3年被卡斯蒂利亚征服)对面的一座营地里会见了克里斯托弗·哥伦布,但他们也听从了学者们的反对意见,拒绝了他的计划。就在其兄弟巴托洛梅奥前往法国和英国宫廷寻求支持之际,克里斯托弗·哥伦布的人生进入了一个新阶段,被后来一些人刻意渲染为他的一个浪漫的人生阶段。其实关于他的这7年,世人几乎一无所知。只是知道克里斯托弗·哥伦布在此期间,确切地说在1488年,和来自克里斯托弗·哥伦布与"印度"

克里斯托弗·哥伦布的第一次远航

1492 年 8 月 3 日，克里斯托弗·哥伦布，率领两艘卡拉维尔帆船"品塔"号和"尼娜"号以及大帆船"圣玛丽"号离开了帕洛斯·德·拉·弗龙特拉港。10 月 12 日，他到达了巴哈马群岛。欧洲就这样发现了新大陆。

克里斯托弗·哥伦布到达了他自己以为的"西边的印度"，这是一个极其重要的历史事件。许多历史学家甚至认为比起 1453 年君士坦丁堡的陷落，这一事件才是欧洲从中世纪历史向现代历史过渡的标志。在这场艰辛的航行过程中，克里斯托弗·哥伦布处理了多次船员叛乱的危机。其实，他的船员们并不那么在乎能否从西边到达印度，他们担心的是不仅到不了克里斯托弗·哥伦布许诺的地方，反而葬身在这茫茫的汪洋之中。一时事态紧张急迫起来，克里斯托弗·哥伦布只好向他的手下们发誓：如果三天内还看不到陆地就立即掉头返航。10 月 12 日，水手罗德里戈·德·特里亚纳（Rodrigo de Triana）的惊叫声终于让这种不确定烟消云散。远航舰队到达了一处良港，而克里斯托弗·哥伦布还不知道自己从这一刻起已经作为新大陆的发现者走进了史册。

新大陆上的民族

到达新大陆时，克里斯托弗·哥伦布就发现了那里的土著居民。虽然这些土著人起初表现得很平和，但他们后来杀害了克里斯托弗·哥伦布派驻在拉纳维达德堡的人员。上图为泰诺族的木刻偶像，泰诺人是前哥伦布时代安的列斯群岛和巴哈马等地的主要居民（藏于圣多明哥的加西亚·阿雷瓦洛基金会）。

科尔多瓦的贝雅特丽丝·恩里克斯·德·阿拉纳（Beatriz Enríquez de Arana）生下了他的第二个儿子，取名为费尔南多（Fernando）。费尔南多后来成了一位知名的藏书家，并写了一本关于其父亲的传记。

当时，卡斯蒂利亚王国还有许多重大问题亟待处理，尚无精力去考虑地理大发现一事，所以克里斯托弗·哥伦布必须等到王室彻底解决犹太人和撒拉逊人的问题后，才能获得他期待已久的授权。1492 年 4 月 17 日，在格拉纳达的圣菲营地，天主教双王批准了授予克里斯托弗·哥伦布以头衔、特权和权利的协议。克里斯托弗·哥伦布成为第一位"大洋海军元帅"、待发现岛屿和陆地的

总督和行政长官，同时还被授予了一系列重要的经济特权，名正言顺地获得了从一切新发现土地上的净收入中抽取十分之一以及从贸易利润中抽取八分之一的权利。

第一次航行

5月22日，克里斯托弗·哥伦布持国王谕旨来到帕洛斯和拉拉比达，命令当地居民装备两艘卡拉维尔帆船。1492年8月3日，"品塔"号和"尼娜"号帆船以及"圣玛丽"号大帆船从帕洛斯港升锚启航。中途被迫在加那利群岛停留了30天，这减缓了舰队前行的节奏。不过，10月12日，巴哈马群岛的瓜纳哈尼岛终于出现在了克里斯

实现大发现的舰船
（第176—177页）

图为拉斐尔·蒙莱昂·伊·托雷斯（Rafael Monleón y Torres）一幅水彩画上的"品塔"号和"尼娜"号卡拉维尔帆船以及"圣玛丽"号大帆船。这幅画的名称是《哥伦布的舰队从帕洛斯扬帆远航》(La escuadrilla de Colón navegando engolfada a la salida de Palos)（藏于西班牙塞维利亚的金塔海军博物馆）。

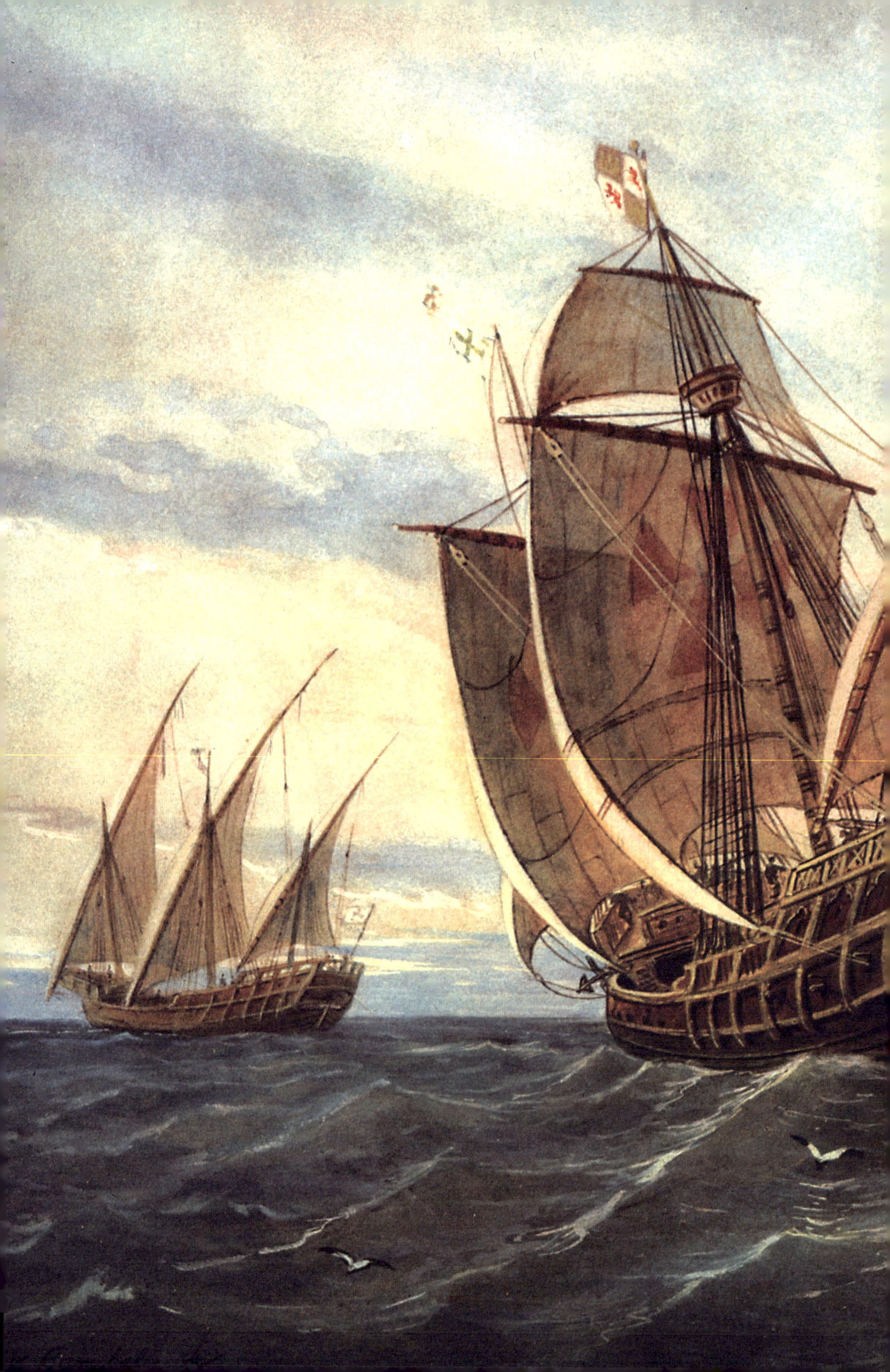

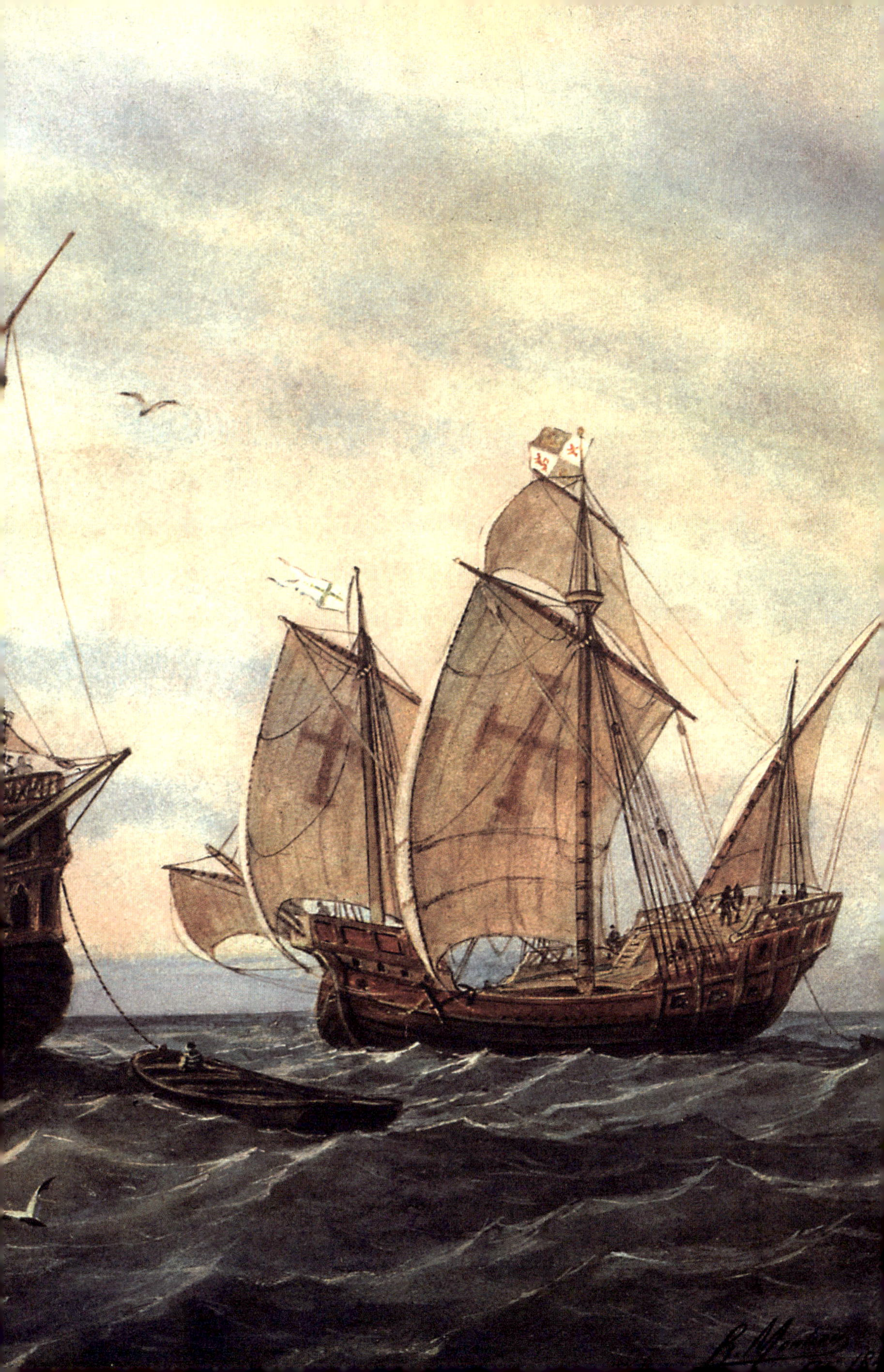

克里斯托弗·哥伦布与"印度"

托弗·哥伦布的眼前,向他打开了通向新大陆的大门,他于是将该岛命名为"圣萨尔瓦多岛"。在接下来的几个月里,他又发现了古巴岛和伊斯帕尼奥拉岛,并建立起了拉纳维达德堡,派了 30 个人驻守在那里,成为欧洲人在美洲土地上建立第一个机构。1493 年 1 月 16 日,他率领仅存的两艘卡拉维尔帆船("圣玛丽"号已经沉没)开启了他这场一生中最重要航行的归程,因为这样才能证明他的路线是正确的且可以复制的。

所有这些事件都记录在了克里斯托弗·哥伦布一回来就呈交给天主教双王的航海日志中。在许多人看来,那份航海日志是其航行的一手证明。不过,"普通大众"要到后来才得以了解那份航海日志的内容。那份航海日志的原本已经失传,如今留存的只是其珍贵原稿的两个手抄版本:一个是巴托洛梅·德·拉斯·卡萨斯教士的版本,另一个则是费尔南多·哥伦布的版本。与该航海日志不同,第一篇关于其此次航行的文章一经发表就名扬四方,很快就在整个欧洲传播开来。这篇文章再一次证明了这位海军元帅的才华,证明了他是一个拥有无尽资源的人物,证明了他要让世人永远记住他这个人和他的功绩的意志:因为这第一篇宣告地理大发现的文章,就是克里斯托弗·哥伦布本人所写的。

在总计 6 个月的去程航行中,克里斯托弗·哥伦布花了 3 个月时间探索加勒比海。之后,他掉转船头向着欧洲旧大陆返航,一路都没有遇到什么特别的麻烦。两艘卡拉维尔帆船平稳地航行在大洋之上;到 2 月初,舰队人员开始看到海面上出现了漂浮着的树枝、木头和飞翔的鸟儿,这意味着他们距离坚实的陆地已经不再遥远了。然而,在 2 月 12 日,远征的舰队突然遭遇了"狂野的大海和风暴"。当时,克里斯托弗·哥伦布心里充满了无比的绝望,他"害怕自己无法向世人证明他所见到的如此伟大的一切,无法向世人证明他的断言已经得到了证实"。纠结在他心头挥之不去的是两件事:首先是他的正在科尔多瓦学习的孩子们可能就此成为父母双亡的孤儿(因为当时他的妻子已经去世了);还有就是卡斯蒂利亚的天主教双王可能永远都不会知道他们的海军元帅哥伦布,为了他们获得了多么大的发现。

不过,克里斯托弗·哥伦布不甘放弃。据他在其航海日志中所述,他拿了一张羊皮纸,"尽可能地写下了关于他此次发现的一切",并请求任何捡到这封信的人将其上交给天主教双王。他用蜡纸把这张羊皮纸包裹严实，再封装到一个大木桶中，抛进了大海；他还在所乘帆船的后桅杆中藏了这封信的一个副本，希望它能从海难中幸存下去。我们今天认为，那张羊皮纸上的内容应该是与克里斯托弗·哥伦布在3月4日幸运地返抵塔霍河入海口后分别寄给天主教双王以及路易斯·德·桑坦格尔和加布里埃尔·桑切斯的书信文本是一致的。他还另外寄了一封性质颇为不同的书信给葡萄牙的若昂二世，在信中发誓自己在航行过程中从未背叛过葡萄牙与卡斯蒂利亚之间既有的协议。克里斯托弗·哥伦布是有葡萄牙王室颁给他的通行证的，但考虑到十几天前在亚速尔群岛发生的不愉快的冲突，也就不难理解克里斯托弗·哥伦布为何要如此声明自己的忠诚了。

在里斯本，克里斯托弗·哥伦布见到了代表葡萄牙王室的巴托洛缪·迪亚斯。3月8日，他收到了国王的答复，若昂二世同意第二天在里斯本附近的美德修道院接见他。据葡萄牙史官记载，此次会面终告不欢而散，一方面因为克里斯托弗·哥伦布傲慢自负，另一方面因为葡萄牙国王的不信任。不过，葡萄牙王室还是许可了这位海军元帅返回卡斯蒂利亚，但要求他只能走陆路，而且不能早于当月12日启程。当时的情况充满了不确定性，克里斯托弗·哥伦布担心先行驾乘"品塔"号离开的马丁·阿隆索·平松（Martín Alonso Pinzón）会抢在自己前头先去晋见天主教双王。所以他匆忙上路，而他回来的消息也飞快地传播开来。梅锡纳塞利公爵3月19日刚刚得知此事，而3月22日科尔多瓦的人们就已经在谈论他了。克里斯托弗·哥伦布探险远航的成果得以广为传播，有《关于发现新大陆的信》（*Lettre sur la découverte du Nouveau Monde*）的功劳。

在这方面，克里斯托弗·哥伦布效仿了马可·波罗，对自己这一即将风靡一时的首个关于美洲历史地理学的文本，进行了精心的推敲，他的这一巧妙的自我宣传行动还得到了许多朋友的帮助。该文本的广泛传播，除了有桑坦格尔（与热那亚人皮内利协调配合）的参与，当然也离不开承担了克里斯托弗·哥伦布此次航行四分之一费用的佛罗伦萨人吉亚诺托·贝拉尔迪。而热那亚的人们凭借各自的家族和行业网络，无须经由任何外人就能追踪各类事件的进展，因为他们可以直接从各自身居王室宫廷高位或二线重要圈子的亲戚处获取信息。有一个很能说明问题的例证是，

■ 克里斯托弗·哥伦布与"印度"

登陆伊斯帕尼奥拉岛

图为泰奥多尔·德·布里（Théodore de Bry）创作的一幅版画，描绘的是克里斯托弗·哥伦布与新大陆居民的初次接触，出自他于1596年在法兰克福出版的《美洲的防御》的第六篇（Americae retectio, pars sexta）。这位多产的德国版画家兼出版商同时还是一位发现美洲领域的伪历史学家，据说有许多关于新大陆主题的传说都是他编造出来的。

在3月25日至3月31日，克里斯托弗·哥伦布此次航行的消息，就出现在了佛罗伦萨某个码头装卸工的记事本上，随后便传到了埃斯特家族（Este）宫廷，传到了米兰、威尼斯和锡耶纳。和往常一样，商人和外交官们的书信成了传播这些消息的来源。

这封信的第一个西班牙文版本于1493年4月在巴塞罗那出版，这显然是出于卡斯蒂利亚人，要对自己在该项发现上的权利进行声索的必需。它随即被阿拉贡人莱安德罗·科斯科（Leandro Cosco）译成了拉丁文，这同样也很重要，因为此人既与天主教双王关系密切，又是波吉亚教皇亚历山大六世手下的神职人员。这封信的出版恰好赶上一系列"亚历山大诏书"（1493年5月至9月）的发表，其中一道诏书就是要划分卡斯蒂利亚和葡萄牙领土之间的海洋分界线。这个拉丁文译本很快就在意大利半岛发行了三次（罗马两次、佛罗伦萨一次），还在巴塞罗那发行了三次。1494年，又有6个版本在安特卫普、巴塞尔及巴黎问世。这种集中的出版活动也撼动了学术界，也营造出了一个广阔的文化活动舞台，带动克里斯托弗·哥伦布的朋友兼保护者安吉拉的皮埃尔·马尔蒂尔，出版了著作《书信集》（*Opus epistolarum*）和《数十年来的新世界》（*De orbe novo decades*），也带动了尼科洛·西拉西奥等人作品的出版。1493年6月15日，也就是莱安德罗·科斯科译本出版刚刚2个月之后，与教皇尤利乌二世关系亲近、后来被教皇利奥十世（Léon X）任命为主教的教会人士佛罗伦萨人朱利亚诺·达蒂（Giuliano Dati），撷取了克里斯托弗·哥伦布文本中描写的曲折经历，用通俗的语言译成了八音节一行的民歌，于罗马发表。这样一来，随着克里斯托弗·哥伦布在到达后发表的这封信件的出版，发现美洲的历史以及贯穿其过程之中的各种或真实或虚构的梦想、传奇、艰辛和困顿，已经扎根在民众的想象之中了。克里斯托弗·哥伦布高举着卡斯蒂利亚的旗帜和基督教的十字架，开始为无数的岛屿重新取名。

美洲那美妙而未经染指的大自然，那性格平和而温良的土著人，还有他们那纯洁到令人安心的赤身裸体，在克里斯托弗·哥伦布这个来自一个阴险得多、血腥得多、暴力得多的世界的人的眼中，活脱脱一派人间天堂的景象，也成为后来人们塑造乌托邦的蓝本。不过，这个自视天命在身且胸怀对耶路撒冷进行"十字军东征"之志的人物，也毫不掩饰自己对黄金的渴望。而当时欧洲人的心中依然遗留着马可·波罗时代那种中世纪认知体系的影响，所以一想到黄金，就会联想到女骑士和食人族。克里斯托弗·哥伦布的这封信还体现了他具备写作才华，从他后来的文字中也可以观察到这一点。它所塑造的克里斯托弗·哥伦布，是一个善于表现自己、极少怨天尤人而且热衷于宣示自己对王室的忠诚的人，是一个在为自己及家人争取特权时会毫不犹豫地炫耀自己的优点的人。克里斯托弗·哥伦布认为自己受到上帝的庇佑，是上帝的信使，后来在书信上署名时都使用"克里斯托弗伦斯"

凯旋

在实现大发现后,天主教双王在巴塞罗那举行盛大的庆典招待克里斯托弗·哥伦布。上面这幅欧仁·德拉克洛瓦(Eugène Delacroix)创作的题为《克里斯托弗·哥伦布归来》(Le Retour de Christophe Colomb)油画描绘的就是两位君主召见克里斯托弗·哥伦布的情景(藏于美国俄亥俄州托莱多艺术博物馆)。

(Christoferens,意为"基督的化身"——译者注)这个签名。他的这第一封信里所涉及的种种话题元素都在日后令其人其发现备受世人赞誉,诸如:欧洲中心主义、殖民主义、传教、十字军、关于奴隶制的争论、天赋权利、善良野蛮人的神话与乌托邦主义的诞生、对多元化的拒绝与"黑色传奇"(指对西班牙历史进行妖魔化的倾向——译者注)、基督教人道主义与世俗理性主义、身份认同问题与第三世界主义。总之,1493年4月底,天主教双王在巴塞罗那举行了盛大的庆典迎接他们这位海军元帅的凯旋。

第二次航行

克里斯托弗·哥伦布于1493年9月25日，率领17艘舰船和近1200名人员，从加的斯出发进行第二次探险远航，并于11月3日到达了多米尼加岛。在此次航行中，他还先后发现了瓜德罗普岛、拉代西拉德岛、玛丽-加朗特岛以及小安的列斯群岛中的另一些岛屿，并于11月27日再次到达了伊斯帕尼奥拉岛。

这时，真正的麻烦接踵而至。首先是远征队在拉纳维达德堡发现了上一次克里斯托弗·哥伦布派驻的留守人员的尸体。随后，他们和土著人接连爆发了越来越激烈的冲突。还有就是他们无论如何也找不到中国，因为中国本就不在那里。1494年4月，海军元帅哥伦布再次升锚探索古巴和牙买加的南部，后来那里和维拉瓜（今巴拿马）一样都成了其家族的公爵领地。1494年2月2日，他再次到达他在伊斯帕尼奥拉岛上建立的第一座城镇拉伊莎贝拉，但因为其地理位置不佳，他很快就放弃了它。两年后，圣多明哥将成为欧洲人在美洲建立的第一座城市以及新兴殖民体系的基地。

这第二次航行才是与美洲大陆真正接触的开始。除了海军元帅哥伦布本人的叙述，在其他相关文献和佛罗伦萨商人们的信件中，还有三个重要文件讲述了此次航行的经历。一是拉蒙·帕内的文章，是第一个详细描述新大陆上各种族的生活与习俗的；二是医生迭戈·阿尔瓦雷斯·钱卡（Diego Álvarez Chanca）写给塞维利亚市议会的信，讲述了他所参加的此次航行以及所发现陆地上的环境，尤其是那些地方的植物群落；还有就是米歇尔·达·库内奥（Michele da Cuneo）的一封叙事信件，此人是海军元帅哥伦布的一位朋友，来自克里斯托弗·哥伦布一家长期居住过的萨沃那。米歇尔·达·库内奥于1494年2月从美洲返回，于1495年10月15日给向他来信咨询此次航行消息的朋友杰罗拉莫·艾马里（Gerolamo Aimari）写了这封回信。米歇尔·达·库内奥的这封信很长、很翔实，完全可以看作第一份关于美洲的"商人指导手册"。

米歇尔·达·库内奥出身于一个重要的商人和船东家族，有丰富的航行经验。

克里斯托弗·哥伦布，举世无双的航海家

关于克里斯托弗·哥伦布的传奇，还有许多不曾散去的疑问。尤其是他到底是何方人氏？有人说他的原籍并非热那亚，而是加泰罗尼亚、马略卡或葡萄牙。还有人说他是皈依了的犹太人，是克罗地亚人，甚至是挪威人。唯有一点可以确定：他是一位经得起一切考验的优秀航海家。

虽然他的儿子费尔南多声称克里斯托弗·哥伦布曾经在帕维亚大学学习过，但他本人却承认自己所知的一切，都是从实践中、从与一些学者的交流中学来的。而他的阅读积累（马可·波罗的《百万之家》是他的一本床头书）和他的航海经验则最终帮助他确立了自己的世界观，并促使他产生了远航印度的计划。克里斯托弗·哥伦布拥有强大的观察力和学习力，同时是一个意志坚强、为追求理想而百折不挠的人。不管是葡萄牙国王对其计划的不理解，还是他在卡斯蒂利亚宫廷遭遇的困难，都不能令其退缩。而且他自视颇高，所以他在与天主教双王谈判时，为了争取与其计划成功相称的头衔、特许和权利，他表现出了极其坚定的态度。他丝毫没有片刻怀疑过自己的计划能否成功，因为他坚信天命会为他指引前行的道路。

插图 据说是属于克里斯托弗·哥伦布的罗盘地图，上面绘有欧洲和非洲的海岸（藏于法国国家图书馆，巴黎）。

他是一位出色的自然观察者，在技术方面的知识远胜于海军元帅哥伦布。从这个角度来说，与他的朋友克里斯托弗·哥伦布相比，他才更像马可·波罗。而克里斯托弗·哥伦布虽然在海上航行方面能力出众，但毕竟出身于手工匠人之家。因此，克里斯托弗·哥伦布虽然一直都和一些商业银行家保持着联系，甚至还曾尝试投资于各种生意，但对于商业贸易领域，他远不及米歇尔·达·库内奥熟悉，所以总是把这类问题交给佛罗伦萨人去处理。

米歇尔·达·库内奥非常了解海军元帅的强项。他在写给朋友杰罗拉莫·艾马里的信中强调世界上从未有过克

对新世界的印象

克里斯托弗·哥伦布到达了西边的印度！不久，特别是1493年他的《关于发现新大陆的信》在巴塞罗那出版之后，这个消息就传遍了欧洲。这封信随即就被译成了拉丁文。它以优美的文字向欧洲人描述了这个全新世界的方方面面：它的风景、它的住民、它的富饶。"在我前面讲过的那座被我叫作伊斯帕尼奥拉的岛上，分布着许多壮美的高山；那里有广阔的原野和森林，土地肥沃，不论是耕作还是放牧都很合适，用来开展建设也很不错。"[引自《克里斯托弗·哥伦布的信》（ Lettre de Cristophe Colomb），吕西安·德·罗斯尼（Lucien de Rosny）翻译和编辑，巴黎，于勒·盖伊出版，1865年，第27页]。在谈到那里的住民时，他是这样写的："从他们身上，看不到任何我们以前想象的妖魔鬼怪的影子，反而他们都是懂得尊重且充满善意的人类。"（引自《克里斯托弗·哥伦布的信》，吕西安·德·罗斯尼翻译和编辑，巴黎，于勒·盖伊出版，1865年，第37页）。在这封信的西班牙文版本中，后面还谈到了当地土著居民实行的是一夫一妻制，这一点看来是克里斯托弗·哥伦布信口编造的。当然，这封信并非佐证克里斯托弗·哥伦布此次航行的唯一资料：留存于世的还有他的航海日志。巴托洛梅·德·拉斯·卡萨斯教士抄录了一份，后来把它用在了自己的《印第安通史》中。

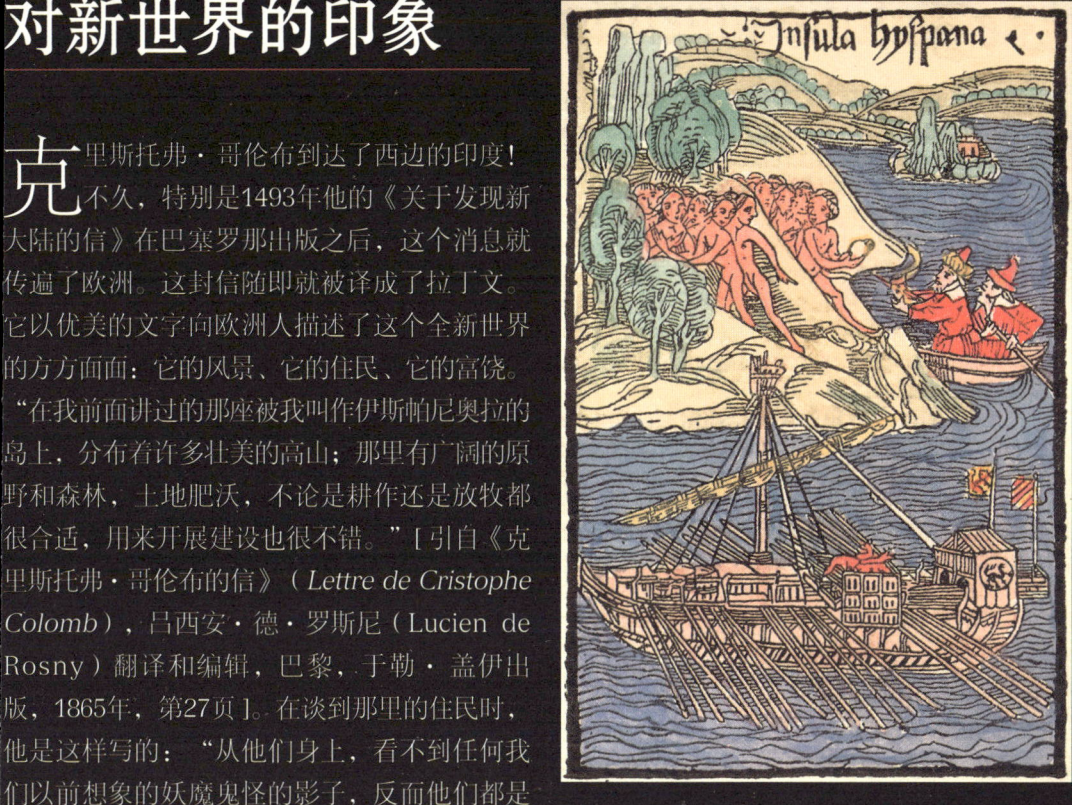

插图 上图为1494年在巴塞尔出版的克里斯托弗·哥伦布信件拉丁文版中的一幅版画插图。

克里斯托弗·哥伦布的信件及其出版

当时刚刚发明的印刷术使这封信得以迅速传遍……整个欧洲。它的第一个版本是卡斯蒂利亚语版本，1493年问世于巴塞罗那的佩雷·波萨印刷坊，是为阿拉贡王室的司库（财务大臣）路易斯·德·桑坦格尔（Louis de Santangel）印制的。同年4月，这个文本就已经传到了罗马，在那里被教皇亚历山大六世的秘书莱安德罗·斯科译成了拉丁文。这个版本在安特卫普、巴塞尔以及巴黎被重印，成为翻译其他语言版本的原稿。其中尤其值得称道的是，1493年翻译的意大利语诗文版和1497年翻译的德语版。费尔南多·哥伦布还提到过一个加泰罗尼亚语的版本。左图为《关于发现新大陆的信》在罗马出版的第三个版本中的一幅版画。

里斯托弗·哥伦布这般具有如此航行天赋之人：克里斯托弗·哥伦布只要看一眼天上的云朵或星星，就能做出正确的决定；在遇到坏天气时，他便亲自掌舵；风暴一过去，别人还没反应过来，他就已经把帆升起来了。在这场所有参与者都因受到黄金的诱惑而激动万分的航行中，米歇尔·达·库内奥是唯一对其面临的困难进行了评析的人。他指出，远征队中热那亚人与卡斯蒂利亚人的关系出现了恶化，他还指出他的朋友克里斯托弗·哥伦布自身也存在着弱点和不理智的地方。比如，克里斯托弗·哥伦布在戈梅岛爱上了埃尔南·佩拉萨（Hernán Peraza）的遗孀贝雅特丽丝·德·波巴迪拉（Beatriz de Bobadilla），还强迫自己的手下发誓说古巴不是一个岛屿。和所有的利古里亚人一样，克里斯托弗·哥伦布一般只信任自己的家人，他尤其信任的是他的兄弟巴托洛梅奥。而米歇尔·达·库内奥算是外人中唯一的例外。

在此次探险中，米歇尔·达·库内奥首先发现过一个有着漂亮港口的海角，海军元帅便将其暂时命名为"萨沃那的圣米歇尔角"，还把今天的绍纳岛（Saona，即意大利语中的"萨沃那"——译者注）作为礼物赠送给了他。按照习惯的程序，米歇尔·达·库内奥通过公开的公证手续占有了那座岛屿：他亲自在岛上拔了一些草、砍了几棵树、插上一个十字架，并将其命名为"贝拉绍内萨"岛（Bella Saonesa，意为"美丽的萨沃那"——译者注）。正如这位陪伴好友克里斯托弗·哥伦布完成了其第二次新大陆航行的意大利航海家米歇尔·达·库内奥所述，海军元帅把自己在此次航行中的所有经历都写进了书里，也就是他那著名的航海日志里。米歇尔·达·库内奥是唯一从克里斯托弗·哥伦布手上得到一块殖民封地的人。如果克里斯托弗·哥伦布真的像某些人说的那样是加泰罗尼亚人、科西嘉人或普罗旺斯人或别的什么地方的人的话，那他肯定不可能把那座岛屿命名为绍纳岛。

米歇尔·达·库内奥的这封信不只是一份航行记事，而且从形式到内容都应该可以归入"商人指导手册"的类别。其独特性就在于其提供的信息丰富多样、品质极高，并且把他对欧洲旧大陆的知识与对新发现大陆的初步认识糅合在了一起。米歇尔·达·库内奥与别的事件亲历者不同，他不只满足于开列一份当地动植物的清单，也不只满足于对那些地方及其居民做简单的描述。利古里亚人很少寻求进行直接的殖民，对于他们而言，旅行的目的必定是开辟新的市场并尽可能获取商业贸易垄断权。他们从体系上就是和卡斯蒂利亚人大不一样的。正如埃马努埃莱·佩萨尼奥在和葡萄牙王室谈判时一样，克里斯托弗·哥伦布在与卡斯蒂利亚王室协商圣菲协议时也立即想到了商业贸易的问题：从该协议文本中可以看到他特别关注预先明确他的商贸垄断权。米歇尔·达·库内奥用他那擅于鉴别事物"价值"、评判事物商业利益的目光审视着这块新的大陆。他的文字以此次远航作为背景，描述了所走过的路线、所发现的利益点、市场和港口，注明了距离和航海家遭遇到的困难。他着重指出了所到之处在景观和环境上的特点，备注了水源的情况以及各种对于想来定居或殖民的人不一定有用但对于想来从事商业贸易的人可能有用的信息。

紧接在相关环境信息之后的，就是他这封信最重要的一个部分，谈论的是新大陆蕴藏的商贸机会。他从食品开发、药物开发和手工生产的角度对所发现的植物进行了考察，并熟练地将它们与欧洲旧大陆上已知的品种进行了对比。但他并不只是建立了一份关于当地物产的翔实目录，罗列出它们的特性以及它们与欧洲人熟悉的原料之间的异同。因为通过这次远航，克里斯托弗·哥伦布还把一些欧洲的动植物引进到了这些新发现的土地上，所以米歇尔·达·库内奥得以观察到：在那里香芹长势良好，还可以种植甜瓜、西瓜、南瓜和萝卜，但洋葱、大葱、莴苣、麦子、鹰嘴豆和菜豆就难以适应当地的环境；鸡、狗和猫都能在那里繁衍，但牛群、马群和羊群则发展得比较缓慢。在此之外，米歇尔·达·库内奥还列出了一长串鸟类和海洋生物的清单，而且对于所遇到的人类族群以及那些地方的风俗习惯，也提供了大量详细的说明，当然这个部分就算不上有多么新颖独特或出人意料了。

第三次和第四次航行

克里斯托弗·哥伦布的热那亚关系网，除了其可靠的保护者菲斯基家族、迪·内格罗家族和琴图寥内家族以外，还包括了斯宾诺拉、多利亚、卡塔内奥、格里马尔

伊斯帕尼奥拉岛，进入新世界的门户

在第一次远航期间，克里斯托弗·哥伦布将大安的列斯群岛中的一座岛屿，命名为"伊斯帕尼奥拉岛"（意为"西班牙岛"）。1492 年 12 月 25 日，他在那里建立了西班牙在美洲的第一个机构，拉纳维达德堡。

在其以印度为目的地的第一次远航中，海军元帅哥伦布并未到达美洲大陆，而只是接触到了一些海岛。特别是伊斯帕尼奥拉岛，他用遭遇海难的"圣玛丽"号剩余的物资在那里建立了拉纳维达德堡。他派驻该堡的人员在那里建立起了欧洲在新世界的第一个殖民地。但他们的下场很凄惨：1493 年 11 月，第二次远航的克里斯托弗·哥伦布回到那里，却发现留守此地的手下已经被该岛土著居民泰诺人屠杀殆尽。作为回应，克里斯托弗·哥伦布决定调来更多的人员和物资。1494 年，他在岛上建起了西班牙在美洲的第一座城市，拉伊莎贝拉；两年后，又建造了圣多明哥城，后者成为组织向该岛乃至新大陆殖民的基地。这些做法的后果很快就显现出来：由于被迫劳动、遭受虐待以及感染来自欧洲的疾病，伊斯帕尼奥拉岛上的土著居民迎来了末日。

插图 位于圣多明哥（今多米尼加共和国）的哥伦布城堡，曾是印第安总督迭戈·哥伦布的府邸。

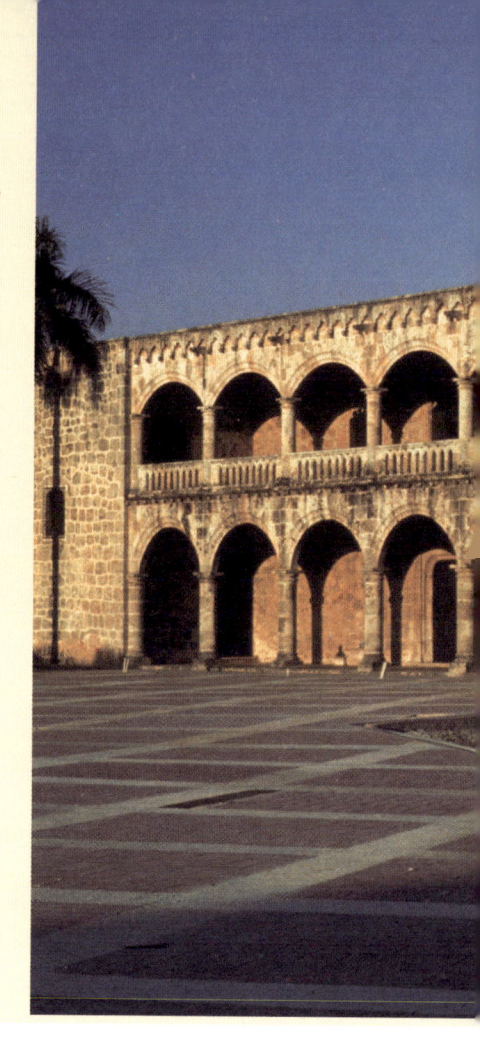

迪、德·里瓦罗洛（De Rivarolo）和奥德里科（Oderico）等家族，以及其他一些有影响力的人物。虽然这张关系网对他的支持越来越坚定，但克里斯托弗·哥伦布 1495 年 7 月 11 日在加的斯落锚之后，还是陷入了真正的困境。于是，为了在西班牙构建自己新的家族"王国"，海军元帅哥伦布做出了一个重大决定：立长子迭戈为自己的世袭继承人，并安排其接班。依循热那亚精英豪门的传统，他安排了一笔遗产给圣乔治银行，用于分摊热那亚的公共债务。克里斯托弗·哥伦布也没有忘记他家族在热那亚的分支，他显然和他们保持着联系。有

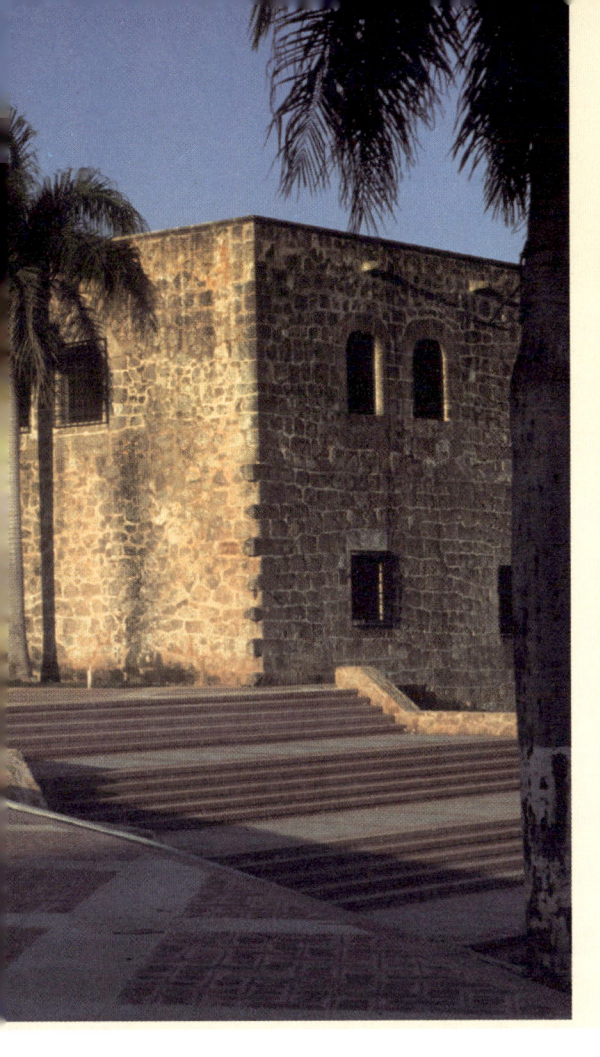

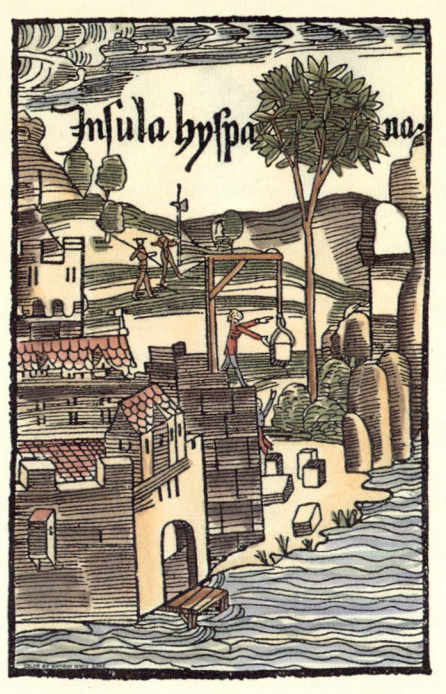

拉纳维达德堡 克里斯托弗·哥伦布信件1494年巴塞尔版中的插图版画，描绘了在伊斯帕尼奥拉岛上兴建拉纳维达德堡的景象。

一些热那亚的亲戚还跟随他进行了定居西班牙之前的最后一次航行。

  第三次航行标志着克里斯托弗·哥伦布航海生涯的一个关键转折点。1498年5月30日，他率领5艘卡拉维尔帆船以及另1艘船离开了桑卢卡尔-德巴拉梅达港，于7月31日到达特立尼达岛。8月，在穿过帕里亚湾（亦称"珍珠湾"）和"龙口"海峡后，他沿玛格丽塔岛海岸航行，并到达了奥里诺科河大入海口。到了这里，克里斯托弗·哥伦布觉得眼前的景象就仿佛他在给天主教双王的一封信中描述过的"另一个世界"。他固执地

克里斯托弗·哥伦布与"印度"

相信传统地理学的那些错误的说法，坚称自己来到的是人间天堂的入口。不过，这位海军元帅的时运开始逆转。1499 年，热那亚成了法兰西王国的领地，所以克里斯托弗·哥伦布失宠就是顺理成章的事了，因为他先前的经历以及他与公开亲法的菲斯基家族关系密切，都导致了西班牙对他的不信任。在伊斯帕尼奥拉岛发生了一起反叛暴动，还不断有西班牙人指责这位海军元帅的做派，所以卡斯蒂利亚王室就派了弗朗西斯科·德·波巴迪拉（Francisco de Bobadilla）来到了岛上。经过一段不明不白的调查（不过调查的文件还是保存下来了），克里斯托弗·哥伦布就于 1500 年 8 月 23 日被逮捕了。12 月初，他在他的两个兄弟巴托洛梅奥和迭戈的陪同下，戴着镣铐登上了一艘船，以囚犯的身份在加的斯上岸。从 1499 年起，卡斯蒂利亚王室就开始把向"印度"（指的是"美洲"——译者注）航行的许可授予其他一些人，还于 1501 年向那里派遣了新的执政长官尼古拉斯·德·奥万多（Nicolás de Ovando）。这样一来，情况就复杂了：在获释后，克里斯托弗·哥伦布在准备新一次航行的同时，命人将自己的文件和特权收集保存到《特许权之书》（Livre des privilèges）中，交给了一些热那亚朋友。在此期间，他还为儿子迭戈的婚事做了准备。他儿子迭戈几年以来一直和同父异母的弟弟费尔南多住在卡斯蒂利亚的宫廷里，后来娶了阿尔巴公爵的侄女玛丽·德·托莱多为妻。

1502 年 4 月 8 日，克里斯托弗·哥伦布开始了最后一次航行。和他一起登船的，有他的小儿子费尔南多、他的兄弟巴托洛梅奥、他的忠实好友巴托洛梅奥·菲斯基（指挥"比斯开"号），以及热那亚的几个亲戚和几个利古里亚人。舰队于 1503 年 6 月 25 日到达洪都拉斯、维拉瓜和牙买加沿岸。幸亏巴托洛梅奥·菲斯基和迭戈·门德斯（Diego Méndez）领导的探险取得了成功，他终于能在 1504 年 6 月 25 日返航，并于 11 月 7 日回到了桑卢卡尔-德巴拉梅达港。伊莎贝拉女王的去世可能使克里斯托弗·哥伦布失去了一个重要的支持者，但因为他和教皇尤利乌二世及红衣主教乔瓦尼·德拉·罗维雷（Giovanni Della Rovere）恢复了亲切友好的关系，他的亲朋好友以及他的佛罗伦萨和西班牙的朋友们，在他身边编织的那张致密的关系网反而得到了进一步的巩固。就是在这个时期，他和菲斯基家族的族

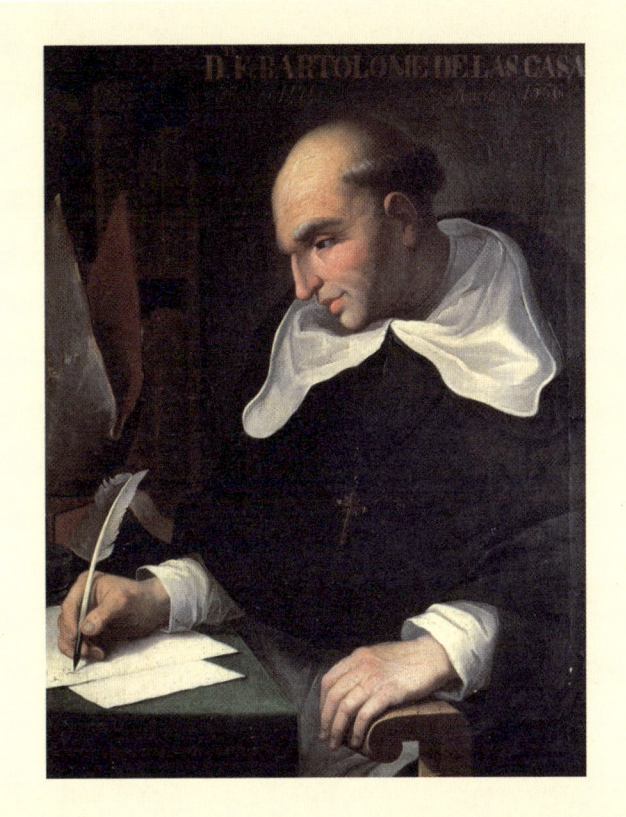

巴托洛梅·德·拉斯·卡萨斯：征服与传教之恶

巴托洛梅·德·拉斯·卡萨斯的人生，典型地代表了许多在殖民新大陆时期经历了深刻伦理冲突的宗教人士。他们起初都满腔热情地奔赴新世界传播福音，而在目睹了征服者对原住民犯下的残暴罪行后都对此深恶痛绝。

1502年，也就是发现新大陆刚满10年。来到美洲的巴托洛梅·德·拉斯·卡萨斯本来与其他殖民者还没有什么不同。但当地的土著人在备受奴役和虐待后终于奋起反抗。这时，巴托洛梅·德·拉斯·卡萨斯就开始捍卫土著人。他坚信必须废除殖民者在当地实行的监护征赋制（根据这项制度，作为对土著住民进行信仰教化的交换，殖民者可以对他们实行奴役），建立公平经济的基础。巴托洛梅·德·拉斯·卡萨斯呼吁殖民者回归初心，强调西班牙在美洲存在的唯一目的就是传播福音。他的梦想当然以失败告终，但他对殖民者的批判和谴责集结成了一篇《简述印第安之被摧毁》，后来在1542年推动建立了一些旨在改善印第安人生活的新法律。

插图 巴托洛梅·德·拉斯·卡萨斯肖像（藏于西班牙塞维利亚的印第安综合档案馆）。

长吉安·路易吉（Gian Luigi）进行了一次有意思的通信；这似乎恰好证实了当时人们对他与法国保持着联系的指控——他与法国很可能是有联系的，但这种联系一定是间接的。不过，许多迹象都不免令人想到热那亚游说团体可能一直在关注着事情的发展。克里斯托弗·哥伦布 5 月 19 日在巴利亚多利德起草的追加遗嘱中，所开列的债主名单上全都是热那亚人的姓名。1506 年 5 月 20 日，克里斯托弗·哥伦布离开了人世，这位"大洋海军元帅"的一生就此落幕。陪他走到最后的是他忠实的好友巴托洛梅奥·菲斯基。热那亚游说团体中有很多成员曾经在克里斯托弗·哥伦布的陪同下访问过伊斯帕尼奥拉岛。而在伊莎贝拉女王继任者们的统治下，该团体无论在西班牙还是在美洲都拥有了越来越多的特权。围绕着克里斯托弗·哥伦布这个人物的喧嚣渐渐沉寂下来，只有他的故事还在世间流传，渐渐地就传成了神话。

罗马教廷与地理大发现

罗马教廷一直高度关注探索新世界的事业。整个 15 世纪，尼古拉五世、卡利克斯特三世和尤金四世等教皇，都对葡萄牙人的行动给予了支持。但到了这个世纪晚期，所有的教皇都与卡斯蒂利亚及海军元帅克里斯托弗·哥伦布维持着或近或远的关系。从 1471 年至 1484 年，占据教宗宝座的是来自萨沃那的弗朗切斯科·德拉·罗韦雷（Francesco Della Rovere），也就是西斯科特四世。从那时起，利古里亚人就掌控了局面，垄断了罗马教廷的各种世俗和宗教职务。这样一种局面一直持续了很久，其中只有从 1492 年 8 月底到 1503 年 8 月，罗德里戈·波吉亚（Rodrigo Borgia，即亚历山大六世）担任教皇而使加泰罗尼亚人一度得势的时期是个例外。亚历山大六世之后的庇护三世（Pie Ⅲ）在位时间极其短暂，随后便是西斯科特四世的侄子朱利亚诺·德拉·罗韦雷（Giuliano Della Rovere）当选教皇，称号是尤利乌斯二世（Jules Ⅱ）。曾经在萨沃那生活过的哥伦布家族与德拉·罗韦雷家族是有交情的，菲斯基家族也是如此。

西斯科特四世在国际问题上的表现非常活跃，他通过募捐和赦罪筹款，发起了

针对突厥人的"十字军东征"。1480 年，热那亚大主教保罗·弗雷戈索（Paolo Fregoso，后来成为总主教）指挥强大的舰队在奥特朗托赢得了胜利，但这次胜利几乎没有带来任何收益。而且这场胜利的得来其实非常偶然，是因为突厥军队由于苏丹去世而得不到增援。教皇也无法寻求到更多支持来把这场东征继续下去。西欧各国都和突厥人保持着良好的关系，而教皇因受其他问题牵扯也只好在此事上放低姿态。1481 年，西斯科特四世颁布诏书《永恒之王》，批准了《阿尔卡索瓦斯–托莱多条约》。当时克里斯托弗·哥伦布还在葡萄牙，为了资助征服格拉纳达的行

被锁链缚住的克里斯托弗·哥伦布

由于西班牙殖民者的抱怨，西班牙王室开启了对克里斯托弗·哥伦布的调查。最终，天主教双王新任命的印第安总督弗朗西斯科·德·波巴迪拉，逮捕了克里斯托弗·哥伦布以及他的两个兄弟迭戈和巴托洛梅奥，并将他们遣返到加的斯。上图就是埃玛纽埃尔·洛伊茨（Emanuel Leutze，1816 年—1868 年）创作的油画《被锁链缚住的克里斯托弗·哥伦布回到加的斯》（Retour de Christophe Colomb enchaîné à Cadix）。

克里斯托弗·哥伦布与"印度"

教皇与新世界

1492 年克里斯托弗·哥伦布到达"西边的印度"导致葡萄牙和卡斯蒂利亚爆发了冲突。不过，一年后教皇亚历山大六世颁布的多道诏书平息了两国的纷争。**1494 年**，两国签订了《托尔德西里亚斯条约》。从此，新的世界就被这两大列强瓜分了。

插图 下图为教皇亚历山大六世；右图为 1502 年绘制的坎蒂诺地球平面球形图。

动，这位教宗还发起了几次大规模募捐，但直到另一个由利古里亚人担任的教皇英诺森八世时，才最终攻下了格拉纳达。塞维利亚属于热那亚人经常活动的范围，所以他们请求教皇任命一位热那亚人做那里的大主教，以看守他们的利益。1478 年，在托尔法发现了珍贵的明矾矿，替代了 1462 年已经失去的福西亚明矾矿的地位。经过一番与佛罗伦萨人的争夺，这个矿藏的控制权落入了热那亚人手中，被活跃于半岛、大西洋各岛及欧洲各地的琴图寥内家

亚历山大诏书

《关于一些事情》（INTER CAETERA） 第一道诏书承认卡斯蒂利亚王国对其已发现和将发现的土地享有权力，前提条件是该土地不属于任何基督教王室。第二道诏书则对第一道诏书的认可进行了确认，并规定了卡斯蒂利亚与葡萄牙瓜分大洋的分界线。

《杰出的奉献》（EXIMIAE DEVOTIONIS） 依据《关于一些事情》诏书，这道小诏书认可卡斯蒂利亚国王及其继承者和继任者，享有和葡萄牙国王相同的权利和特许，即组织和扶持印第安教会的权利和特许。

《虔诚的忠信》（PIIS FIDELIUM） 这道小诏书是颁给卡斯蒂利亚国王的秘书、随同克里斯托弗·哥伦布进行了第二次远航的伯纳特·博伊尔（Bernat Boïl）的，宣布启动对新发现的土地开展福音传播的决定。

《长久以来》（DUDUM SIQUIDEM） 这道诏书扩大了对卡斯蒂利亚天主教双王及他们的继任者的授权，认可他们对在东方新发现的土地享有权力，前提条件是该土地不属于任何基督教王室。它是对第二道《关于一些事情》诏书的补充，拓展了卡斯蒂利亚王国未来向东方扩张的前景。

族垄断。西斯科特四世甚至对当年发生于佛罗伦萨的"帕齐阴谋"进行了支持，可见那场阴谋已经超出了简单的地方性冲突的范畴。

1484年，被西斯科特四世任命为红衣主教的萨沃那主教热那亚人乔瓦尼·巴蒂斯塔·齐博（Giovanni Battista Cybo）当选为教皇，称为英诺森八世。这位新教皇出身于一个贵族商人大家族，是泰奥多莉娜·德·马里（Teodorina de Mari）与一位宫廷伯爵的儿子。他曾在那不勒斯生活，支持过 1486 年在那里发生的男爵起义。这位教皇有数个子女，而且他懂得通过联姻的安排来调和佛罗伦萨和热那亚的关系。所以，他安排儿子弗朗切谢托（Franceschetto）娶了马达莱娜·德·美第奇（Maddalena de Médicis），并把安奎拉拉伯爵领地转让给了他。约翰·德·美第奇（Jean de Médicis）年仅 7 岁时就被他任命为教皇法庭总书记，不到 13 岁时又从他手上接过了红衣主教的红袍（后来在美第奇家族的鼎盛时期当选为教皇，称号为利奥十世）。英诺森八世的女儿泰奥多莉娜则嫁给了出身热那亚豪门的盖拉尔多·乌索·迪·马雷（Gherardo Uso di Mare）。1492 年，在英诺森八世去世前不久，圣乔治银行向朱利亚诺·德拉·罗韦雷捐赠了 100000 杜卡托，供其用于 8 月的教皇选举会。一开始，德拉·罗韦雷支持的是自己的朋友、神圣学院最受人尊敬的豪尔赫·达·科斯塔（Jorge da Costa），但最终还是把赞成票投给了和自己关系并不好的波吉亚红衣主教。

波吉亚的教皇亚历山大六世，通过其颁布的一道道诏书，把探险航海活动及从事该活动的人物抬高到了上天之命的位置上。后来在很长时间里，克里斯托弗·哥伦布都被人们视作上承天命的神圣发现者，以及不为俗世理解而备受迫害的英雄。

克里斯托弗·哥伦布曾给亚历山大六世写信，请求他下旨在新发现的土地上传播福音，并为自己的小儿子费尔南多求一个红衣主教的职位。而教皇最初几道关于新大陆的诏书其实就是费尔南多起草的；这几道诏书早于 1494 年 6 月 7 日的《托尔德西里亚斯条约》，确定了在距离亚速尔群岛 100 海里处划出卡斯蒂利亚和葡萄牙两国的分界线。1499 年，热那亚被法国吞并。卡斯蒂利亚的天主教国王斐迪南和法国国王路易十二世（Louis XII）于 1500 年缔结格拉纳达和约，瓜分了那不勒斯王国。同年，斐迪南将热那亚在意大利地区的特权收回到自己的控制之下，而克里斯托弗·哥伦布则被迫接受调查。1503 年，在庇护三世的短暂任期结束后，朱利亚诺·德拉·罗韦雷当选教皇，称为尤利乌二世；这为利古里亚人巩固他们在罗马教廷内外的影响力创造了机会。在这个朝代，尤其是在尤利乌二世治下，神圣学院落入了利古里亚人的掌控之中；齐博（Cybo）、菲斯基、绍利（Sauli）、德尔·卡雷托（Del Carretto）、多利亚、德·马里（De Mari）、帕拉维奇尼（Pallavicini）、琴图寥内、格里马尔迪、斯宾诺拉、弗雷戈索（Fregoso）和朱斯蒂尼亚尼等家族控制了商贸活动和银行业务，控制了托尔法的明矾矿，把持了梵蒂冈银行、海军部和教皇卫队。不过克里斯托弗·哥伦布与教廷的关系并未因此破裂：尤利乌二世还是时时关注着这位航海家的音信，而海军元帅哥伦布的兄弟巴托洛梅奥还在1507年觐见了这位教皇。

AMERICVS VESPVCC

亚美利哥·维斯普奇

阿克里斯托法诺·德尔阿尔蒂西莫（Cristofano dell'Altissimo）创作的亚美利哥·维斯普奇肖像（藏于意大利佛罗伦萨的乌菲兹美术馆）。

插图（右侧） 制造于1489年的明朝漆盘（藏于大英博物馆，伦敦）。

东方与西方之间

随着大西洋航行的不断开展以及英法两个王国的加入，商路和市场的一体化进程得到了推进。自从维京人踏足美洲和中国的郑和下西洋以来，美洲这块"难以企及"的大陆一直笼罩在神秘的面纱之下，直到克里斯托弗·哥伦布到来才被揭开。

对于欧洲生活在大西洋沿岸地区的人民来说，在这片大洋里航行其实并不陌生，比如爱尔兰的远航故事就讲述了圣布伦丹（saint Brendan）在大西洋的航海历险，斯堪的纳维亚半岛的传说歌颂了红发埃里克（Erik le Rouge）的英勇无畏，而8世纪盎格鲁-撒克逊的叙事诗歌则谱写了贝奥武夫（Beowulf）的传奇经历。不过，作为第一次真正成功的探险之旅被载入史册的，还是约翰·卡伯特（Giovanni Caboto，亦作 Jean Cabot）在1497年朝着北美洲陆地部分进行的那次航行。对于这位意大利商人、航海家和探险家的相关情况，世人几乎一无所知。鉴于他所处的

约翰·卡伯特，到达纽芬兰的威尼斯人

发现美洲的消息轰动了整个欧洲。各国王室都快马加鞭地筹谋布局以期控制这个新的世界，它们根本没有把《托尔德西里亚斯条约》做出的由葡萄牙和卡斯蒂利亚瓜分新世界的规定放在眼里。英格兰也不例外，它选中了一位威尼斯航海家作为自己的代表参与到这场竞争中来。

和克里斯托弗·哥伦布一样，约翰·卡伯特（亦作"乔瓦尼·卡伯托"或"让·卡伯特"）也是 15 世纪末至 16 世纪初，向欧洲各国君主兜售服务的众多航海家中的一员。葡萄牙和卡斯蒂利亚对他不加理睬，但英格兰王室却听到了他的声音，并对于他提出的取道西北方向路线前往香料之国的计划产生了兴趣。约翰·卡伯特认为克里斯托弗·哥伦布的路线实在太长了。1497 年 6 月 24 日，他到达了一块他认为距离日本很近的土地。其实他到达的是纽芬兰。严格地说，约翰·卡伯特并非纽芬兰的发现者，因为维京人早在 10 世纪时就到过那里。根据《托尔德西里亚斯条约》的规定，这片海岸是应许给葡萄牙的，所以葡萄牙人加斯帕·科尔特·雷亚尔（Gaspar Corte Real）在 1502 年也来到此地探险。

插图 罗伯特·达德利（Robert Dudley）于 1853 年前后创作的油画《发现纽芬兰》（La Découverte de Terre-Neuve）。

约翰·卡伯特

立于纽芬兰博纳维斯塔角的航海家约翰·卡伯特雕像。

时代，这也实属正常。不过，这样一个默默无闻、出身卑微但确有才华而且承担了第一次大西洋探险使命的人物是来自热那亚的，这一点并不令人感到意外。

卡伯特的姓氏虽有各种不同的拼法，但他的确是威尼斯公民，当然也同样可以确定他并非土生土长于威尼斯。不过，和他同时代的人几乎都把他看作威尼斯人，而且他的儿子塞巴斯蒂安（·Sébastien）在其漫长而动荡的人生中每当遭遇困难时刻，都会想到"太平共和国"（Serenissima Repubblica，指"威尼斯共和国"——译者注）。威尼斯人在授予外人以公民权一事上比热那亚人要严苛得多，他们是在 1476 年才接纳了约翰·卡伯特成为他们的一员，那时他大

纽芬兰 尽管对于"马修"号的确切停靠位置存在争议，但加拿大和英国政府都将纽芬兰岛的博纳维斯塔角，视作约翰·卡伯特正式登陆的地点。

插图 上面这幅版画地图出自地理学家、作家吉奥瓦尼·巴蒂斯塔·拉穆西奥1556年在威尼斯出版的《航海与旅行》，标示着约翰·卡伯特探索发现的土地。

概在威尼斯共和国已经定居了至少15年。约翰·卡伯特在威尼斯一直生活到了1485年初。他在那里有房子、有财产、有一个名叫玛泰娅（Mattea）的威尼斯妻子，还有三个孩子。他从威尼斯出发游遍了地中海，收获了许多日后对他大有用处的知识。

后来发生了某些变故，可能是与债务相关的问题，迫使约翰·卡伯特远离了"太平共和国"，但没人清楚他到底是何时因何缘故离开的。他大概是经历了一段艰难岁月的煎熬，才决意前往西班牙这片在15世纪90年代的关键10年接纳了众多意大利人的土地。他藏身于巴伦西亚的热那亚人圈子里，但预期的港口工作一直没能落实。于是，他决定前往英格兰，那里也是威尼斯人和热那亚人常来常往之处。时机看起来正合适。其时，都铎王朝的亨利七世（Henri Ⅶ Tudor）宣布不承认《托尔德西里亚斯条约》，而且英格兰王室对于刺激本国的航海和贸易活动表现出了强烈的愿望。西班牙大使告知西班牙王室"有一个像哥伦布那样的热那亚人"［引自斯凯尔顿（R.A. Skelton）编写的《约翰·卡伯特》词条，载于《加拿大传记词典》（*Dictionnaire biographique du Canada*）第1卷，拉瓦尔大学/多伦多大学，2003年出版］来到了伦敦，想要说服英格兰君主组织一场与克里斯托弗·哥伦布航行类似的探险远航。

关于这位威尼斯公民，米兰公爵的大使雷蒙多·达·松西诺（Raimondo da Soncino）写了很多。他说约翰·卡伯特不仅聪明，而且精通航海，在觐见亨利七世时着重强调西班牙人与葡萄牙人之间的竞争，从而说服这位英国国王把"探索发现"的特许权授予他以及他的三个儿子。这项特许权是与其他一些文件共同签发的，和各国王室颁发给从事此类探险活动的航海家们的特许权是基本一致的。卡伯特一家获得了王室的许可，可以自费装备5艘悬挂英国国旗的舰船，以"对世界上迄今尚不为基督教世界所知的由异教徒或不忠于基督信仰者统治的任何国家、岛屿、地区或土地进行探索和开发"。这张特许证书授权卡伯特一家以英格兰王室附庸身份占领所发现的土地，并免除他们进口的产品的关税；他们对所进口产品享有一定的贸易垄断权，前提是要把利润的"五分之一"出让给王室。他们进口的产品必须专门运至布里斯托尔港入关，那是和伦敦、约克以及南安普敦齐名的英国一大贸易口岸。那里的居民都是渔民和出色的水手，他们熟知大西洋上的海风和洋流的规律。至少20年以来，他们一直在组织进行前往传说中位于爱尔兰以西的"布拉西尔"岛的探险，目的是寻找比已经被德意志人捷足先登的冰岛更好的捕鱼场。正如西班牙大使所述，这些人都迫切地希望能更积极地参与到探寻新陆地的活动中去，并且乐意向约翰·卡伯特提供帮助。这一切显然令西班牙大使颇感忧心。

1497年5月20日，约翰·卡伯特率领一支远征队登上"马修"号启航。远征队共20余人，除了一个勃艮第人和一个来自热那亚卡斯蒂寥内的外科医生以外，都是英国人。一开始，他们航行的海面很平静，"马修"号在驶过爱尔兰之后先是掉头向北，随后折向西方前行。在从布里斯托尔出发一个多月后，远征队遭遇了一

都铎王朝的亨利七世

这位不承认《托尔德西里亚斯条约》的英国君主授权约翰·卡伯特开始探险远航，并对其给予了部分资助。图为这位国王在16世纪一幅油画上的肖像，他手里拿着一朵象征都铎王朝的玫瑰（藏于英国伦敦图书馆古物学会，伦敦）。

场强风暴，然后到达了某块陆地的海岸，大概是纽芬兰（也有一些说法认为可能是现在的缅因州或新斯科舍），并在布雷顿角岛或开普雷斯登陆。

1497年6月24日，约翰·卡伯特占领了他发现的岛屿。他在岛上插了一个十字架以及英格兰和威尼斯的旗帜，将其命名为"初见之地"，并把与之相邻的大岛取名为"圣约翰岛"。随后，约翰·卡伯特把他对这片海岸的探查行动标记在了一张航海地图和一个实心地球仪上。尽管那个地区鱼类丰富，但由于缺乏物资给养，远征队不得不抛下那两座尚未探索的岛屿，踏上了归途。借助顺风，他们的船只用了15天就到达了布列塔尼，并于8月6日在布里斯托尔港靠岸落锚。这项任务胜利完成的消息在外交界和商贸界不胫而走。英国商人约翰·戴伊写了一封书信给克里斯托弗·哥伦布，非常详尽地告知了他这件事的各方面细节，包括约翰·卡伯特此次航行获得了10英镑报酬外加20英镑食宿补贴。而威尼斯人洛伦佐·帕斯夸利戈（Lorenzo Pasqualigo）对成功之后的约翰·卡伯特进行了描述，称他从此可以身着丝绸衣服走在大街上，而"英国人狂热地追随在他身后"（引自斯凯尔顿编写的《约翰·卡伯特》词条，载于《加拿大传记词典》第1卷，拉瓦尔大学/多伦多大学，2003年出版）。雷蒙多·达·松西诺则写道，约翰·卡伯特从此自视为"海军元帅"和"亲王"。他甚至开始对与自己一起航行的伙伴们（尤其是他的热那亚外科医生）论功行赏，把海岛赏赐给他们。不过，要不是他的英国同伴们纷纷为他做证，可能就没有什么人会相信约翰·卡伯特的发现了。他们都声称他们所发现的海滩鱼类资源如此丰富，英国将不再需要到冰岛海域去捕鱼了，而传统上英国人用来制作鱼干的鱼大都是从冰岛海域捕捞的。

雷蒙多·达·松西诺还为人们提供了一些有意思的信息。比如：约翰·卡伯特坚信自己到达的是大可汗的国度，他认为从那里可以抵达遍地香料和宝石的日本。约翰·卡伯特是早年到麦加旅行时获得了这些知识的，他通过那些旅行收集了许多关于大地是个球体的数据。

亨利七世决定信任约翰·卡伯特，还有很多英国人都决定信任他。据米兰公爵大使雷蒙多·达·松西诺的说法，这是因为他们都希望把伦敦打造成一个比埃及亚历山大更大的"香料"市集。这位米兰大使要是当初也下定决心跟随约翰·卡伯特一起出航，说不定早就弄到了一个总主教的头衔，不过他还选择了效忠于米兰公爵。签发于1498年2月3日的9张王室特许证书授权约翰·卡伯特再组织一次更大规模的探险远航。这支远征队由5艘舰船组成：其中1艘是国王赞助的，而另4艘则是伦敦和布里斯托尔的商人们赞助的。这些船舰满载着呢绒等各种用于交换东方商品的产品。卡伯特于5月初再次起航出海。其中有1艘船不久后在爱尔兰停留了一阵，再之后这支远征队就音信全无了。就像波利多尔·维吉尔（Polydore Virgile）在其《英格兰史》（*Anglica historia*）一书中所写的那样："人们相信约翰·卡伯特没有能找到任何新的陆地，而是和他的舰船一起沉入了海底，因为在此次航行再也没有人见到过他"[引自海伊（D. Hay）翻译的《波利多尔·维吉尔的英格兰史，1485年—1537年》（*The Anglica Historia of Polydore Vergil, A.D. 1485—1537*），皇家历史学会，卡姆登系列，第74章，1950年]。

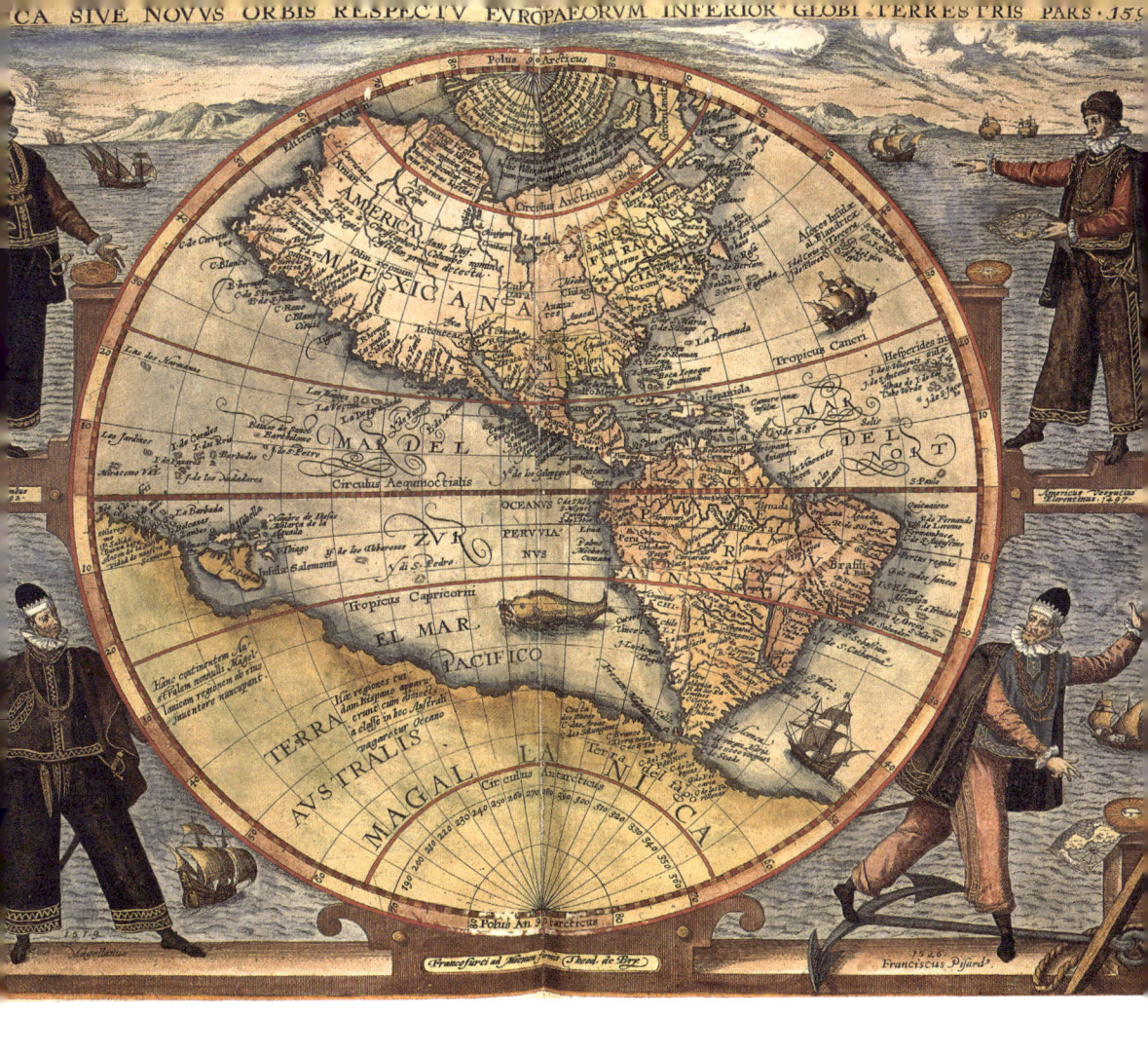

亚美利哥·维斯普奇

亚美利哥·维斯普奇1454年5月9日出生于佛罗伦萨公证员纳斯塔吉奥·维斯普奇（Nastagio Vespucci）和小丽莎·德·安德里亚（Lisa de Andrea Mini）的家中。他有三个兄弟：后来和父亲一样当了公证员的安东尼奥（Antonio）、后来成为圣约翰骑士团骑士的吉罗拉莫（Girolamo）和后来生活在匈牙利的贝尔纳多（Bernardo）；还有一个妹妹，名叫阿妮奥莱塔（Agnoletta）。维

发现家们

泰奥多尔·德·布里于1596年绘制的美洲地图。立于地图四角的分别是哥伦布、维斯普奇、麦哲伦和皮萨罗（Pizarro）（藏于德国国家博物馆艺术图书馆，柏林）。

佩德罗·阿尔瓦雷斯·卡布拉尔（第207页）

图为刚刚到达巴西时的佩德罗·阿尔瓦雷斯·卡布拉尔舰队，出自1568年的《舰船之书》（Livro das Armadas）（藏于葡萄牙科学院，里斯本）。在图中可以看到卡布拉尔舰队13艘船中的12艘：2艘空载、5艘满载，另外6艘正在或已然沉没于海上。

维斯普奇家族，文艺复兴的一个核心家族

15 世纪中叶，维斯普奇家族在佛罗伦萨的商业界、法学界和资助艺术领域都非常活跃。但他们也未曾料想过后来会有一块大陆以自己家族中的一位成员的名字来命名。

在佛罗伦萨的寡头精英中，维斯普奇家族的地位举足轻重。随着坚定盟友美第奇家族上台执政，他们的影响力得到了进一步巩固。维斯普奇家族原籍托斯卡纳的佩雷托拉，于13世纪末来到佛罗伦萨。在那里先是从事过商业和手工业，而后投入公证业务和利润极其丰厚的银行和贸易业务，渐渐地发达了起来。到了1454年，也就是其最著名的成员亚美利哥·维斯普奇出生的那一年，这个家族已然打开了一片令人艳羡的局面。家族里出过数位公证人员，比如亚美利哥·维斯普奇的祖父、父亲和长兄；出过宗教人士，比如他的叔父多明我会修士乔治·安东尼奥，此人在当时以藏书闻名；还出过银行家，比如朱利亚诺·维斯普奇，后来还担任了共和国旗手（即政府首脑）。不过维斯普奇家族最令人称道的还是他们对文艺的资助：文艺复兴掀起的文化艺术革命在美第奇治下的佛罗伦萨如火如荼，资助文艺是任何一个大家族都无法回避的潮流。今天到奥格尼桑蒂教堂参观的人，还可以欣赏到多梅尼科·吉兰达约和桑德罗·波提切利创作的壁画，而那里还设有维斯普奇的家族礼拜堂。桑德罗·波提切利还曾为马可·维斯普奇（Marco Vespucci）的妻子西蒙妮塔·卡塔内奥创作过多幅肖像，其绝世美貌曾令时人为之倾倒。

插图　梅尼科·吉兰达约在佛罗伦萨的奥格尼桑蒂教堂里创作的壁画《慈悲圣母》（*Madonna della Misericordia*），画中描绘了维斯普奇一家人的形象。跪在圣母右臂之下的就是亚美利哥·维斯普奇。

Pedral{v}. cabral pera a Jndia e 9. de março por Capitão m̃or de treze naos partio do ãno de ĩj c
nellas, das quaes com hũ temporal lhe{s} q̃ lhe deu na trauessa do brazil pera ho cabo de
boa esperança, se perderão quatro/. e de todas, estes erão os Capitães

⊂ Luis pi{z} ⊃
arribou a portugal.

⊂ guaspar de lemos ⊃
de santa cruz tr̃a do Bra
zil tornou a portugal
cõ noua do descobrimẽto
della

⊂ Pero Diaz ⊃
cõ a tormẽta esgarrou
e foy ter a Magadaxó junto
do cabo de guarda fuy, e
á tornada se encontrou cõ
pedralv̅{z}. cabral no cabo de

⊂ Pero de tayde ⊃
ha tornada se perdeo nos bayxos
de S. la{z}o. e a gente saluase foy
ter a Melinde

⊂ Vasq̃ da tayde ⊃
perdido com a tormẽta

⊂ Pedralv̅{z} cabral ⊃

⊂ Nicolao coelho ⊃

⊂ Nuno leytão ⊃

⊂ Simão de miranda ⊃
Aballrou na tormeta cõ pedralv̅{z}. ca
bral, e milagrosa mente se saluarão

⊂ Ayres gomez da silua ⊃
perdido com a tormẽta.

⊂ Simao de pina ⊃
perdido cõ a tormẽta.

⊂ Sanxo de tovar ⊃
ha tornada pera portugal se perdeo cõ vento Riso
a trauessão em hũ bayxo perto da costa de Mellinde
depoys de toda a gente ser salua e se poserão fogo

⊂ bertolameu dia{z} ⊃
perdido cõ a tormẽta

■ 东方与西方之间

斯普奇家在佛罗伦萨和锡耶纳拥有几处房产，可见家境富足。在托斯卡纳首府的奥格尼桑蒂教堂，至今还能在佛罗伦萨著名画家多梅尼科·吉兰达约（Domenico Ghirlandaio）绘制的一幅《慈悲圣母》的壁画上看到维斯普奇一家人的肖像。维斯普奇家族还出过数位上层人物：他的一位叔父巴尔托洛梅欧（Bartolomeo）在帕维亚当教授；另一位叔父是多明我会修士乔治·安东尼奥（Giorgio Antonio），教他学习了拉丁文；还有吉多·安东尼奥（Guido Antonio）是法学家和佛罗伦萨驻罗马教廷大使，曾经多次带他出国旅行。家族中担任要职和专才的成员里，还有一位朱利亚诺·维斯普奇（Giuliano Vespucci）是佛罗伦萨共和国的旗手（即共和国首领——译者注）。而在他母亲这边的家族里，必须要提及的是美丽而富有的热那亚贵妇西蒙妮塔·卡塔内奥（Simonetta Cattaneo），其形象因著名画家桑德罗·波提切利（Sandro Botticelli）创作的《维纳斯的诞生》（*La Naissance de Vénus*）等画作而永世流传。

和许多佛罗伦萨人一样，维斯普奇家族也向与共和国贸易扩张相关的航海活动进行了投资。特别是自从 1405 年佛罗伦萨城最终承担起领导该地区的责任以来，这类航海活动在国际关系领域所占的分量越来越重要。这个地区为拓展人们对世界的认知界限做出了贡献，其国际贸易和银行业务由此得到了飞跃发展，而美第奇家族的财富也是受益于此才获得了巨大的增长。所以，亚美利哥·维斯普奇的年轻时代就是在这样一个比较富裕并有着显赫关系网的家庭中度过的。韦罗基奥（Verrocchio）、瓦萨里（Vasari）等艺术家都借住在维斯普奇家的房子里，而且亚美利哥·维斯普奇身边还有许多那个时代的知识分子，他们经常谈论当时流传的各种关于世界真实面貌的消息。他的叔父吉多·安东尼奥则抓住时机把他纳入了佛罗伦萨驻巴黎使馆担任秘书。正如亚美利哥·维斯普奇当时的书信里所说，他从 1480 年至 1482 年在法兰西首都度过的岁月对于其成长无疑是大有裨益的。

佛罗伦萨航海家亚美利哥·维斯普奇为了处理父亲的遗产而返回故乡后，成了美第奇家族分支、号称"人民之友"的洛伦佐·迪·皮尔-弗朗西斯科（Laurent de Pierre-François）家的管家。他在佛罗伦萨一直生活到了 1491 年，同时关注着各种新鲜事，并与那个时代最有意思的人物们交往，比如人文诗人波利齐亚诺

（Ange Politien）、画家波提切利以及哲学家马尔西利奥·费奇诺（Marsile Ficin）。不过，不久之后，这种状况就发生了突然的变化。

主理美第奇家族在伊比利亚半岛事务的多纳托·尼科里尼（Donato Nicolini），对卡波尼（Capponi）家在塞维利亚的糟糕管理感到不满，提出建议由吉亚诺托·贝拉尔迪来取代他们。而亚美利哥·维斯普奇就作为观察员于1491年11月至1492年3月被派往了塞维利亚。一到那里，他就发现自己所处的环境再称心如意不过了。当时，克里斯托弗·哥伦布终于和卡斯蒂利亚王室达成了协议，而吉亚诺托·贝拉尔迪参加了对加那利群岛的征服与殖民。到了塞维利亚，亚美利哥·维斯普奇立即开始为身为克里斯托弗·哥伦布代理人的贝拉尔迪服务，安排他的航海事务和贸易业务。亚美利哥·维斯普奇还在巴塞罗那，见到了刚刚第一次远航归来的热那亚航海家克里斯托弗·哥伦布。从那以后，他更是干劲十足地投入了这些工作之中。

然而，风向开始转变了。1495年4月10日，卡斯蒂利亚王室发布命令：任何航海家只要承诺将收益的十分之一交给王室，都可以前往新发现的地区。这与克里斯托弗·哥伦布当初设想的独占垄断计划形成了抵触。1495年底贝拉尔迪去世，1496年初一支远征队遭遇海难，这些都催促着亚美利哥·维斯普奇不能只满足于从事整理账目的工作，而是要行动起来。1499年5月，他登船前往印度，这大概是他的第一次远航。由此开启了亚美利哥·维斯普奇的神秘游历。之所以说他的游历"神秘"，是因为他的远航经历的真实性大多一直存在疑问，而且缺乏文献证明。只有两次算是例外。其中第一次是从1499年5月至1500年6月，船只悬挂的是卡斯蒂利亚的旗帜，率队航行的是阿隆索·德·奥赫达（Alonso de Hojeda）和胡安·德·拉·科萨（Juan de la Cosa）。这次航行属于在卡斯蒂利亚王室自行变更与克里斯托弗·哥伦布的协定后，发生的一系列新的航海行动。在这场远航中，亚美利哥·维斯普奇任凭他的同伴们一路采集珍珠，而他本人此航的目的是探寻一条通向印度的通道。他先是到了亚马孙河河口，之后到了圣罗克角，也可以说是到达了巴西，不过这一点从未得到正式的承认。在返航路上，他经过了特立尼达岛、帕里亚湾、库拉索岛和阿鲁巴岛。他还探索了新大陆的一片沿海地带，当地土著人居

■ 东方与西方之间

马丁·瓦尔德塞弥勒，美洲与维斯普奇

1507年，德国地图制绘师、人文主义学者马丁·瓦尔德塞弥勒，提出克里斯托弗·哥伦布发现的大陆应以亚美利哥·维斯普奇的名字命名。而热那亚人哥伦布的姓氏后来被用作哥伦比亚的国家名称，他也就应该知足了。

在马丁·瓦尔德塞弥勒看来，亚美利哥·维斯普奇才是真正发现美洲的人。原因很简单：佛罗伦萨的亚美利哥·维斯普奇才是第一个真正意识到那是一块新大陆的人。他在随附于《寰球全图》的题为《寰宇导论》的地理学小论文里，提议把新发现的大陆命名为"亚美利加"。这套地图册还收录了亚美利哥·维斯普奇四次航行记的拉丁文译本，但该文本的真实性是存有疑问的。这位地图制绘师还把这位佛罗伦萨人的肖像放到了自己绘制的地球平面球形图上：在代表欧洲旧大陆的半球旁边，他绘画了古典时代的伟大地理学家托勒密（Ptolémée）的形象；而在象征新大陆的半球旁边，出现的则是亚美利哥·维斯普奇的形象。

右图 瓦尔德塞弥勒的地球平面球形图，发表于1507年（藏于美国国会图书馆，华盛顿）。

航海日志

发现家们的航海日志记录着许多宝贵的地理、政治和经济信息，为探索新世界起到了至关重要的作用。图为16世纪威尼斯一本航海日志的鎏金封面和封底（藏于意大利威尼斯的科雷尔博物馆）。

住的湖面之上的村落令他联想到了水城威尼斯，所以后人根据他的这番描述把那里命名为委内瑞拉（意为"小威尼斯"——译者注）。

1500年11月25日，克里斯托弗·哥伦布以犯人的身份完成其第三次远航回到了西班牙。亚美利哥·维斯普奇就是在那时决定离开塞维利亚前往里斯本，那是一座充满创举的大都会，而且他在那里也有很多朋友。当时，瓦斯科·达·伽马刚刚完成了他的航行，而加斯帕·德·莱莫斯（Gaspar de Lemos）于1500年夏天回到葡萄牙向人们宣布佩德罗·阿尔瓦雷斯·卡布拉尔"发现"了巴西。这个问题颇为敏感，因为这样一来就需

要搞清楚这个所谓的"圣克鲁斯岛"（卡布拉尔以为自己发现的陆地是一座岛屿，所以就给它取了这样一个名字），是否位于1494年《托尔德西里亚斯条约》所划分界线的葡萄牙这一边。与此同时，葡萄牙就以这些土地的合法所有者的身份向世界宣告了这个消息。据亚美利哥·维斯普奇所说，他之所以突然动身离开塞维利亚，就是收到了葡萄牙国王曼努埃尔一世（Manuel Ⅰ）的来信，邀请他加入一支由3艘舰船组成、准备出发探索新陆地的舰队。

于是，亚美利哥·维斯普奇于1502年至1503年跟随贡萨洛·科埃略（Gonçalo Coelho）出发前往巴西，而当时的克里斯托弗·哥伦布正在进行他的第四次航行。在去途中，这位佛罗伦萨人遇到了结束了动荡的印度之旅正在返航的卡布拉尔。亚美利哥·维斯普奇先是到达了圣罗克角和圣奥古斯丁角，之后沿着海岸线一直来到了拉普拉塔河和巴塔哥尼亚高原，差一点就到达了后来以麦哲伦（Magellan）名字命名的那道海峡。他用圣徒的姓名或日历命名每一天所到之处，比如1月1日发现的地方就被他取名为"里约热内卢"（葡萄牙语：Rio de Janeiro，意为"一月的河"——译者注）。亚美利哥·维斯普奇虽不是航海的行家，但他对于星象有所研究，而且善于运用仪器。他全身心地投入到了出现在他面前的这片新天地中：他坚信这是一块新的大陆。他看到了这片土地上的人们，但又觉得看不明白：他们分明都是充满理性的人类，却全身赤裸地过着既没有法律，也没有宗教的生活。他为那繁茂而原始的自然感到欣喜，看起来那里没有任何东西会对人们原始而和谐的生活造成损害。他发现那里虽然没有黄金和白银，但有巴西木可以用于提取染料，所以其商贸前景也是令人期待的。

亚美利哥·维斯普奇在葡萄牙居留的时间并不长。他是否参与了诺隆尼亚（Noronha）1503年5月至1504年9月的航行，此事无法证实。相反，我们知道这位佛罗伦萨人在1504年底重新返回了塞维利亚，并在那里见到了名誉扫地却绝不认输的克里斯托弗·哥伦布。克里斯托弗·哥伦布得知自己的朋友亚美利哥·维斯普奇已经获得卡斯蒂利亚宫廷的召见，就交给了他一封写给儿子迭戈的书信。克里斯托弗·哥伦布在信中鼓动儿子和他认为总是时运不济的亚美利哥·维斯普奇进行合作。其实，他指望的是通过这种合作来重新博取卡斯蒂利亚-阿拉贡王室对他的信任。

趁着地理大发现主题相关作品的出版热潮，亚美利哥·维斯普奇接连发表了两部作品，当时克里斯托弗·哥伦布尚在人世。第一部发表于1503年，题为《新世界》（*Mundus Novus*）。那是亚美利哥·维斯普奇写给美第奇家族的洛伦佐·迪·皮尔-弗朗西斯科的一封信，被编辑成拉丁文本在佛罗伦萨刊印。该文本描述了其1501年参加的那场葡萄牙的远航，其出版大获成功，先后再版10余次。另一部作品则是写给佛罗伦萨共和国旗手皮耶罗·索德里尼（Piero Soderini）的信，于不久之后的1504年出版。书名是《亚美利哥·维斯普奇关于他在四次航行中新发现的岛屿的信件》(*la Lettre d'Amerigo Vespucci sur les îles nouvellement découvertes dans ses quatre voyages*)。

这四次航海中，有两次是以卡斯蒂利亚的名义进行的，还有两次是打着葡萄牙的旗号实现的。在他第一次参加西班牙航行（1497年5月—1498年10月）期间，亚美利哥·维斯普奇就宣称发现了美洲。而他参加的第二次航行（1499年5月—1500年6月）其实是和奥赫达一起进行的。他的第三次航行（也是他代表葡萄牙的第一次航行，1501年5月—1502年6月）则是和贡萨洛·科埃略一起完成的。第四次（代表葡萄牙的第二次，1503年5月—1504年6月）据称是随诺隆尼亚出发的一场远航，但最终没有成功。这种不同寻常的营销手段和随后热火朝天的出版活动，为最终实现以亚美利哥·维斯普奇的名字来给这块新大陆命名的倡议，营造了一片适宜的土壤。

1507年，在洛林圣迪耶修道院，印刷出了一本题为《寰宇导论》(*Cosmographiae introductio*)的书，里面收录了亚美利哥·维斯普奇的《四次航行》(*Quatuor navigationes*)以及一些说明性地图，还附有马丁·瓦尔德塞弥勒（Martin Waldseemüller）的这样一段话："在世界上，欧洲、非洲、亚洲这几部分早已被人们探明。而如今，世界的第四部分又被亚美利哥·维斯普奇发现，使人们的目光得以看得更加遥远。既然欧罗巴和亚细亚都是用女性名称命名的，那么我认为没有任何理由反对把这个新的部分叫作'亚美利加'，也就是以发现这块陆地的这位智者的名字将其称为'亚美利哥的土地'。"[引自雅克·希尔斯（Jacques Heers）的《美洲的发现》(*La Découverte de l'Amérique*)，复合出版社，1991年]多明我会修士巴托洛梅·德·拉斯·卡萨斯是唯一对这一做法质疑的人，因为他认为这会损及他的朋友克里斯托弗·哥伦布的一世英名。他的看法是正确的：亚美利哥·维斯普奇这本书的成功及其多次再版重印使得"亚美利加""亚美利哥的土地"这一名称和概念在聚光灯下熠熠生辉，克里斯托弗·哥伦布的功绩却蒙上了一道阴影。

对于这桩"维斯普奇公案"，世人可能永远无法查清到底是谁躲在幕后操纵了这场了不起的"宣传"活动。人们曾就此展开过激烈的争论，直到三封亚美利哥的家书出现以及后来发现的一张碎纸片,这个问题才获得了部分解决。第一封家书写于1500年7月18日或28日,是从塞维利亚寄出的,提及了亚美利哥·维斯普奇与奥赫达一起进行的那次航行。第二封家书是1504年6月4日从佛得角发出的,谈到了那场真正实现了的葡萄牙航行的起始阶段。第三封家书写作的时间不早于1501年7月22日,描述的则是这同一次航行的后续阶段。而后来找到那张印有文字的碎纸片,则是对亚美利哥·维斯普奇在佛罗伦萨受到的一些批评所做的回应。

1505年,亚美利哥·维斯普奇在前往托罗准备参加新的远航之时,收到了卡斯蒂利亚国王颁发给他的"入籍许可书":为了能够悬挂西班牙旗帜航行,他正需要加入西班牙国籍。不过,虽然他为了这场本应和文森特·亚涅斯·平松(Vicente Yáñez Pinzón)共同指挥的新的航行做了很多准备工作,但最终并未成行。从此,亚美利哥·维斯普奇再也没有出海航行了。但他的职业生涯依然在继续:在1508年初,他甚至还被任命为塞维利亚西印度贸易厅(编者按:Casa de Contratación,系当时领导西班牙与美洲贸易并负责征收王国商品税的贸易机构。参考《拉鲁斯百科全书》)的"首席船舶驾驶员"。亚美利哥·维斯普奇是历史上担任这一要职的第一人,职责主要是帮助未来的"船舶驾驶员"通过考试、对他们的成绩进行评估、绘制地图、检查航海仪器以及编制"王国记录册",即西班牙官方航海路线地图。他再也没有回过佛罗伦萨。他偶尔与他的兄弟们通信,都是为了跟他们商讨一些无关紧要的事项,比如以他的名义出售一枚红宝石或珍珠等。后来在他去世后,他的兄弟们和他家乡的教堂就继承了他在佛罗伦萨的财产。

亚美利哥·维斯普奇一直担任首席驾驶员之职,在70000马拉维迪的年薪之外,还通过个别授课和商业投资来赚取额外的收入。他放债很多,负债很少,还拥有一间简单的图书室,收藏了一些拉丁语小说和文献以及各种航海工具书。他生活朴素,这从他家几处简朴的宅邸就可见一斑。他与他的妻子玛丽亚·塞雷佐(María Cerezo)先后住过圣玛丽街区和煤炭阀门街区。他和妻子没有子女,但他的一个嫂子、一个侄女、他的侄子(他兄弟安东尼奥的儿子)乔瓦尼(Giovanni)、两个用人,还有五个家奴及他们的孩子都住在他的府邸里。我们知道,到克里斯托弗·哥伦布1506年去世之前,亚美利哥·维斯普奇一直和他保持着联系。他和佛罗伦萨的商人们也保持着良好的关系，甚至是一位名叫皮耶罗·隆迪内利（Piero Rondinelli）的佛罗伦萨商人的遗嘱执行人。他于1512年2月22日去世。应他本人要求，他和之前伊莎贝拉女王以及克里斯托弗·哥伦布一样按方济各会传统安葬于圣米格尔教堂，他岳父在那里拥有一间小礼拜堂。在他死后，胡安·迪亚斯·索利斯（Juan Díaz Solís）和塞巴斯蒂安·卡伯特（Sébastien Cabot）接任西印度贸易厅"首席船舶驾驶员"，并负责向他的遗孀支付养老金。

乔瓦尼·达·韦拉扎诺

在漫长的历史中，纽约这座城市在被命名为"新阿姆斯特丹"之前，还曾经叫作"昂古莱姆"。1524 年，佛罗伦萨人乔瓦尼·达·韦拉扎诺（Giovanni da Verrazzano，亦作 Jean de Verrazane）和他的兄弟吉罗拉莫（Girolamo，亦作 Jérôme）一起在这里登陆，正是吉罗拉莫提议用当时法国国王瓦鲁瓦的弗朗索瓦一世（François Ier de Valois）的姓氏"昂古莱姆"来命名这个地方。然而，韦拉扎诺两兄弟的航海这一事件本身并未得到应有的重视。实际上，它是欧洲人在15世纪至16世纪为探寻通向东方的通道而进行的一系列航海探险的组成部分，卡伯特、麦哲伦等许多人都曾为此努力。他们的目的地是当时的地图上标记在北纬30度至45度之间的一片未知之地，介乎今天的佛罗里达与新斯科舍之间，当时的人们认为通往东方的通道可能就位于那一带。在两兄弟中，乔瓦尼·达·韦拉扎诺的名气比较大：他曾和一些葡萄牙人及英格兰人在地中海航行，其才华获得了他们的欣赏，所以出名。而吉罗拉莫则是一位出色的地图制图师，为后人留下了一些关于其活动的重要资料。传统上认为，韦拉扎诺家族在格雷夫山谷拥有一座城堡，在佛罗伦萨拥有一座宅邸，家族在历史上出过2位司法旗手、35位修道院院长和1位海军将领，后来迁居到法国已颇有些时日了。在里昂，韦拉扎诺家族和瓜达尼（Guadagni）、贡第（Gondi）及鲁切莱（Rucellai）等其他许多从佛罗伦萨迁来的家族一样，都成了当地的贵族。这些家族彼此之间以及与本地豪门之间大多沾亲带故。里昂作为连接安特卫普、热那亚、塞维利亚、加的斯和里斯本的"国际金钱共和国"的枢纽，是当时一个重要的金融业务中心，并深受法国国王弗朗索瓦一世喜爱，他常常会到

■ 东方与西方之间

乔瓦尼·达·韦拉扎诺

沿着16世纪初经大西洋探寻前往东方航道的航海家们的航迹，韦拉扎诺兄弟到达了今天的纽约市的海岸。右图为乔瓦尼·达·韦拉扎诺的肖像（藏于意大利普拉托市政厅）。

那里小住一些时日。佛罗伦萨人和卢卡人完美地融入了当地的社会，主要在那里从事贸易和银行业务。法国本是一个建立在农业经济基础上的富饶国度，但它的普罗旺斯、布列塔尼以及诺曼底地区都有着深厚的海洋传统。当时的法国正处于在各领域，包括海洋事务领域，建立一体化统筹国政的进程之中。而这项最终将韦拉扎诺带往北美洲海岸的计划，就是在现代史早期特有的政治经济背景下各方意愿相遇的产物。该计划是在佛罗伦萨商业银行家和诺曼底船东的圈子里初步提出的，受到了笃信基督的国王弗朗索瓦一世的关注。其提出的历史时机也非常关键：在那个充满战争和发现的时代，资本主义的发展正在催生出一个日益中央集权、拥有舰队和军队的现代国家。法国国王决心阻止西班牙人和葡萄牙人瓜分世界，所以在国际上坚定地捍卫"开放海洋"的原则。

1522年，乔瓦尼·达·韦拉扎诺先后来到巴黎、里昂和鲁昂，并于1523年在鲁昂与5个佛罗伦萨人及3个法国人合伙成立了一家契丹贸易公司。这是一家以佛

Fort nieuw Amsterdam op de Manhatans

罗伦萨股份为主的合资公司，在迪耶普、里昂和鲁昂都设有机构，还有一些诺曼底的船只供其调度。不过，由于遇到了重重障碍，他们出发的日子一再推迟，而最终在 1524 年扬帆启航的，也只有一艘名为"太子妃"号的船只。

通过 20 世纪进行的一系列研究，人们才得以较为可信地重建了韦拉扎诺兄弟此次重要航行以及其他几次探险的过程。不过，乔瓦尼·达·韦拉扎诺曾把自己写给国王的亲笔信抄写了一份副本寄给了他亲戚贝尔纳多·达·韦拉扎诺（Bernardo da Verrazzano）在罗马的商业伙伴布奥纳科索·鲁切莱（Buonaccorso Rucellai）。这封书信也提供了一些重要信息。它证明了乔瓦尼·达·韦拉扎诺从事航海的动机既不是为了黄金，也不是为了传教，同时也证明了这

新阿姆斯特丹

这幅由约斯特·哈特格斯（Joost Hartgers）于 1626 年左右在阿姆斯特丹发表的版画，是目前所知最早的一幅描绘新阿姆斯特丹（即后来的纽约）及曼哈顿岛景象的画作。画中可以看到一些堡垒、一座磨坊以及在周围航行着的欧洲舰船和土著人独木舟。

■ 东方与西方之间

弗朗索瓦一世，"开放海洋"原则的捍卫者

与对手葡萄牙、卡斯蒂利亚和英格兰相比，法兰西王国虽然起步较晚，但总算跟上了节奏，投入到了这场跨越大洋开疆辟壤的探索与殖民竞争中去。

弗朗索瓦一世担心世界被葡萄牙人和西班牙人瓜分，因而开始把法国的政策关注转向海外。但直到16世纪20年代之前，法国的探索远征都未能取得大的进展。于是，和当时的其他国家一样，法国也把这项任务交由意大利航海家来领导。具体说来，法国委托的是来自佛罗伦萨的韦拉扎诺兄弟。这样一来，效果立竿见影：1534年，也就是在乔瓦尼·达·韦拉扎诺于今天的纽约登陆的10年之后，新法兰西总督辖区就变成了现实。该总督辖区涵盖了圣劳伦斯河和密西西比河三角洲之间的大片土地，而且作为法国的殖民地一直存续到了1763年。今天加拿大魁北克这一大块法语地区的存在，依然映照着法国往昔殖民的荣光。

插图 佚名画家创作的弗朗索瓦一世肖像（藏于法国巴黎卡纳瓦莱博物馆）；右页图为一幅16世纪版画上描绘的法国鲁昂城市及港口，那里是乔瓦尼·达·韦拉扎诺数次实施其远航计划的基地。

位航海家的表现配得上他一贯的名声。作为受过良好教育的士绅商人阶级的合格代表，韦拉扎诺是从其所属社会出身的精英文化视角来观察这个世界的。面对着自己所发现土地那种原始朴素的壮丽景象，韦拉扎诺深感震撼；在他的笔下，这些遥远的角落被描绘成失落了的黄金岁月的象征，令人眼前浮现出一幅幅美丽和谐的画面。他是一位对那个时代畅销书籍的精神内涵和美文手法，也颇有钻研的宇宙志学家。他的文字让人不禁联想到意大利诗人亚科波·桑纳萨罗（Iacopo Sannazaro）的那

首著名诗篇《阿卡迪亚》(Arcadie)。所以这位航海家把自己初次登陆的土地（大概位于开普菲尔）分别命名为"月桂林""雪松田""阿卡迪亚"和"瓦隆布罗萨"，还有一些对于他来说非常亲切的名字，比如"洛林""旺多姆""玛格丽特""路易丝"（后两个分别是法国国王的姐妹和母亲的名字）之类。为了表达对弗朗索瓦一世的敬意，他把整个地区命名为"弗朗切斯卡纳"，同时把今天的纽约命名为"昂古莱姆"以示对国王所属的高贵家族致敬。当然，由于法国人并没有坚持沿着这场充满波折的航海之旅继续前进，上述这些地名都渐渐地被沧桑的岁月抹去，随着变幻的世事而被新的名字取代。不过，还是必须承认乔瓦尼·达·韦拉扎诺在开辟人们认识世界的新视野这方面立下了功劳。他曾言之凿凿地宣称在哈特拉斯角（他在地图上将其标记为"韦拉扎诺地峡"），远远地眺望到了那条人们梦寐以求的通往东方的通道，虽然这一点终被证实只是他的判断出了差错，但他的发现之旅还是建立在真实可靠的认知基础之上的。据他叙述，纽波特湾是一个热情好客之地，那里的土著人平和、美丽而自信，生活也过得宁静祥和。乔瓦尼·达·韦拉扎诺是第一位来到那些土地上的人种学家，他细致入微地记录和描绘了那里的土著居民。

1524 年 7 月 8 日返回迪耶普后，韦拉扎诺顺势宣布了再开展一次新航海的想法。正如当时一位佛罗伦萨商人贝尔纳多·卡尔利（Bernardo Carli）热情描述的那样，就是因为韦拉扎诺为他的祖国佛罗伦萨增了光添了彩，所以法国人才更热切地想要参与这位"与亚美利哥·维斯普奇及费尔南多·德·麦哲伦（Fernand de Magellan）同样重要"的人物的计划。然而，时局却朝着对新的探险计划不利的方向发展了：法国国王弗朗索瓦一世被其敌人西班牙的查理五世俘虏，本计划参加新探险的船只都被征为军用。那时，韦拉扎诺可能还收到了葡萄牙和英格兰的一些邀约，不过最终都不了了之。

1526 年春，在弗朗索瓦一世获释后，这项计划得以重新启动，关键原因是得到了海军元帅菲利普·德·夏博（Philippe de Chabot）、诺曼底船东安格（Ango）、迪耶普多位商人，以及佛罗伦萨侨民和热那亚斯宾诺拉家族的一个成员的支持。关于 1526 年至 1527 年进行的这第二次探险，我们所掌握的信息极少，只知道共有两艘船于 1526 年 7 月 26 日从翁弗勒尔出发前往"印度"，几经周折后到达了好望角。随后两艘船就分道扬镳了，其中一艘终结于印度洋中。经过 15 个月的航行和磨难，数次遭受海盗袭击之后，乔瓦尼·达·韦拉扎诺于 1527 年秋载着一船珍贵的"巴西木"回到了法国。这证明他所进行的这场贸易航海的确获得了成功，也反映法国对巴西这个有利可图的市场产生了初步兴趣。不过法国的这种兴趣，终将对法兰西和葡萄牙这两个王国之间的传统友好关系造成伤害。

人们迄今仍无法确定乔瓦尼·达·韦拉扎诺第三次航海的目的地：可能是拉普

拉塔河，也可能是大洋之间那"难以企及"的地峡。无论他的目的地到底是何处，1528年进行的这次探险都断送了这位航海家的性命。他的兄弟吉罗拉莫后来曾向其罗马的人文主义朋友们讲述了此事。而吉罗拉莫于1529年为了开拓法国在地中海和大西洋这两大海域之间的贸易路线，进行了他自己的最后一次航海，之后便彻底定居于罗马。乔瓦尼·达·韦拉扎诺的名字为中世纪那一长串意大利航海家的名单画上了句号。国际历史地理学界公认这些意大利的航海家们都是探索和发现新大陆的先锋。

郑和的美洲

15世纪，大明王朝在主宰了中国的全部疆土之后，决心将自己的海上势力扩展到印度洋并夺取对"香料"市场的主导权。为此，它以一位名为郑和的太监、军事家和航海家为统帅，开展了一系列航海远征。

郑和1371年出生于（云南省）知代村的一个穆斯林官员家庭。11岁时，在明军攻打元朝残部把匝剌瓦尔密（Basalawarmi）的战争中被明军俘虏，并被送往北平（今北京）的王府。他先在国子监学习，接着参加了几场军事行动，之后就进入了永乐皇帝的幕僚团队。1405年，在完成到麦加的朝圣之后，他受命成为统领一支由317艘宝船（其中包括62艘商船）组成的庞大舰队的总兵。这些宝船都是名副其实的漂浮在海面上的城市，载着众多工匠、商人和达官显贵。自从马可·波罗以来，西方人就对中国的这种宝船略有所知，知道它们每一艘的船身都长达70米至80米，装备着7根至9根有40米高的桅杆和格织的船帆。它们的龙骨平整，可以储备丰富的食物以及长途航行必需的各种物资。每一艘宝船都有各自的功能和特点：有保障食物供应的，有负责用水补给的，有担当军事护卫的，还有专事侦察任务的。从1405年至1433年，郑和统领着这些宏伟的宝船一共进行了7次航海。在1405年至1411年的前三次航海中，他到访了东南亚、印度和锡兰；在1413年至1419年的第四次和第五次航海中，他到达了霍尔木兹海峡、马尔代夫群岛、东非海岸、亚丁和波斯湾；在1421年至1423年的第六次航海中，他从霍尔木兹前往了非洲东部和阿拉伯半岛；而在1430年至1433年的第七次也是最后一次航行中，他遍游了

■ 东方与西方之间

郑和，海上城市的统领

无论是出于经济原因、宗教原因，抑或政治原因，反正并非只有欧洲人想要求索已知世界之外的存在。明朝的中国也表现了这个愿望。然而由于缺乏可靠的资料，世人难以对其远洋航行的真实意义加以评估。

2002 年，曾任英国皇家海军潜艇编队指挥官的加文·孟席斯，出版了一本引发争议的著作《1421：中国发现世界》。根据这一已经受到学术界驳斥的说法，郑和及其舰队可能才是最早发现美洲、最早穿过麦哲伦海峡、最早在大西洋中北上航行，直至安的列斯群岛以及最早到达澳大利亚海岸的人，总之是最早实现环球航行的人。而这一切伟业，都是其奉永乐皇帝之命令才得以成就，因为永乐皇帝希望拓展大明帝国的文化与贸易疆界。郑和之所以没有前往欧洲国家，则纯粹是因为那里过于落后，没有任何值得中国皇帝感兴趣的产品或知识。但是，随着中国在儒家精英的压力下转向孤立政策，郑和的发现统统化作乌有，得势的儒家精英甚至下令毁掉了所有可以佐证其远航功绩的记录和地图。尽管如此，毋庸置疑的是：这位总兵太监的确是真实存在过的人物，而且他也的确曾经数度经由印度洋远航至非洲东海岸。

插图　左图为郑和的青铜雕像；右图为郑和统领的中国舰队航行在印度洋上。

爪哇、苏门答腊和锡兰之间的印度洋，随后到达了印度西部和霍尔木兹。在最后这次航行中，郑和去世，他的尸体被抛入大海。

这个人物因其非凡的经历而理所当然地赢得了世人的敬重，但也催生出了一则神话，说他在航海过程中到达过世界各地。本来此类说法只能算是民间传说，但 2002 年加文·孟席斯（Gavin Menzies）在其出版的著作《1421：中国发现世界》（*1421：The Year China Discovered the World*）中再次采信了这些说法，而这本书很快就被翻译为多种语言。加文·孟席斯在该书

中提出的观点是，郑和在其第六次航海中发现了包括美洲在内的世界大部分地区。不过，即便我们的确无法否认可能有其他欧亚航海者，在海军元帅哥伦布之前就到达过美洲，但美洲等新大陆真正融入世人清晰明确的认知范畴并成为再也无法无视的存在，确实是从克里斯托弗·哥伦布的航海才开始的。

■ 档案：船舶与航海工具

档案：船舶与航海工具

如果没有从 12 世纪开始在航海领域船舶建造以及技术革新等方面取得的进步，就不可能迎来地理大发现的时代。

中世纪国际交流与贸易的主要渠道依然和古早时代一样是海洋。地中海和大西洋起初是两个彼此独立的海域，随着航海技术的提升而拉近了距离，一边连接黑海，另一边通达北海和波罗的海，初步形成了一个新的整体。从 12 世纪起出现的进步既表现在船舶设计和建造质量方面，也体现在与航海配套的工具仪器使水手海员能更精确地测定航向和所处的位置。这些进步堪称一场革

新船型

葡萄牙人就是驾乘着据由航海家恩里克王子的萨格什学校研发的卡拉维尔帆船探索了非洲的西海岸。

插图 图为 15 世纪马尼斯镇出产的一件穆德哈尔瓷器绘有一艘卡拉维尔帆船的图案其主帆上带有葡萄牙的徽记。

224

郑和的宝船

克里斯托弗·哥伦布的卡拉维尔帆船

遨游全球各大洋的航海家们

在 15 世纪和 16 世纪，欧洲人和亚洲人都在按照各自的远航计划，在大西洋、印度洋和太平洋这三大洋面上开展航行活动。在所有参与这场探索世界大冒险的舰船中，最为宏伟的毫无疑问当数总兵太监郑和舰队号称"宝船"的中国舰船。光是其中最大的一艘宝船大概就长达 120 米，排水量高达 1500 吨，比克里斯托弗·哥伦布舰队和瓦斯科·达·伽马舰队所有舰船加起来的总和还要大。

插图 左图为西班牙马德里美洲博物馆的一幅油画，描绘的是地理大发现时代的卡拉维尔帆船；而上图则是郑和舰队的大宝船与克里斯托弗·哥伦布舰队的卡拉维尔帆船的对比效果图。

命，为航海家们启航探索未知的海域、寻找另外的世界创造了可能。当然，这并不意味着人类在此之前从未进行过航海冒险。

在大西洋和北海，维京人曾经大肆施展他们的航海天赋：他们不仅时常侵入不列颠群岛以进行交易和掠夺，还曾向着未知的海域发起过远航，并到达过设得兰群岛、法罗群岛、冰岛，乃至美洲的格陵兰和纽芬兰岛。而且他们是在没有任何地图或工具仪器的情况下，仅凭着对大海洋流的熟知、对地表参照的记忆、对所见鸟类的观察（看见鸬鹚就意味着船只位于深海，遇到北极海鹦则说明已经接近岛屿陆地），外加些许运气，做到这一切的。而汉萨同盟虽然欠缺冒险精神，但还是从 12 世纪下半叶起接过了航海接力棒：在那个时期，这个由德意志各城市组成的商贸共同体在波罗的海沿岸进行殖民，并借助香槟交易会将自己的产品（木材、小麦、毛皮或琥珀）销往全欧各地。

在地中海，自从倭马亚哈里发王朝于 10 世纪解体（在此之前，伊斯兰教独霸地中海

档案：船舶与航海工具

双桅帆桨战船

这幅细密画描绘了一艘满载着弓箭手和标枪兵的双桅帆桨战船。出自15世纪意大利出版的《再论军事》(De re militari)，作者为罗伯托·瓦尔图里奥（Roberto Valturio）（藏于大英图书馆，伦敦）。

沿岸的状况已经持续了好几个世纪，真正把这片海洋变成了一个"穆斯林的内湖"）以来，威尼斯人和热那亚人就开始了争夺贸易和政治霸权的激烈斗争。1238年葡萄牙人攻占穆斯林港口塔维拉，和卡斯蒂利亚人先后于1236年和1248年征服科尔多瓦王国和塞维利亚王国一样，促进了直布罗陀海峡地区的安全，使热那亚人和威尼斯人得以穿过这道海峡向南北两个方向前进，到达大西洋沿岸各地的市场。到13世纪晚期，为葡萄牙效力的热那亚人已经沿着非洲的海岸线探索出了一条航路，可能引领他们通往梦寐以求的珍贵香料之国——印度。

新型的船舶

如果没有航海和船舶建造领域取得的进步，这一切都无从谈起。就拿船舶类型来说，地中海上使用的船型并不适合在大洋中航行。航行于地中海上的，有一种双桅帆桨战船，是基于古希腊罗马时代的船型设计的。其主要优点是轻盈、快捷、操控灵活、机动性强，而缺点在于吨位小、要靠桨手划桨提供驱动力。总之，对于在地中海这样风平浪静的海面上航行，它是一种理想的船型，但对于大西洋航行而言，

实现地理大发现的卡拉维尔帆船

卡拉维尔帆船帮助葡萄牙人和卡斯蒂利亚人投入到征服大西洋的伟业之中。这种舰船虽然看上去很脆弱，但其速度快、操纵灵活，船身强度足以抵抗大洋中的风浪。而且正因为它们吃水浅，所以适合用来对新发现的海岸展开探索。到了 16 世纪末，由于人们对船舶的吨位有了更高的需求，卡拉维尔帆船终于退出了历史舞台。

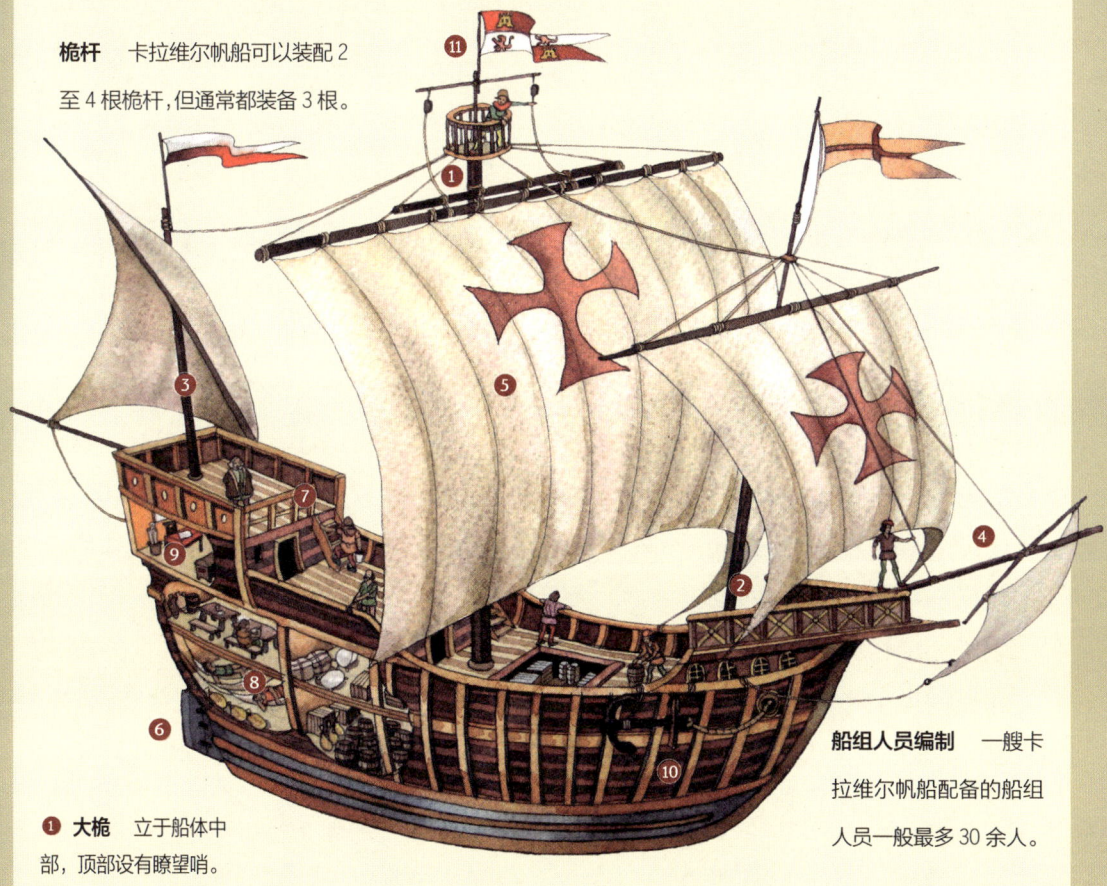

桅杆 卡拉维尔帆船可以装配 2 至 4 根桅杆，但通常都装备 3 根。

船组人员编制 一艘卡拉维尔帆船配备的船组人员一般最多 30 余人。

❶ 大桅 立于船体中部，顶部设有瞭望哨。

❷ 前桅 在像卡拉维尔帆船一类的多桅帆船上，前桅是最靠近船艏的那根桅杆。

❸ 后桅 指的是船艉的桅杆，用于张挂一面可通过天线架拉动的三角帆或拉丁帆。

❹ 艏斜桅 这要桅杆从船艏以近乎水平角度伸出，用于张挂船艏三角帆。

❺ 方帆 自古以来，从波罗的海到地中海，人们一直使用这种四方形的风帆来兜住从船艉方向吹来的风力。

❻ 艉舵 这种船舵凭借安装于船体内部的舵柄，使船只可以保持稳定的航向。

❼ 艉楼 在这个高出甲板的构造里，设有卡拉维尔帆船的船长舱室以及其他长官的舱室。

❽ 底舱 这个位于船体内部的空间用于存放给养、货物、帆缆索具以及航行设备。

❾ 船长舱 卡拉维尔帆船的船员都睡在甲板上，只有船长有专属于自己的舱室。

❿ 船体 卡拉维尔帆船的船体沿用了中世纪柯克帆船那种圆弧形造型。船身通常漆成鲜艳的颜色。

⓫ 旗帜 大桅上悬挂船只所属国家的旗帜。克里斯托弗·哥伦布的舰队悬挂的就是卡斯蒂利亚的旗帜。

227

档案：船舶与航海工具

它就显出不足来了。第二种船型是卡瑞克帆船，船身重、速度慢，行动极度依赖风力，操控性有限，因而容易遭受海盗的攻击，也难以抵抗风暴的侵袭。它唯一的优势是吨位大。汉萨同盟的柯克帆船同样船身重、速度慢，但较适合大西洋航行，因此被用作建造伊比利亚大帆船的模板，比如克里斯托弗·哥伦布的"圣玛丽"号就属于这种船型。

缺乏工具仪器和航海地图也增加了穿越大洋的难度和时长。所以航海家们通常都是贴着陆地边缘航行，视线从不离开海岸，入夜就找个港口或小海湾抛锚停泊。一旦遭遇风暴或逆风，就可能使船舶驾驶员迷失方向、偏离航向。在12和13世纪，在船舶的建造、新工具仪器的发明和地图制绘的提升方面，都发生了根本性的变革，使航海家们得以真正地把船开到外海远洋中去。

船舶建造设计方面的变革，主要是增加了艉舵和拉丁帆。关于艉舵，有一部分历史学家认为它起源于汉萨同盟的波罗的海，还有一些人则认为它是中国发明的。有了艉舵，不仅能加大船舶的吨位，还能提升船只的操控性、保持稳定的航向。艉舵是一个垂直的铰接式部件，安装于艉柱的延长部之上，也就是船艉（船身后部）连接龙骨的位置。而在地中海上已经使用了2000多年的拉丁式三角帆也被增补到传统上由大型方帆组成的帆组之中。大型方帆的功能是负责为船只提供动力，而拉丁式三角帆的主要作用是提升操控性和调整航向。这些革新就催生出了两种将在15和16世纪主宰海洋的船型：葡萄牙式卡拉维尔三桅帆船，船身长、速度快、坚度高；还有后来的西班牙式盖伦大帆船，集卡拉维尔帆船的速度和操控度与先前的柯克帆船和卡瑞克帆船的大吨位等优点于一身。

航海术

从12世纪开始，最先出现在船舶上的工具仪器是罗盘（或称指南针）以及航海地图。罗盘是借由阿拉伯商人传到拉丁欧洲的，而阿拉伯商人则是在与中国水手的接触中了解了罗盘。中国水手最晚从11世纪起就已经使用罗盘航行，遨游在印度洋上了。欧洲还有一种传统的说法，声称是阿马尔菲海洋共和国的一个名叫弗拉维奥·乔哈（Flavio Gioja）的人发明了或至少说他改进了指南针，据说他在1300年左右在盒子里的方位标上安装了一根磁针。不过，人们对于该人物是否真实存在

神的护佑 在西班牙画家阿莱霍·费尔南德斯（Alejo Fernández）创作的这幅题为《航海家的守护圣母》（Vierge des navigateurs）的油画中，跪拜在守护圣母面前的主要人物分别是：卡斯蒂利亚天主教国王斐迪南、神圣罗马帝国皇帝查理五世、克里斯托弗·哥伦布、亚美利哥·维斯普奇以及平松两兄弟中的一人（藏于西班牙塞维利亚西印度贸易厅）。

档案：船舶与航海工具

过仍存有疑问。如果不嫌麻烦，你会发现，早在 1180 年左右，英国教士亚历山大·内卡姆（Alexandre Neckam）就在其文章里提到过一种装在磁石上、总是指向北方的针。而且他对此物的描述如此自然，好像并未把它当作什么新鲜玩意儿……

反正有一点可以肯定，那就是指南针的使用带来了航海方式的变革。有了这件工具，航海者就不必一直紧盯着海岸，还可以在夜间航行，这样就大大缩短了一段航程持续的时间。这项新技术既然可以用于地中海，自然也可以用到直布罗陀海峡之外的大洋上。

另一项大发明，是航海地图。最古老的罗盘地图见于 13 世纪，上面已经标示了航海家们使用罗盘依循的航向。随着时代的步伐，此类地图不断将航海家的最新发现（至少是关于海岸线轮廓的信息）纳入图中，其所呈现的地理面貌也日益详尽清晰。当然，许多陆地内部的情况在这些图上常常仍是一片空白。直到加泰罗尼亚地图制绘学校创建后，地图才渐渐变得复杂和华丽起来。比如亚伯拉罕·克雷斯克斯 1375 年发表的《加泰罗尼亚地图集》，堪称地图制绘术的一大巅峰之作。

还有许多其他工具仪器也帮助拓展了航海的范围，其中包括星盘。星盘的起源可追溯到古希腊的宇宙志学家喜帕恰斯（Hipparque，公元前 2 世纪）和克罗狄斯·托勒密（2 世纪）。阿拉伯人借鉴了这些经验，采用了星盘，同时围绕地球的经度和纬度展开了深入研究。不过，好像早在 1000 年左右，加泰罗尼亚人已经在航海实践中使用了星盘，而且之后它的应用就迅速地在欧洲各地开始普及。

阿拉伯人和中国人对这些工具仪器的使用远远早于欧洲的水手。他们常常在印度洋上相遇。阿拉伯人驾着他们的单桅帆船快速地航行在这片大洋之上。这种船装备着一面三角帆，为在这片被冬季风拂动的水面上航行提供了最佳的性能。阿拉伯人时常乘着这种船来往于阿拉伯、印度、中国和印度尼西亚沿岸，从事香料、丝绸、珍贵木材和非洲奴隶的贸易。

而中国人始终是东方海洋上无可置疑的主宰。这不仅是因为他们拥有先进的技术知识和高质量的航海地图，更得益于他们的船舶。中国人的航海宝船是当时世界上最大的船舶，曾于 15 世纪上半叶被总兵郑和用于七下西洋。郑和经印度洋一直航行到了非洲东部海岸，确切地说到达了今天的肯尼亚一带。还有一种假说认为郑和还曾到达过美洲，这种说法颇有意思，却难以证实。

克里斯托弗·哥伦布的航海仪器

如果没有一整套仪器设备来帮助船舶驾驶员随时确定位置、航向和速度，并将这些信息准确地记录在航海地图上，就不可能实现深海远洋航行。这些仪器大都以天象观测为基础，其中有很多一直沿用到了19世纪下半叶。右图为15世纪使用的罗盘和便携式日晷。

星盘 起源于古希腊的星盘是当时的航海家们可以使用的主要仪器。借助星盘，航海家可以根据纬度确定时间，或者根据时间确定纬度。

刻度弓，亦称"雅各之杖" 这种仪器构造非常简单。最早于1342年被犹太学者列维·本·格尔绍姆（Levi ben Gershom，亦称"格尔索尼德"Gersonide）提及。使用它测量北极星在地平线上的高度就能确定自己所在的纬度。

四分仪 这种仪器也可以用来确定纬度。白天时，通过测量太阳在地平线上的高度来进行计算；而夜晚则测量北极星的高度。它还有一根系着铅坠的线（图片中的这件缺失了这一部件），用来标示垂直的方向。

浑天仪 这种浑天仪是天文学界用来观测地球和太阳周围星辰运动的仪器。其支架上不同层级的圆环分别代表着赤道、黄道、经线和纬线。

星晷 这是一种特殊的星盘，使航海家在夜间能根据星辰的位置判定时间。在17世纪到18世纪，改进的星晷还可以用来确定纬度和潮汐时间。

沙漏 虽然沙漏精确度不高，但把它和罗盘以及计程仪标示的速度结合起来，对于判断船只在航海地图上的位置还是必不可少的。

231

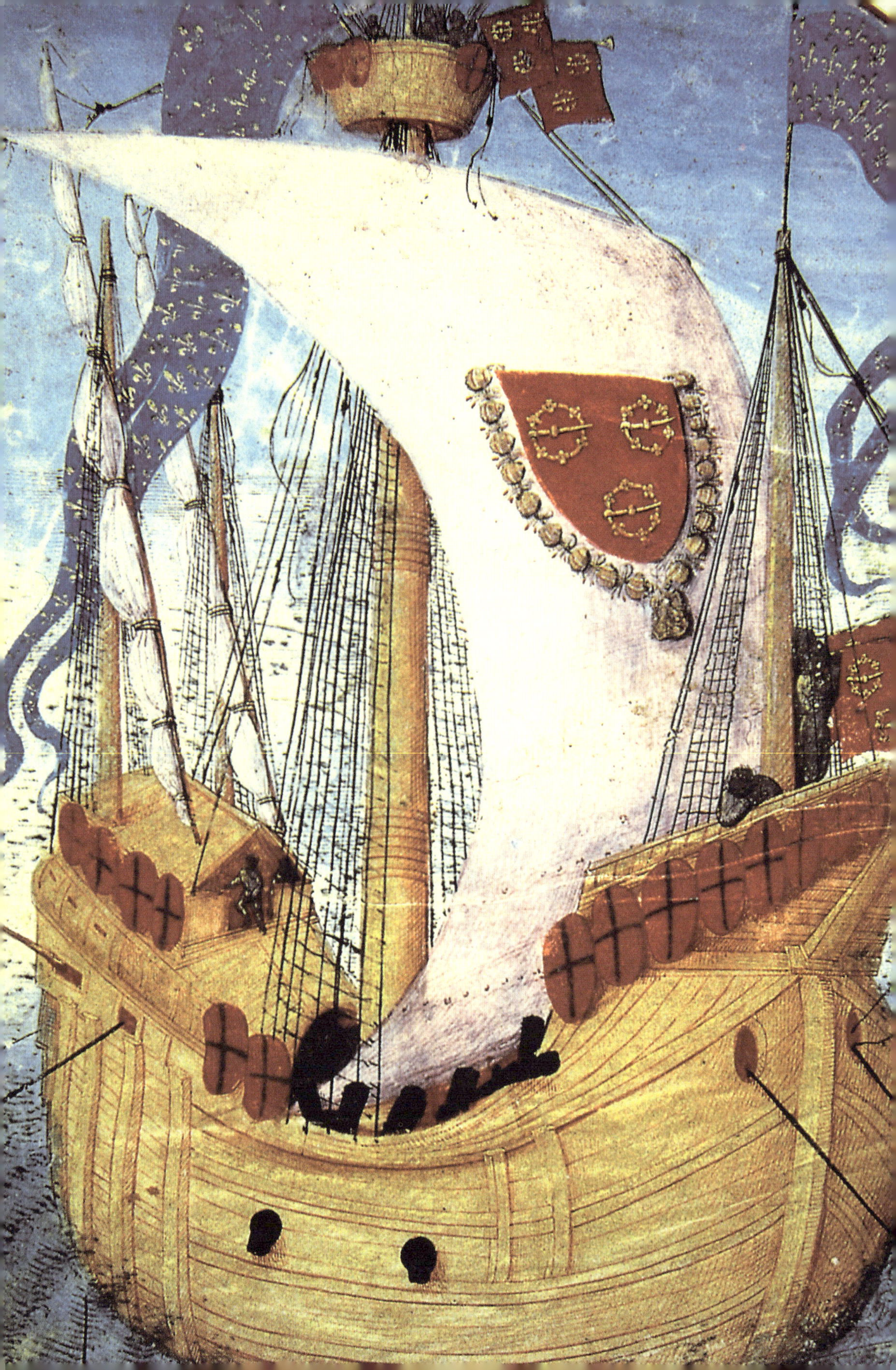

附　录

对照年表：欧洲、地中海及近东、亚洲、美洲和非洲............ 234

插图（左侧）　出自15世纪一本插图书籍的细密画，画的是法国海军的一艘大帆船。该书藏于法国尚蒂伊城堡。

对照年表：欧洲、地中海及近东、亚洲、美洲和非洲

欧洲、地中海及近东

1095年—1169年
- 第一次和第二次"十字军东征"。占领耶路撒冷
- 英格兰的诺曼人入侵爱尔兰
- 阿尔莫哈德人占领马拉喀什，统治了马格里布地区
- 葡萄牙的阿丰索一世从穆斯林手中夺取里斯本
- 圣殿骑士团建立
- 缔结沃尔姆斯宗教和约

文化成就：
- 巴黎大学成立
- 托莱多翻译院进入鼎盛时期

1170年—1239年
- 方济各修会和多明我修会成立
- 萨拉丁推翻了埃及的法蒂玛家族，终结了法蒂玛哈里发王朝
- 第三、四、五次十字军东征。攻占并洗劫君士坦丁堡
- 十字军讨伐阿尔比教派
- 萨拉丁在哈丁战役中击败十字军

文化成就：
- 建造沙特尔大教堂
- 佩罗·阿巴特抄录《熙德之歌》

1240年—1309年
- 蒙古人征服巴格达，阿拔斯哈里发王朝灭亡
- 蒙古人在艾因贾鲁战役中被埃及马穆鲁克王朝打败
- 犹太人被逐出英格兰和法兰西
- 安茹的查理统治了意大利半岛的一大部分

文化成就：
- 但丁·阿利吉耶里编纂《神曲》
- 欧洲第一家造纸厂在意大利法布里亚诺建立

亚洲

1095年—1169年
- 统治印度和马来群岛的乔拉王朝达到鼎盛
- 中国处于宋朝
- 铁木真（后来的成吉思汗）出生。蒙古帝国成立
- 中国的金朝灭掉中国的辽朝

文化成就：
- 新儒学在中国传播
- 印度天文学家、数学家巴斯卡拉的研究取得突破
- 黄金时代的高棉帝国在吴哥窟兴建寺庙

1170年—1239年
- 成吉思汗（铁木真）掌权
- 日本源平合战
- 丝绸之路复兴
- 德里苏丹国（印度）建立
- 蒙古人攻占中都（今北京）
- 柬埔寨高棉帝国的扩张达到巅峰
- 源赖朝成为日本第一代幕府将军。将武士收编成精锐部队

1240年—1309年
- 忽必烈汗在战胜南宋后建立元朝
- 波罗一家人在忽必烈汗的新首都大都（今北京）的宫廷受到款待
- 蒙古人企图侵略日本，未能成功

文化成就：
- 元朝文人编写了中国最早的戏剧剧本，元曲问世

美洲和非洲

1095年—1169年
- **非洲**：大津巴布韦在非洲东南部的扩张达到巅峰
- **美洲**：普埃布洛人文化在北美洲西南部传播
- 库斯科城邦形成
- 阿兹特克人劫掠并焚烧了托尔特克的首都图拉
- 米斯特克文化达到鼎盛

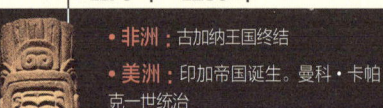

1170年—1239年
- **非洲**：古加纳王国终结
- **美洲**：印加帝国诞生。曼科·卡帕克一世统治
- 易洛魁联盟（五大部族联盟）成立

文化成就：
- 埃塞俄比亚建造拉里贝拉岩石教堂

1240年—1309年
- **非洲**：贝宁王国在尼日利亚创立
- 建立于苏丹西部尼日尔河上游地区的马里帝国扩张
- 扎古维王朝终结，所罗门王朝建立。埃塞俄比亚帝国诞生
- **美洲**：玛雅潘成为玛雅人的主要首都
- 奇穆王国扩张

1310 年—1379 年
- 西方教会开始分裂
- 英法百年战争开始
- 黑死病杀死了将近欧洲一半的人口
- 卡佩王朝结束
- 法国和英国在普瓦捷会战

文化成就：
- 佛罗伦萨发明了第一支火枪
- 薄伽丘完成《十日谈》
- 彼特拉克创作《歌集》

1380 年—1449 年
- 通过科索沃战役，奥斯曼帝国控制了巴尔干
- 热那亚共和国与威尼斯共和国发生基奥贾海战
- 阿尔茹巴罗塔战役，葡萄牙最终独立
- 巴黎建造巴士底狱

文化成就：
- 伊本·哈勒敦写作《阿拉伯人史》
- 意大利文艺复兴从佛罗伦萨扩散开来

1450 年—1530 年
- 占领格拉纳达，基督教再征服运动完成
- 签订《托尔德西里亚斯条约》
- 奥斯曼帝国攻占君士坦丁堡
- 英国的亨利七世建立都铎王朝

文化成就：
- 古腾堡印刷《圣经》
- 伊拉斯谟出版《愚人颂》
- 列奥纳多·达·芬奇绘画《蒙娜丽莎》

1310 年—1379 年
- 帖木儿开始他的征服
- 元朝结束，明朝开始
- 日本的幕府将军与天皇内战
- 印度南部建立维查耶纳伽尔帝国
- 新加坡出现中国人的机构；中国人开始向东南亚移民

文化成就：
- 罗贯中写作《三国演义》

1380 年—1449 年
- 帖木儿掠夺并摧毁德里
- 帖木儿去世，葬于撒马尔罕
- 明朝永乐皇帝下令在北京建造紫禁城
- 郑和七下印度洋
- 金帐汗国形成
- 明朝军队摧毁蒙古首都哈拉和林

文化成就：
- 波斯诗人哈菲兹去世

1450 年—1530 年
- 高棉文明衰落
- 日本应仁之乱，战国时代开启
- 莫卧儿王朝开创者巴布尔皇帝逝世
- 穆罕默德二世上台，奥斯曼帝国开始扩张
- 瓦斯科·达·伽马到达印度的卡里卡特

文化成就：
- 日本形成武士阶层

1310 年—1379 年
- **非洲：** 伊本·白图泰到达马里和桑给巴尔
- **美洲：** 阿纳萨齐文化终结
- 阿兹特克帝国建造了首都特诺奇蒂特兰
- 南美洲的印加帝国和奇穆王国爆发冲突

1380 年—1449 年
- **非洲：** 埃塞俄比亚皇帝扎拉·雅库伯与那不勒斯国王宽宏的阿方索一世建立外交关系
- 贝宁王国开始扩张
- **美洲：** 玛雅潘（玛雅文明）的霸权终结

文化成就：
- 印加帝国建造马丘比丘城

1450 年—1530 年
- **非洲：** 桑海帝国开始扩张
- 图阿雷格人征服通布图。桑海帝国
- **美洲：** 克里斯托弗·哥伦布发现美洲
- 约翰·卡伯特到达纽芬兰
- 埃尔南·科尔特斯征服特诺奇蒂特兰
- 印加帝国的扩张达到巅峰
- 麦哲伦绕过合恩角

图书在版编目（CIP）数据

通往东方的新路线 / 美国国家地理学会编著；全志钢译. -- 北京：现代出版社，2023.7

（美国国家地理全球史）

ISBN 978-7-5143-9992-9

Ⅰ.①通… Ⅱ.①美… ②全… Ⅲ.①殖民主义-历史-欧洲 Ⅳ.①K504

中国国家版本馆CIP数据核字（2023）第088127号

版权登记号：01-2022-2693

© RBA Coleccionables, S. A. 2018
© Of this edition: Modern Press Co., Ltd.2023
NATIONAL GEOGRAPHIC及黄框标识，是美国国家地理学会官方商标，未经授权不得使用。
由北京久久梦城文化发展有限公司代理引进

通往东方的新路线（美国国家地理全球史）

编　著　者：美国国家地理学会
译　　　者：全志钢
策划编辑：吴良柱
责任编辑：张　霆　袁子茵
内文排版：北京锦创佳业文化传播有限公司
出版发行：现代出版社
通信地址：北京市安定门外安华里504号
邮政编码：100011
电　　话：010-64267325　64245264（兼传真）
网　　址：www.1980xd.com
印　　刷：固安兰星球彩色印刷有限公司
开　　本：710mm*1000mm　1/16
印　　张：15　　　　字　　数：233千
版　　次：2023年7月第1版　印　次：2023年7月第1次印刷
书　　号：ISBN 978-7-5143-9992-9
定　　价：88.00元

版权所有，翻印必究；未经许可，不得转载